D1727851

Zwischen zwei Völkern — ein Rückblick

Erlebnisse und Erkenntnisse

von

DR. DR. ERWIN GOLDMANN

HELMUT CRAMER-VERLAG KÖNIGSWINTER

Copyright 1975 by Helmut Cramer Verlag, 533 Königswinter 51
Gesamtherstellung: Kölle-Druck, 4994 Preußisch Oldendorf
ISBN 3-920139-09-7

Die nur da sind,
    sich mit dir zu freuen,
    die, mein Freund,
    sind nicht
    die wahrhaft Treuen.

Kein Verlust,
    wenn sie dich
    schließlich meiden.

Treu sind,
    die im Elend
    mit dir leiden!

Alexander Hoyer

Dieses Vorwort

ist ebensogut ein Nachwort. Sie sollten sich nach dem Durchlesen des Buches also noch einmal damit befassen.

Nach dem Abschluß der Niederschrift wurde ich von mir wohlwollender Seite darauf aufmerksam gemacht, daß es wichtig und notwendig ist, zuerst etwas vom Wesentlichen in mir zu sagen, ehe sich der Lesende mit den Erlebnissen und Erkenntnissen, die ja auch ein klares Bekenntnis sein müssen, beschäftigt.

Der gute Rat war schneller gegeben als der Entschluß gefaßt, ihn dankend zu befolgen. Warum wohl? Weil sich das Wesentliche immer schwer in Worte fassen, begründen oder sonst darlegen läßt. Goethe schrieb einmal an seinen Freund Jacobi: „Die Menschen werden durch Gesinnungen vereinigt, durch Meinungen getrennt."

Daran habe ich bei diesem Rückblick oft gedacht.

Unsere Gesinnung ist doch tief — ob gut oder böse — in unserem Wesen verankert. Und das viel mehr als unsere Meinungen. Nach meinem inneren Empfinden hat Gesinnung etwas mit Haltung zu tun, die auf unserem Glauben und unserer Einstellung zur Umwelt wie der Welt gegenüber beruht.

Meinung dagegen ist wandelbar, oberflächlich, stimmungsgebunden. Deshalb muß bei Wertung von Tun und Lassen eines Menschen immer seine Gesinnung maßgeblich im Vordergrund stehen. Es gibt besondere Lebenswege und Lebenskämpfe, die bewußt oder unbewußt von den Mitmenschen meist ohne jede Menschlichkeit eisern hart und unnachsichtig einer Prüfung unterzogen werden. Das geschieht nach meiner Erfahrung bei anderen und mir in ganzer Unerbittlichkeit von beiden Seiten solchen Menschen gegenüber, deren innere Entwicklung sie zu einer Grundgesinnung zwischen zwei Völkern gebracht hat wie bei mir zwischen dem deutschen und dem jüdischen.

Hier darf nicht verschwiegen werden, daß auch ich dadurch gelernt habe, bei anderen, allerdings möglichst anständig, zu erforschen, wie es bei ihnen um Gesinnung oder Meinung bestellt ist. Dabei glaube ich, feststellen zu können, daß Gesinnung viel mehr Erbgut als umweltbedingt ist. Wenn sie echt ist, kann sie, unabhängig von ihren Werten, durch nichts und niemand in ihrem Urbestand verändert werden. Enttäuschung, Verachtung, Rufmord und manches andere waren allerdings hin und wieder imstande, einen Einfluß auf meine Meinung zu haben, aber niemals auf meine Gesinnung — nicht einmal bei Entscheidungen, die mit Sein oder Nichtsein der Meinen und mir in Zusammenhang stehen konnten.

Für mich waren Glaube und Heimat Urgrund meines ganzen Werdens. Was der einzelne im Begriff Heimat erfühlt und was ihn dabei erfüllt, hängt von seiner Verpflichtung in letzter Verantwortung ihr gegenüber ab. Auch in den dunkelsten Sturmzeiten habe ich immer wieder an die Sätze gedacht, die in dem Buch „Der weite Weg" von August Winnig stehen, der auch sonst von mir mehrfach in dankbarer Verehrung erwähnt wird: „Heimat ist, wenn man ihr Wesen recht bedenkt, nicht nur Landschaft und Volkstum. Was uns im Innersten mit ihr verbindet, ist dieses: Die Heimat ist die Pforte, durch die uns das Ewige in das Zeitliche entließ, und unsere Heimatliebe ist die Sehnsucht nach dem Ewigen. Landschaft und Volkstum sind nur Gleichnisse dessen, dem unsere tiefste Sehnsucht gilt. Das letzte Gleichnis der Heimat aber ist die Mutter."

Daß ein Mensch wie ich ins Zwielicht kommen mußte, war klar. Wer ihn nicht verstehen konnte oder wollte, fand Kennzeichnungen der verschiedensten Art; sie reichten vom Verrat bis zur Charakterlosigkeit. Dabei ist es doch wirklich möglich, bei einem Nebenmenschen, der nichts verbirgt, gerecht und klar zwischen fester Erbgesinnung und wechselnder Meinung zu unterscheiden. Voraussetzung ist allerdings, daß man sich selbst auch genau beurteilen und werten kann. Ritter vom „Hätte ich-" oder „Ich hätte-Orden", die gerne rufen: „Wie konnte man auch . . .", sind rasch bei einer umfassenden Verurteilung eines „Hier stehe ich und kann nicht anders", das trotz aller menschlicher Fehler und Schwächen in dem „Gott helfe mir" seinen unerschütterlichen Halt hat.

All diese aufgezeichneten Erinnerungen sollen und wollen weder Rechtfertigung noch Angriff sein, sondern der bescheidene Versuch, auch etwas zur Klärung und Erklärung — aber nicht Verklärung — letzter deutscher Vergangenheit beizutragen. Für die Wahrheit und Richtigkeit des Vorgebrachten stehe ich ein, wenngleich manche urschriftliche Unterlagen in den Stürmen meines wechselvollen Daseins verlorengegangen sind. Zweifelnden Gegnern sei gesagt, daß bei allen Verhören durch deutsche wie amerikanische Dienststellen ausdrücklich hervorgehoben wurde, man müsse ohne Rücksicht auf die sonstige Einstellung mir gegenüber das Stehen zu meinen Wegen und Irrwegen anerkennen. Jedenfalls habe ich mich ehrlich gemüht, unseren Wappenspruch nie zu vergessen: „Dennoch treu!"

Stuttgart, 1975   Erwin Goldmann

In tiefer Verehrung sei zuerst meiner Eltern und Großeltern gedacht. Und dann gilt ein besonderer Gruß in steter Kameradschaft all den Aufrechten und Aufrichtigen zwischen Bewährung und Schuld. Vor ihnen und mir stand oft das Wort: „Uns ist nicht gegeben, Fragen auszuweichen, die das Leben an uns stellt." Und abseits von aller Politik denke ich immer wieder an das, was Rudolf Heß 1946 zu seinen Richtern in Nürnberg gesagt hat: „Ich bin glücklich, zu wissen, daß ich meine Pflicht getan habe meinem Volk gegenüber. Selbst wenn ich könnte, wollte ich diese Zeit nicht auslöschen aus meinem Dasein. Ich bereue nichts. Stünde ich wieder am Anfang, würde ich wieder handeln, wie ich handelte, auch wenn ich wüßte, daß am Ende ein Scheiterhaufen für meinen Flammentod brennt."

Allgemeine Betrachtungen

Solch ein Rückblick ist ja immer standort- und persönlichkeitsgebunden; er kann nicht alles umfassen und erfassen. Er soll aber nach bestem Wissen getan werden um dessen willen, was aus der Vergangenheit bis in die Gegenwart sich auswirkt. Hin und wieder fragt man, ob ich mich mit der Niederschrift von Erinnerungen und ergänzenden Überlegungen von einer seelischen Belastung befreien wolle. Offengestanden brauche ich solche Heilmaßnahmen zu einer ehrlichen Bewältigung meiner Vergangenheit mit all ihrem Schatten und Licht nicht. Aber es war der besondere Wunsch meiner 1967 heimgegangenen tapferen Frau, daß ich all diese Gedanken zusammenfasse.

Luther hat einmal gesagt: „Armer Mensch, was stellst du die Frage, ob du etwas tun kannst. Tue lieber etwas. Und wenn du nur einen Strohhalm aufheben kannst, wäre es besser als nichts zu tun." So habe ich in herzlicher Dankbarkeit versucht, einen Strohhalm aufzuheben. Alles ist ein Stück von mir und nicht zuletzt auch ein Vermächtnis an unsere Jüngeren. Mögen sie hellwach bleiben für ein Ringen um innere Freiheit in wahrer Demokratie und wirklicher Rechtsstaatlichkeit! Schon Platon (427—347 v. Chr.) hat unter anderem gewarnt: „Ist es nicht so, daß sich die Demokratie selber auflöst durch eine Unersättlichkeit in der Freiheit ? . . . So führt dieser Mißbrauch der demokratischen Freiheit geradewegs in die Knechtschaft der Tyrannei."

Warum überlegen sich die Älteren nicht mehr die Gründe der Tatsache, daß junge Menschen so schnell in der Anwendung von Gewalt das einzig sinnvolle Mittel politischen Handelns sehen? Man hat es doch so weit kommen lassen, daß ein erheblicher Teil der Jugend meint, mit Mitteln ehrlichen, gewaltlosen Widerstands sei nichts zu erreichen. Wer lebenslang zwischen zwei Völkern stand, kann besonders stark mit den Jungen fühlen und sie verstehen. Er hat ja selbst von Kindheit an immer wieder viel an sich und in sich erfahren müssen, wie eine Gesellschaftsordnung der jeweiligen Zeit einen Menschen im tiefsten Inneren verändern kann mit ihrem Guten und Schlechten. Aufnahmebereitschaft, Einzelentscheidung, Abwehrkraft und vor allem klare Sicht auf Grund eigenen Werdens und Wollens sind da von Bedeutung.

Bei dem, was ich sagen möchte, geht es oft um persönliche Meinungen, die wie eine kritische Prüfung meiner eigenen Einstellung, meiner Haltung und meines Tuns immer von jeweils angenommenen Maßstäben abhängig sind. Diese können naturgemäß sehr unterschiedlich sein und werden zu einem guten Teil von Erkenntnisfähigkeit und Erkenntnismöglichkeit geprägt, die der einzelne oder die Gesellschaft besitzt. Ehe geredet und geschrieben wurde, mußte selbstverständlich auch nachgedacht werden, ob eine offene Stellungnahme Anmaßung oder Pflicht ist. Man darf sich solche Verantwortung nicht nehmen lassen oder gar selbst wegwerfen, sonst wird man sich selbst untreu. Vielleicht ist es aber einem alten „Wanderer zwischen zwei Völkern", also mir zwischen dem deutschen und dem jüdischen, doch möglich, einen bescheidenen Beitrag zu mancher Aufklärung und Klärung zu geben. Jedenfalls scheint ein solcher Versuch richtiger zu sein als eine Flucht auf einen „Ohne mich"-Standpunkt. Gerade wenn man ein Mann ist, dessen Charakterbild von der Parteien Gunst und Haß verwirrt schwankte und schwankt, hat man eine besondere Verpflichtung zum Bürgermut. Dieser ruht bei mir auf einem in allen Stürmen bewährten Glauben und einer stets unerschüttert gebliebenen Liebe zum deutschen Volk und Vaterland.

Das Gipfelkreuz auf dem deutschen Schicksalsberg war für uns als Bergwanderer immer Lebensziel. Einmal standen meine Frau und ich vor einem solchen Kreuz im Gebirge und lasen dort: „Der Sieg über sich selbst ist mehr als der über Berge und Gletscher."

Das wurde uns zu einer wesentlichen Kraftquelle im Sinne dessen, der am Kreuz für uns sein Leben hingegeben hat. Aber auch zur Mahnung an eine Bewährung im Alltag nach dem Vorbild echten Bergsteigertums — allein auf sich selbst gestellt, in aller Not und Gefahr vorwärts und aufwärts den Blick zum Kreuz. Da gibt es keine Anpassung an das „man", diesen fürchterlichen Gewissensbeherrscher. In der oft harten Einsamkeit des Gebirges lernt man die Urwahrheit um Freiheit und Bindung.

Und noch ein anderes Bild vom Gebirge. Das sind die Bäume hoch oben an ihrer Grenze oder die an den Felsrändern vor tiefen Abgründen. Sie alle wissen, was es heißt, sich in Stürmen und Wetter mit letzter Kraft in kargstes Erdreich hineinzukrallen. Dort festzubleiben, wo man aufgewachsen und verwurzelt ist — auf Gedeih und Verderb. Es ist nicht von ungefähr, daß wir gerade einmal auch in höchster Bergnot erfahren durften (Schneesturm im August), was mir altem Frontsoldaten schon ein festes Wissen geworden war und es für uns in bitterster Zeit bleiben konnte: Bergführer Gott — im Leben, im Tod.

Solche Gedanken lassen in einem auch ein trotziges Dennoch wachsen. Dazu kam von Jugend auf ohne jegliches Fernweh eine bis heute ungebrochen gebliebene Sehnsucht, die engere Heimat zu erwandern. Wie dankbar habe ich das immer getan. Die Erfüllung war für mich nie nur körperliche Stärkung, sondern besonders auch Quelle seelischer Kraft. Die Wege in die Stille, als Bürger im Königreich der kleinen Freuden, gehören neben einem stets mit Begeisterung zur Tat gewordenen Arzttum zu den schönsten und besten Lebenserinnerungen und Lebensfrüchten.

Wesentlich war für Halt und Haltung seit dem Ersten Weltkrieg mein großes Vorbild in der deutschen Geschichte, Friedrich Ludwig Jahn*. In Jahn hat sich einst die Nation verkörpert, die er zur Opferbereitschaft hinriß. Sein Kampf sah als Ziel und sein

---

* Erwin Goldmann: Friedrich Ludwig Jahn und wir. Ein Bekenntnis. 1973.

Traum war die Einheit Deutschlands in einer Zeit wildester Zerrissenheit. Trotz der so oft und gerne betonten und in den Vordergrund gestellten Fehler und Schwächen Jahns habe ich nie an der Lauterkeit seiner Gesinnung, seiner inneren Größe und der Bedeutung seines Wirkens gezweifelt. Auch in mir ist das Wort wahr geworden: „Auf Jahn zurückgehen heißt vorwärtsschreiten." Dies all denen, ob alt oder jung, ins Stammbuch, die glauben, es sei überholt, ein Vorbild oder Leitwort fürs Leben zu haben. Man kann beides auch in Persönlichkeiten oder Worten der Gegenwart finden. Vielleicht noch besser in der Vergangenheit, wenn man die Überlieferung in ihrem wahren Wesen und Werten erkennt und sich von ihr in die Zukunft unter Bindung an das Gewissen weisen läßt.

Im Augenblick werden vermutlich junge Rebellen mich nicht verstehen wollen. Aber auch sie erkennen sicher doch eines Tages, daß vor ihnen schon aufbrechende und neulandsuchende Stürmer und Dränger waren, wenn sie nach Kronzeugen für ihr eigenes Ringen in der Vergangenheit Umschau halten.

Es gibt noch ein anderes Beispiel unbeirrbarer Treue zur eigenen Vergangenheit, das sehr gut in den Rahmen dieser Erörterungen paßt. Das ist die Bewährung des jüdischen Volkes in zweitausend Jahren oft schwersten Lebens und Erlebens in der Zerstreuung auf der ganzen Welt. Allerdings darf in diesem Zusammenhang nicht vergessen werden, welche Einflüsse guter und auch gefährlicher Art von Bewußtsein ausstrahlten, seit Mose Zeiten das auserwählte Volk Gottes zu sein. Vor allem war der Weg von der Überzeugung der Auserwähltheit bis zu der eines offenen oder verborgenen Weltherrschaftsanspruchs nicht weit. Nur die Überlieferung in religiöser und völkischer Hinsicht hat ein Auseinanderbrechen der Gemeinschaft und ein Aufgehen in den Wirtsvölkern verhindert. Dennoch hat der Sproß einer Familie, die bewußt gerade diesen Weg der Eingliederung gegangen ist, stets vor so viel Kraft aus Glauben und völkischer Verpflichtung unabdingbare Hochachtung — trotz all des Trennenden — gehabt.

Ich bedauere oft und aufrichtig, wenn — wie ich einst einmal bildlich in einer Aussprache vor den meiner Betreuung elf Jahre lang anvertrauten „nichtarischen Christen" gesagt habe — der Weg zum Heiland am Kreuz und zur Germania auf dem Niederwald-Denkmal von gläubig jüdischer Seite nicht mit derselben Ehrfurcht gewertet werden konnte.

Nun, wir selbst hatten ja auch Gelegenheit genug zum Beweis, daß da, wo das Schicksal gegen uns entschieden hat, die Treue nicht zerbrochen ist. Eine schwerere Belastungsprobe dafür gibt es nicht allzuoft. Und doch werden Menschen, die sich zwischen Völkern durchkämpfen mußten und müssen, immer sehr leicht dem Vorwurf der Charakterlosigkeit ausgesetzt sein. Natürlich kann der Schein gegen einen stehen und die Vermutung unaufrichtigen, zweckgebundenen Tuns. So bitterhart sich das oft auswirkt und an den Rand tiefer Verzweiflung führen kann, es gibt nur eine Antwort zur Abwehr: die Bewährung. Ob sie von der einen oder anderen Seite anerkannt wird oder nicht, darf dann im Innersten nicht beirren.

Im Gefängnis (1947) schrieb ich einmal ein paar Sätze auf einen Zettel, den ich nach fünfundzwanzig Jahren wiederfand: „Der starke Charakter handelt auch dann nach seiner Überzeugung, wenn er dadurch Gefahr läuft, für charakterlos gehalten zu werden." — „Den Weg zur Läuterung muß man allein gehen." — „Am wenigsten verständlich sind den Leuten meist die Aufrichtigen."

Grundsätzlich notwendige Bemerkungen

Ich bin der Überzeugung, daß völkische Fragen nicht einfach mit Begriffen der Sittenlehre gewertet werden dürfen, solange sie nicht zu menschlich niedrigen und verantwortungslosen Folgen führen. Auch die Kirchen haben durch Über- oder Unterbewertung der Zusammenhänge mit religiösen Grundfagen und Erkenntnissen schon viel Unheil im Laufe der Jahrhunderte angerichtet. Man kann nicht, wie vor einigen Jahren ein angesehener Professor für Innere Medizin (dies nur als Beispiel), behaupten, alle in Frage kommenden Unterschiede seien ausschließlich umweltbedingt. Nur Narren seien der Meinung, daß vieles vom Blut abhinge. Auch hat zu gleicher Zeit ein bekannter Philosophieprofessor jede Auseinandersetzung über völkische Fragen einfach als unanständig und niederträchtig abtun wollen.

Es gibt andererseits sogar Theologen, die sich nach der Gegenseite hin übersteigern mit der Behauptung, es könne nur „Toleranz" im Zusammenleben mit Andersartigen geben, mehr nicht. Toleranz heißt Duldung und dulden heißt hier beleidigen. Das Gegenteil ist die törichte Neigung, tiefgreifende Unterschiede aus irgendwelchen Gründen leugnen zu wollen, wie wir an der Einstellung der beiden Professoren erkennen mußten.

Noch ein Wort zur „Toleranz". Offengestanden graut und friert es mich bei diesem Begriff, auf dessen nicht viel oder auch manches Mal leider viel aussagenden Inhalt man heute in gewissen Kreisen selbstbewußt hinweist. Dabei tut man so, als ob man vor Jahrzehnten nichts gewußt habe davon, aber jetzt um so mehr. Als bescheidenes Beispiel für das, was war und ist, ein Satz aus einem Bericht über das Leben in einem schwäbischen, einst deutsch-jüdischen Dorf (27. 3. 1973): „Die Beziehungen zwischen Christen und Juden waren freundschaftlich, gingen jedoch nicht allzu tief. Man blieb unter sich." — Ja, „man blieb unter sich".

Nicht umsonst mißtraut unsere Jugend mit klarem Gefühl verlogenen Hinweisen unserer heutigen Gesellschaft, die doch in dieser Richtung Verzicht und Opfer auch nicht kennt. Höchstens wird — von Ausnahmen abgesehen, die einer Ehrfurcht und Dankbarkeit würdig sind — genauso viel getan, wie ohne Gefährdung eigener Belange allenfalls möglich ist. Uns Alten sind die Ausreden, Tarnungen, Beschönigungen ja längst bekannt. Man vergaß und vergißt gern, was in einem Menschen das Gefühl offenen oder versteckten Nicht-Angenommenseins durch die Umwelt verändern kann. Das gilt weit über völkische Bereiche hinaus im ganzen Leben und schließt den von Abwehr und Toleranz mit ein. Ein nur sehr kleiner Schritt führt dann zur Unduldsamkeit, der Intoleranz, die wie so manches sonst nur allzu gerne hinter gewissen Redensarten meisterhaft verborgen gehalten wird.

Und weiter zum Abstand, der Distanz. So ist es vielleicht gut gemeint — jedenfalls erschütternd —, daß selbst im Jahre 1973 in einer großen Tageszeitung unter anderem in diesem Zusammenhang zu lesen war: „Ich bin der Auffassung, daß Juden lediglich Angehörige einer Religionsgemeinschaft sind und keinesfalls ein Volk oder eine Rasse." Daß vorhin das Wort „erschütternd" gebraucht worden ist, darf nicht als Übertreibung angesehen werden. Was dort geschrieben wurde, war doch einst die Miturache von unsagbar viel Irrtum und Unheil. Und in derselben Woche hörte ich von einem guten Bekannten: „Mit den Worten Arier und Semiten werden in Wahrheit nur Sprachen und nicht Völker bezeichnet. Viele Schlüsse daraus sind erdichtet." Man kann aus meiner Sicht nur warnen vor leichtfertiger Beurteilung schwerwiegender Fragen. Eine jüdische Forscherin, auf die wir nochmals zu sprechen kommen, hat aber mit klarer Erkenntnis festgestellt: „Denn worin immer die Rassenfanatiker geirrt haben und gesündigt haben mögen — in der Annahme, daß die biologische Besonderheit des Menschen bis in seine letzten geistigen Äußerungen hinein spürbar bleibt, irren sie nicht." Wahre Menschlichkeit hat aber als unabdingbare Aufgabe ein weltweites Mühen um Gerechtigkeit und Anständigkeit — oder sie bestätigt ihr Versagen wie nur allzuoft bisher. Das schreibt und liest sich leicht. Wir alle müssen uns unbedingt von Vorurteilen frei machen, die doch immer wieder im Leben ein großes Übel sind. Aber auch nur kein Fehldenken, das meist Fluchthelfer aus der Verantwortung werden soll, und nicht die Artfremdheiten verniedlichen, besonders wenn andersartige Wesenszüge in ausgeprägter Form vorliegen. Hier spielen, oft im Unterbewußtsein, angeborene oder später aus irgendeinem Grunde entstandene Überempfindlichkeit und gesteigerte Abwehrbereitschaft eine ausschlaggebende Rolle. Das ist doch in den zwischenmenschlichen Beziehungen unter Bluts- und Artgleichen häufig ähnlich. Der ganze Bereich ist leider immer wieder zum Schlachtfeld niedriger Triebhandlungen geworden.

Und nun eine ganz persönliche Meinungsäußerung. Im Gegensatz zu anderen, oft ohne großes Nachdenken wiederholten Äußerungen halte ich die ehrlich sich dazu bekennenden Art- und Eigenartbewußten in ihrer Gesamtheit nie für so gefährlich, auch nicht als „Rattenfänger", wie man sie gerne nennt. Die in Gesinnung, Überzeugungstreue und Opferbereitschaft klar vor aller Öffentlichkeit Stehenden sind überall und immer — trotz menschlich verständlicher Übertreibung und Einseitigkeit— in ihrem Wollen und Wirken viel einfacher zu beobachten und einzuschätzen als eine andere Gruppe, an deren klaren Kennzeichnung mir sehr viel liegt. Das ist in jedem Volk die in ihren Anschauungen und Meinungen wankende und schwankende Mittelschicht, die Gemeinschaft des „Sowohl-als-auch" mit ihren stets sich nach dem Wind drehenden, nur zu oft mit Schmutz- und Blutflecken bedeckten Fahnen und Fähnlein. Ihre Träger waren angeblich nie an etwas schuld, weil sie Meister in Feigheit und Tarnung von jeher waren, bis heute sind und immer sein werden.

Und im übrigen dürfen wir auch nicht vergessen, daß in jedem Menschen dunkle Kräfte ruhen. Überall gibt es einen etwa gleichen Hundertsatz, der nicht die innere Festigkeit hat, über sich selbst Sieger bleiben zu können. Wir alle sind Verfolgte unserer Triebe und immer wieder Opfer unserer Unzulänglichkeiten. Das sei gesagt, um jeden Schein von Selbstgerechtigkeit zu meiden, zugleich als Anruf zu gegenseitiger bewahrender und stärkender Hilfe vor Ab- und Irrwegen. Wir alle wissen aus schwerster Erfahrung um Schuld nicht nur durch Tun, sondern um die nicht geringere durch Schweigen und Lassen.

Solche Vorbetrachtung ist nötig, wenn man sich Gedanken über die Einwirkung gefährlicher Unentschlossenheit der schon erwähnten Mitttelschicht auf die sogenannten Triebverbrecher, denen sie still oder laut den Weg frei gibt, machen will. Man findet diese oft bedrohlich große Gruppe allerorten. Die ihr Zugehörigen fühlen sich nie für etwas verantwortlich.

Es ist gut, daß es überall auch eine große dritte Gruppe gibt der „warmherzig Aufgeschlossenen" oder wie man sie sonst nennen will. Mit dem Namen ist eigentlich schon alles gesagt. Es sind die Menschen, die ehrlich und redlich einander kennenlernen und sich — trotz völkischer Unterschiede — verstehen. Das ist auch ohne würdelose Anbiederung in Erfüllung einer wahren Gewissenspflicht möglich. Wer an sich selbst in Notzeiten den Segen erfahren durfte, der von solchem Tun ausgehen und ausstrahlen kann, denkt dankbar zurück und bemüht sich, die überkommene Liebe und Güte weiterzugeben.

Wenn wir einen Schritt weitergehen und von Deutschen und Juden sprechen wollen, ist es falsch, den Begriff „Rassen" anzuwenden. Es handelt sich in der Tat doch um zwei rassisch uneinheitliche Völker. In diesem Zusammenhang muß auch festgestellt werden, daß der Begriff „Anti-Semitismus" als Kennzeichnung der Abwehr gegen Juden falsch ist, denn die Gemeinschaft der semitischen Rasse umfaßt doch die Völker von Vorderasien,

Nord- und Nordostafrika. Richtig wäre also „Anti-Judaismus". Allerdings ist erst vor einigen Jahren ein Buch von Frau Dr. Salcia Landmann erschienen „Die Juden als Rasse", das unterschiedlich beurteilt wurde, aber auf jeden Fall mit Hochachtung vor der Verfasserin und ihrem Mut gelesen werden sollte. Ob Rassen oder Völker — weder Deutsche noch Juden sind besser oder schlechter. Jeder Hochmut und jede Besessenheit rächen sich früher oder später, darüber haben wir genug Erfahrungen sammeln können.

Aber etwas anderes darf in Zeiten, da das Trennende und Unterschiedliche nur allzuoft und übersteigert in den Vordergrund gestellt wird, nicht vergessen werden. Es gab und gibt viel Gemeinsamkeiten im Wesen der Glieder der beiden Völker, vor allem, wenn Sippen seit Jahrhunderten in Deutschland ansässig waren.

An anderer Stelle wird folgerichtig ein Vergleich mit dem heutigen Staat Israel gezogen und die Frage gestellt, ob dieser Angehörigen eines anderen Volksstammes eine wesentliche Beeinflussung wichtiger eigener Belange zugestehen würde. Meine Überzeugung ist, daß er das auch bei der Gewißheit bedeutender Leistungen zwangsläufig ablehnen müßte.

Es liegt ein tiefes Leid darin, daß ein Grundwissen von Andersartigkeiten abseits von gut und böse so lange auf beiden Seiten gerade bei uns in Deutschland nicht gewürdigt, also mit Würde erkannt und anerkannt worden ist samt den notwendigen, die ganze Not wendenden Folgerungen. Die einen wollten am deutschen Wesen die Welt genesen lassen und verfluchten die Mörder des Heilands; die anderen fühlten sich nicht nur religiös als auserwähltes Volk und verfluchten den Heiland. An Härte und Überheblichkeit hat es bei allzu vielen Beteiligten beiderseits nicht gefehlt. Durch Blut, Religion, Geschichte, seelische wie auch wirtschaftliche Entwicklung kam es in den verschiedensten Schweregraden offen oder heimlich zu Auseinandersetzungen und Zusammenstößen. Nicht einmal das gemeinsame Alte Testament konnte weiterhin die Gegensätze mildern. Im Gegenteil, es wird hüben und drüben immer wieder als Beweis- und Kampfmittel mißbraucht.

Um der Wahrheit und Gerechtigkeit willen muß ich trotz Vorahnung heftiger Kritik gerade hier gestehen, daß ich bei Aussprachen mit Laien und Theologen aus dem Kreis der jetzt allgemein verdammten „Deutschen Christen" überraschenderweise keine einzige unverantwortliche Bemerkung abseits vom wahren Grundglauben gehört habe. Natürlich klingt das in manchen Ohren als vermutlich nicht wahrheitsgetreu. Aber was sollte ich denn nach so langer Zeit für eine Veranlassung haben, das zu sagen? Ich habe Erfahrungen genug sammeln und Vergleiche anstellen können. Wir werden später in anderem Zusammenhang nochmals kurz davon zu sprechen haben. Überdies sind mir auch die Hilfe und Anständigkeit dieser Christen in steter Erinnerung geblieben.

In den letzten Jahren mußten zwei Tatsachen besonders tief bewegen und mit Sorge erfüllen. Unsere Mittelschicht, die ich von Jugend an bis heute fürchten gelernt habe, bemüht sich in oft rührseliger Weise, die Vergangenheit so darzustellen, als ob unser gutes deutsches Volk vor 1933 mit dem jüdischen Mitbürgerteil in bestem Einvernehmen gelebt habe; erst „der böse Onkel Adolf Hitler" habe den Antijudaismus hereingebracht und die „armen Menschen verführt".

Vielleicht ist es wichtig, in diesem Zusammenhang zuerst auf das Buch des Wiener Historikers Friedrich Heer „Gottes erste Liebe" hinzuweisen. Der Verfasser ist „wissend und schmerzlich im Glauben verwurzelt", aber zwei Berichte über sein Werk sind überschrieben: „Friedrich Heers schaurige Anklage gegen die Christen" und „Heers Abrechnung mit dem Antisemitismus im Christentum".

Es kann nicht meine Aufgabe sein, kritisch darüber zu befinden. Der gesamte Fragenkreis wird noch manches Mal berührt werden müssen. Hier sei aber schon in aller Deutlichkeit gesagt, daß die

Haltung eines Großteils unserer Mittelschicht bewußt oder unbewußt charakterlos feig war und ist. Niemand mit ehrlicher und anständiger Gesinnung darf die Dinge verharmlosen wollen und muß sie sehen, wie sie waren. Jeder von uns hat zu seinem Schuldanteil zu stehen — andere wie auch ich selbst! Es gibt eine Reihe von Redensarten, die man als Ablenkung ebenso häufig wie anwidernd zu hören bekommt: „Jüdische Kameraden in der Schule oder sonstwo, Hausbesitzer, Mitbewohner, Ärzte, Rechtsanwälte und andere habe man geschätzt und deshalb sei man völlig unschuldig an all den Geschehnissen". Nebenbei gesagt, verhalten sich einfachere Menschen nach meiner Erfahrung im Durchschnitt wesentlich besser und ehrlicher als unsere vielfach in ihrem ganzen Wesen angekränkelten sogenannten Gebildeten. Vielleicht ist es gut, wenn das hier von einem Akademiker bestätigt wird. „Man" beruhigt sich jetzt, weil man ja für möglichst hohe Wiedergutmachungszahlungen eingetreten, noch mehr als früher judenfreundlich sei, sich begeistert über den Sieg der Israelis beim Sechstagekrieg gefreut habe und ansonsten sich bewährt haben will. Das klingt alles sehr glaubhaft, aber unsereiner weiß genau Bescheid über die Wahrheit.

Etwas anderes, das auch hier erwähnt werden muß, ist, daß niemand mehr von einer, ohne alle falschen Gefühle festzustellenden jüdischen Mitschuld an der Entwicklung der Verhältnisse vor 1933, von da an bis 1945 und nachher zu sprechen wagt. Eine vornehme Zurückhaltung kann man selbstverständlich nur begrüßen, aber sie darf nicht übersteigert werden. Wahrheit muß Wahrheit bleiben. Erfreulicherweise hat man auch auf jüdischer Seite manche Tünche darüber richtig eingeschätzt und ehrlich Fehler erkannt. Es hemmt jedoch eine wirkliche Klärung der Vergangenheit, wenn man hier aus diesen, dort aus anderen Gründen fortfahren würde, nur die „Endlösung" mit all ihrer schwersten und feststehenden Schuld zu werten und sich nicht bemüht, auch die Ursachen vorbehaltlos zu ergründen. Es gibt in solchen Zusammenhängen, die immer wieder auch hier anklingen, keine Alleinschuld! Ein anfängliches Schweigen war zu verstehen, aber nach bald einem Menschenalter darf man nicht damit fortfahren. Gerade wegen der Jüngeren unter uns und zum Ausgleich der Erinnerungslücken bei den Älteren sei eine Antwort auf die Frage, wie eigentlich die Entwicklung wirklich war, andeutungsweise versucht.

Geschichtliche Beispiele

Die grundlegende und umfassende Demokratisierung des Lebens im 19. Jahrhundert brachte die Juden aus den Gettos heraus. Unterdrückung, Erniedrigung, Berufsbeschränkung ließen langsam etwas nach, hörten aber nie ganz auf. Der Weg der Juden zur bürgerlichen Freiheit stand also ganz im Zusammenhang mit der politischen Aufwärtsbewegung des Bürgertums im Liberalismus und seiner auch wirtschaftlich so wesentlichen Entfaltung. Aber immer noch waren und blieben sie Bürger zweiter Klasse.

Den jahrhundertelang zu Wucher und Schacher abgedrängt Gewesenen blieben viele Berufe verschlossen oder ein Zugang zu ihnen erschwert. Mit einer gewissen Verallgemeinerung, doch auch heute noch durchaus verständlich gesagt, trieben diese Menschen teils zum Kapitalismus, teils zum Sozialismus. In diesem Zusammenhang muß nochmals darauf hingewiesen werden, daß es viele Juden gab und gibt, die unentwegt aus religiöser und völkischer Verpflichtung ihren Glaubens- und Blutswerten in einer Art von freiwilligem Getto auch in ihren Wirtsvölkern gelebt haben und leben. Und das trotz des offenen Weges in die bürgerliche Freiheit. Natürlich muß man das anerkennen. Aber durch eine solche Inzucht in jeder Hinsicht konnte und sollte es ja gar nicht zu irgendeinem Ausgleich dieses Teils der Juden mit ihrer Umgebung kommen.

Wie hart in dieser Beziehung der jüdische Standpunkt sein konnte, sei an einem Beispiel aus der weiteren Familie meiner Mutter dargestellt. Eine Base von ihr und ein königlich württembergischer Hauptmann wollten heiraten. Unser König gab seine Genehmigung, während die Sippe der Braut sie versagte.

Weiterhin vergesse ich nie eine Unterredung mit einer von mir sonst geschätzten jüdischen Frau über solche Grundfragen jüdischen Seins. Nicht bösartig, sondern aus innerster Überzeugung ihren Standpunkt erklärend, sagte sie: „Ich bin ganz ehrlich zu Ihnen. Der schmierigste jüdische Bettler steht mir näher als der beste Nichtjude — auch der beste Deutsche." Ich antwortete ihr: „Jeder Bettler steht mir als Hilfesuchender nahe, ich habe noch nie einen abgewiesen. Mir war nur wichtig, ob ein Mensch meine Hilfe braucht oder zu brauchen behauptet. Letzten Endes sind auch die Geringsten ohne Unterschied der Abstammung unsere Brüder, für die wir mitverantwortlich sind." — Wir haben uns noch lange ohne jede Gehässigkeit ausgesprochen. Und doch habe ich die Frau samt ihrer inneren Einstellung nie vergessen, weil diese doch trotz ihrer scheinbaren Geringfügigkeit so aufschlußreich war und vieles bei all den Auseinandersetzungen verständlich machte.

Und nun meine offene Meinung zu ein paar anderen Grundfragen. Sie wurde in mir besonders von zwei väterlichen Freunden geprägt. In jungen Jahren war es Dr. Walther Rathenau, in mittleren Oberpräsident a. D. August Winnig. Beider Wesen und Wirken ist bekannt. Ihnen für alles zu danken, was sie mir mit auf den Lebensweg gegeben haben, ist mir auch jetzt wieder Herzenssache, obwohl zwischen ihnen und mir auch in grundsätzlichen Meinungen manches Mal erhebliche Verschiedenheiten bestanden.

Zuerst sei auf etwas hingewiesen, das ich mit den beiden Genannten oft und auch bei den Spruchkammer-Verhandlungen über oder gegen mich mehrfach in den Vordergrund gestellt habe. Ist es das Recht einer teils mehr, teils weniger andersartigen Minderheit — was nur eine Feststellung abseits von aller Wertung sein soll — wesentliche Belange des Wirtsvolkes mitzugestalten?
Damit ich noch besser verstanden werde, wiederhole ich eine schon einmal berührte Zusatzfrage: Nehmen wir an, im Staate Israel würde eine solche 0,5prozentige Minderheit leben. Gibt es irgend

jemanden, der glaubt, die Israelis würden bei aller Anerkennung teilweise hervorragender Leistungen ihren Gastbürgern maßgeblichen Einfluß auf Politik, Kultur, Wirtschaft, Wissenschaft ihres Landes zugestehen? Absichtlich habe ich so eindeutig gefragt; denn die zu erwartende Antwort „Nein" war und ist doch sehr wichtig. Sie beweist die Feigheit, mit der gewisse Kreise heute noch oder auch wieder verniedlichen wollen, was längst vor den Anfängen des Nationalsozialismus Deutsche und Juden bewegt und getrennt hat.

Sicher ist, daß diese Bewegung nicht gleichsam wie eine unvermeidbare Naturkatastrophe, die man nicht habe ahnen können, über das deutsche Volk hereingebrochen ist. Ein Blick zum Beispiel in die Geschichte der deutschen Juden oder in das schon genannte Buch von Friedrich Heer wäre zur Belehrung sehr nutzbringend. Natürlich gibt es auch noch viele andere Beweise. Jedenfalls wäre es gut, die beiderseitige Schuld nicht zu vergessen, wenn die gesamte Entwicklung gerecht beurteilt werden soll.

Es ist schwer, einwandfrei zu unterscheiden, ob das völkische oder das religiöse Element hüben wie drüben als wesentlicher empfunden und gewertet wurde, und welche Bedeutung zeit- und anlaßbedingte Wechselwirkungen hatten. Jedenfalls ist es besonders im Mühen um eine gerechte Beurteilung des Nationalsozialismus in diesen Fragen wichtig, sich zu überlegen: Wer ist an Hitler schuld? Woran ist Hitler schuld? Ist Hitler an allem schuld? — Es gibt genug Schrifttum darüber, genug Verschiedenartigkeiten der Auffassung, genug Grade der Wahrhaftigkeit. Natürlich hatte ich selbst im Freundeskreis, bei Verhören, den erwähnten Verhandlungen und sonst immer wieder Aufklärung zu geben.

Gerade August Winnig hat in vielen Gesprächen, ohne es zu beabsichtigen, während der Weimarer Republik mit ihrer Volksnot aus mancherlei Gründen und in mancherlei Hinsicht meine Auffassung in wesentlichen Lebensfragen erheblich beeinflußt. Wer mich auch nur etwas kennt, weiß, daß ich mich mit dieser Feststellung nicht um irgendeine Verantwortung drücken will. Sie soll nur zum besseren Verständnis meines Tuns und Handelns beitragen. So denke ich seit Jahrzehnten immer wieder an einen mir besonders vertraut gewordenen Satz Winnigs, über den wir einst so manches Mal gesprochen haben: „Parteien kommen und gehen, Staatsformen kommen und gehen, was aber ewig bleibt ist unser Volkstum, dem wir durch Schicksal und Liebe verbunden sind."

Das klingt so ganz an Friedrich Ludwig Jahn an. Ja, Schicksal und Liebe haben mich zur Lösung der Abstammungsfrage in mir gebracht und die Überzeugung reifen lassen, daß die Sorge um das Vaterland weit über der um das eigene Sein oder Nichtsein zu stehen hat. Aller Mißachtung und Mißdeutung zum Trotz — dieser Weg war — ob als recht oder falsch gewertet — mein Weg: Frontsoldat, Einwohnerwehr, Schwarze Reichswehr, Turnerei und immer dabei erfüllt von nationalen und sozialen Gedanken — gerade von den letzteren besonders auch als Arzt.

Am Totensonntag 1932 hatte ich bei einer Gefallenengedenkfeier der Turner zu sprechen und schloß mit den Worten: „Deutschland muß leben, auch wenn wir sterben müssen." Diese Gedanken begleiteten mich dann hinaus, in Sorge, Kampf und Not von 1933 an. Ist das „Überspannter Idealismus?" — „Treulosigkeit den Vorfahren gegenüber?" — „Schmarotzende Anbiederung an die Nazis?" — Dazu die Gegenfrage: (Und ich wiederhole hier bewußt), „Wer war an Hitler schuld?" — „Wer hat dem Totentanz der Demokratie in der Weimarer Republik gewehrt?" — „Wer von den sogenannten demokratischen Kräften hat sich beizeiten den doch jedermann klar vor Augen liegenden Gefahren des immer stärker werdenden Antijudaismus wie auch denen des Antigermanismus entgegenstemmt?" — Und aus der Fülle des mir noch am Herzen Liegenden: „Warum war man zu feige, rechtzeitig unter dem Schutz der Reichswehr gegen die Machtübernahme durch Hitler den Generalstreik auszurufen?"

Es ist mir noch gut in Erinnerung, daß General Schleicher, der selbst Württemberger war und den ich von der Reichswehr kannte, als neuernannter Reichskanzler (1932) mit allen Mitteln die Gewerkschaften für sich und seine Ziele gegen die Nationalsozialisten zu gewinnen versuchte. Gleichzeitig mühte er sich, deren Partei durch die versuchte Ernennung von Gregor Strasser zum Vizekanzler aufzuspalten. Wo war der Mut der Gewerkschaften geblieben? Ihr Vorsitzender Leigart wagte nichts, und der mit Schleicher verhandelnde erste Mann des Holzarbeiterverbandes Tarnow mußte absagen. Hitler erkannte das offenbar alles, Strasser flog aus der Partei hinaus und wurde (1934) als Verräter erschossen. — Eine Schicksalsstunde war 1932 ungenutzt verstrichen; nachher war alles zu spät. Gerade, da ich einer Reihe von Gewerkschaftsführern dienstlich und menschlich nahegekommen und auch nach 1933 mit einigen in Fühlung geblieben war, weiß ich, wie auch sie später unter dem Versagen litten, ja es sogar klar als Schuld erkannten.

Im übrigen haben sie mir selbst nachher gesagt, in der Arbeiterschaft habe man eine Reihe sozialer Maßnahmen im Dritten Reich geschätzt. Jedenfalls würde der überwiegende Teil der Arbeiter nicht an einen Umsturz denken, ohne deshalb die nationalsozialistische Weltanschauung insgesamt in sich aufgenommen zu haben. Oft mußte ich an den Aufruf denken, den die SPD mit der Losung „Das rote Berlin antwortet Adolf Hitler!" nach der Machtübernahme erlassen hatte. Was ist von der beschworenen Kaltblütigkeit, Entschlossenheit, Disziplin, Einigkeit übriggeblieben?

Nun noch ein paar weitere Fragen: Wer hat beim Ermächtigungsgesetz mit Ja gestimmt? — Wo waren die Helden in Uniform oder Zivil, die angeblich schon 1936 und früher gewußt haben, daß Hitler den Untergang Deutschlands bedeutet, als es darum ging, nicht offen oder unvorsichtig zu beraten, sondern unter Einsatz des eigenen Lebens dessen Macht zu brechen? — War es deutscher „Widerstandskämpfer" würdig, erst am 20. Juli 1944 unbeteiligte Kameraden ganz zu opfern oder zu verstümmeln und sich selbst in Sicherheit zu bringen?

Sicher könnte man auch mich vieles fragen, zum Beispiel, ob es rechtens war, daß ich in letzter Verpflichtung mir selbst und unserem Vaterland die Treue gehalten habe? — Aber ob ich auch ehrlich zu meinem mutmaßlichen Anteil an Schuld gestanden bin, weiß ich nicht. Jedenfalls habe ich bei keinem Verhör und keiner Verhandlung meine innere Einstellung dem nationalsozialistischen Gedankengut und Adolf Hitler gegenüber verschwiegen und mich ehrlich bemüht, vom Streben nach Anpassung, Ausrichtung und nach Zweckmäßigkeit frei zu bleiben — trotz allzu vieler schlechter Beispiele gerade auch bei „höheren Herrschaften". Selbst Zeitungsaufsätze und offene wie versteckte Drohungen haben mich nicht beirrt.

Es ist schon so, daß alle Menschen eine Wirbelsäule, doch nur ganz wenige ein Rückgrat haben. Ich weiß jedoch, daß mir alle, die irgendwie Verrat durch Wort und Tat unter Zuhilfenahme von Feindmächten getrieben haben, völlig wesensfremd sind. Andererseits hatte ich immer eine große Hochachtung vor Menschen, die um ihrer Überzeugung willen zu jedem Opfer bereit waren. Und nicht zuletzt auch vor in ihrer Ehre und Würde sich tief verletzt fühlenden jüdischen Ausgewanderten, die dann als Soldaten tapfer gegen ihre ehemalige Heimat gekämpft haben. Wie viele Qualen verschiedenster Art müssen diese Menschen bis zu einem solchen Entschluß durchgemacht haben? Alle, die nicht in einem ähnlich schweren inneren Ringen waren, schweigen am besten dankbar.

Die deutsche Arbeiterschaft war in der Zeit vor und nach der Jahrhundertwende im Aufbruch auf einem harten Weg „vom Proletariat zum Arbeitertum", über den es ein auch heute noch lesenswertes Buch von August Winnig gibt. Oft hat man Arbeitnehmern wie Juden vorgeworfen, daß sie sich allmählich zu gemeinsamem Wirken zusammengefunden hätten. Diese Tatsache ist nicht zu bestreiten, schließlich mußte ein ähnliches Schicksal des Zurückgesetztseins und der Mißachtung dazu führen. Von beiden Gruppen wurde doch immer wieder offen oder versteckt gesagt, sie seien „vaterlandslose Gesellen" oder später „jüdisch-marxistische Novemberverbrecher". Das hört sich heute bedeutungslos an; aber bei verantwortungsbewußter Überlegung muß doch jedem klar werden, wie solche und ähnliche Worte, jahrzehntelang hinausgerufen und geschrieben, sich auswirken mußten. Und das gerade in den wertvollen, sich ihrer menschlichen Würde bewußten Teile dieser Schichten.

Ich komme aus einem Arbeitgeberhaus und habe stets eine unvoreingenommene Einstellung zu diesen Fragen gehabt, die ich als Heranwachsender oft und eingehend mit meinem Vater besprechen konnte. Ein Großteil der sogenannten Bürgerlichen hat sie nicht richtig gesehen (oder wollte das gar nicht!). Außerdem war die Arbeiterschaft für Judenfeindschaft weitgehend nicht so anfällig, weil sie es zur Zeit vor dem Ersten Weltkrieg nur selten mit allerwelts-jüdischen Geldleuten als Unternehmer zu tun hatte. Um so leichter waren andere Gruppen zu beeinflussen, also besonders Handelsangestellte, Inhaber von mittleren und kleinen Geschäften, Handwerker, kleine Sparer und andere mehr. Sie waren ja auch später die eigentlichen Opfer von Geldentwertung und der damit verbundenen Entwicklung. Großhandel, Warenhäuser, industrielle Massenanfertigung schnürten die Existenzgrundlage der oft kapitalschwächeren Familienbetriebe immer mehr ein. Verzweifelt sahen das diese Menschen. Wenn ihre Vernichter Juden waren, lagen Existenzangst und Judenhaß nahe beieinander.

Auch das Eindringen von Juden in die sozialistisch-gewerkschaftliche Führungsschicht, das übrigens durchaus zu verstehen war, hat sich jahrzehntelang ausgewirkt, ja auswirken müssen. Wären früher schon so viele Juden, wie heute in Israel, Handarbeiter geworden, hätte man sie sicher in der Leitung der Gewerkschaften als berechtigte Vertreter angesehen.

Vor dem Ersten Weltkrieg schon — wie übrigens auch nachher — gab es trotz aller Behinderungen viele Juden mit konservativer, national-liberaler oder liberaler Grundhaltung. Ohne lässige oder

30

gar fahrlässige Verallgemeinerung waren nach meiner Beobachtung nicht allzu viele, aber um so wortstärkere Frauen und Männer aus der jüdischen Schicht der geistig besonders Gebildeten ohne völkische oder religiöse Bindung auf der Suche nach einem Halt in klassenloser Gesellschaft.

Trotz völlig anderer Grundhaltung war mir die Entwicklung der erwähnten Menschen klar und verständlich, weil ich mich oft in deren Lebensauffassung und Lebensanschauung hineinzudenken versucht habe. Ich erinnere mich noch sehr genau daran, wie auch in mir nach dem Ersten Weltkrieg — wie an anderer Stelle berichtet — die düstere Vorahnung eines schweren Schicksals der Juden in Deutschland immer stärker wurde. Neben dem Hereinströmen der Ostjuden lastete noch etwas ganz anderes auf mir, und das war die Besetzung von maßgeblichen Stellen innerhalb der Arbeiterbewegung mit linkseingestellten jüdischen Akademikern, auf die zurückgegriffen werden mußte, da ja damals nicht viele deutschstämmige Akademiker in den Linksparteien zu finden waren. Lange Zeit stand ich zwei Sozialdemokraten nahe, mit denen ich diese und ähnliche Fragen besprechen konnte, und die beide, jeder in seiner Art, Prachtmänner waren: die Reichstagsabgeordneten Dr. Kurt Schumacher und Jakob Weimer (Gewerkschaftsführer).

Außerdem hatte ich durch meine Tätigkeit als ärztlicher Direktor im Dienst der Sozialversicherung, als Berater unseres Landtags und zeitweise von Reichsdienststellen in Berlin ebenfalls manchen besonderen Einblick. Dabei wurde mir klar, daß es nicht völlig stimmte, wie man seit 1945 so gerne behauptet, daß die Arbeiterschaft durchweg judenfreundlich gewesen sei. Man erinnert sich nicht mehr gerne daran, daß schon im Dezember 1918 in Berlin auch von sozialistischer Seite handgreiflich gegen Juden vorgegangen worden war. Eine Reihe von Gründen war dafür maßgeblich, die nach so langer Zeit schwer erschöpfend darzulegen sind. Später hatten die Nationalsozialisten einen erheblichen Zulauf auch aus Arbeiterkreisen. Dabei waren rassische Grundempfindungen, Ablehnung des Zustroms von Juden aus dem Osten und gerade dies besonders in Zeiten großer Arbeitslosigkeit, der Anteil der Juden am Großgeldtum wesentlich, ferner haben auch andererseits maßgeblicher Einfluß auf kommunistischer Seite, eine gewisse Abneigung gegen Handarbeit und Zusammenballung in den Städten eine größere oder kleinere Rolle gespielt.

Kurt Schumacher kam während eines Zusammenseins auf Ferdinand Lasalle zu sprechen. Dieser war ja auch ein Mann besonderer Prägung in der Geschichte der deutschen Sozialdemokratie: jüdischer Abstammung, überzeugter Sozialist, aufrichtig vaterlandsliebend und die völkische Gefahr ahnend. In mancher Hinsicht gehörte er auch zu den Vorläufern des Nationalsozialismus und ist mit seinem „Staatssozialismus" und seinen Hoffnungen auf Bismarck gar nicht so leicht in die marxistische Überlieferung einzugliedern. Auch Schumacher erzählte von der dabei zu Tage tretenden Widersprüchlichkeit und Vielschichtigkeit dieses Charakters. Damals bekam ich ein erstes Wissen davon, wie zeitweise auch in der SPD der Antisemitismus wirksam war. Lasalle erkannte dessen Bedeutung für einen deutschen Einheitsstaat, hatte er doch selbst hart unter ihm zu leiden. Besonders blieben mir aber seine Vaterlandstreue in Verbindung mit dem Streben nach einem wahren Sozialismus deutlich. Deshalb habe ich manches Mal meinen Freunden während der Haft auch von ihm erzählt, und das zu einer Zeit, da man glaubte, in uns die Vaterlandsliebe in einen krankhaften Selbstbeschimpfungszwang umwandeln zu können. Noch immer gilt ja der vaterländische Gedanke weitgehend nur als ein Zeichen „romantischer Schwärmerei". Aber es gibt trotz all der gegenteiligen Bemühungen auch heute viele Menschen, bei denen innige Bindung an Volk und Vaterland eine Lebensvoraussetzung ist — und auch bleiben wird!

Es war für mich von wesentlicher Bedeutung, daß ich vieles mit August Winnig besprechen konnte, der ja einer der bedeutenden Vorkämpfer für ein deutschbewußtes Arbeitertum war. Es kann leider hier nicht meine Aufgabe sein, der Persönlichkeit dieses seltenen Mannes tiefer schürfend und umfassender zu gedenken. Ich bin überzeugt, daß Zeiten kommen werden, in denen der einstige Maurer, Schriftleiter, Gewerkschaftssekretär, Gesandter im Baltikum, Oberpräsident von Ostpreußen, Bejaher einer Notwendigkeit des Kapp-Putsches mit seinem Weg aus der SPD über die Altsozialisten und konservative Volkspartei zum Ringen um einen echten Nationalsozialismus unserem Volk noch einmal viel zu sagen hat. Das hat nichts mit seinem parteipolitischen Wandel und seiner Entwicklung zu tun, sondern mit der Fülle des sonstigen Erbes, das er hinterlassen hat. Ich selbst habe im Hause Winnig manchen führenden Mann der NSDAP, unter anderem auch Gregor Strasser, kennengelernt und weiß, daß diese Tatsache später oft zu einer Verzerrung meines Charakterbildes oder aus anderer Sicht zu einer Klärung desselben Anlaß war.

Winnig ist allerseits, besonders von Hitler selbst, mehrere Jahre hindurch als Nachfolger von Hindenburg im Amt des Reichspräsidenten in Aussicht genommen gewesen. Auch Göring erzählte mir, daß Hitler sich erst sehr spät entschlossen hatte, die Reichsführung nicht Winnig zu übergeben, sondern selbst zu übernehmen. Längere Zeit war Winnig auch für die Führung der neuen Arbeitsfront vorgesehen, bis eine Gruppe um Dr. Ley quertrieb und Winnig aus dem Rennen warf. Darüber hat er verbittert und enttäuscht mehrmals mit mir gesprochen.

In besonderer Erinnerung blieben mir noch zwei andere Bereiche, die Winnig — übrigens kein Judenhasser, sondern nur ein harter Neinsager zu allem jüdischen Einfluß auf die wesentlichen Belange des deutschen Volkes — immer wieder erwähnte. Der eine war die Änderung der Reichsfahne im Jahre 1919. Winnig wollte, im Gegensatz zu seiner Partei, der SPD, eine Beibehaltung der Farben schwarz-weiß-rot. Von Ostpreußen aus, wo er bekanntlich von 1919 bis 1920 Oberpräsident war, bat er, da es sich in der Entscheidung nur um wenige Stimmen handeln konnte, die jüdischen Reichstagsabgeordneten aus Gründen einer angemessenen Zurückhaltung um Stimmenthaltung. Sie entsprachen dem aber nicht, und so kam es durch diese paar Stimmen zur neuen Fahne schwarz-rot-gold.

Der andere Fragenkreis hat nicht nur Winnig bewegt; denn die Meinungen waren hart umstritten. Es ging um den Vorwurf den Juden gegenüber, deutsche Mädchen seien ihnen als „Verhältnis", „Geliebte" oder wie man es sonst heißen will, recht, aber dann schüttele man diese ab und heirate aus völkischen Gründen Jüdinnen. Ich erwähne das ganz absichtlich hier, weil man daran so recht sieht, wie vorsichtig jede Beurteilung einer solchen Tatsache erfolgen sollte. Natürlich hat man dereinst diese Fragen anders gewertet als heute. Aber Winnig machte sich sicher nicht von ungefähr auch darüber Gedanken; gerade er, der sich aus einfachsten Verhältnissen emporgekämpft hatte und sich mühte, alles richtig einzuschätzen. Man darf es sich beim Urteil über solche Fragen auf beiden Seiten nicht zu leicht machen.

Wie oft wurde mir selbst die Antwort gegeben: „Schuld der Juden? Wieso denn? Schuld sind doch die deutschen Mädchen selbst!" — Ich hielt dies für eine Fehlmeinung; denn die Juden waren sich von vornherein über ihre künftigen grundsätzlichen Pflichten im klaren, die anderen aber nicht. Sicher hatten viele junge deutsche Menschen damals keine Ahnung von der völkischen Grundeinstellung in weiten jüdischen Kreisen.

Winnig sah auch die Gefahren einer gedanklichen Verbindung von Gegnerschaft zum Großkapital und gegen die Juden innerhalb der Arbeiterschaft ganz klar, besonders als die NSDAP sich immer mächtiger entwickelte. Vielleicht haben wir uns besonders gut verstanden, weil ich ähnlich wie er auf einem im Grunde einsamen „Zwischen"-Standpunkt war. Leider lockerten sich langsam unsere Beziehungen, da Winnig von manchen Grundauffassungen erneut abrückte und meine unverändert bleibende Haltung nicht billigen konnte. Darüber sind mir später bei Verhören harte Vorhaltungen gemacht worden in dem Sinne: Ich sei doch wirklich genug gewarnt worden!

Damit nicht ein weiteres Mißverständnis aufkommt: ich habe nie vergessen, wieviel ich der Familie Winnig, besonders in schweren Zeiten zu verdanken hatte, und an meiner Verehrung haben die Stürme der Zeit nichts verändert. Es ist schade, daß heute seine prächtigen Bücher — politischen und rein menschlichen Inhalts — wenig gefragt sind. Winnigs Wesen und Werden beruhten auf einem tiefen Glauben, und sicher ist nicht oft ein Laie theologischer Ehrendoktor (1953) aus solch tiefer Berechtigung geworden. Was uns trennte, ist vielleicht am besten mit einer kleinen Erinnerung klargemacht.

Bei einem Spaziergang an der Havel kamen wir auf Walter Darré zu sprechen, dessen Wirken und Persönlichkeit mich oft beeindruckt hatte. Meine Liebe zur Natur, zu Bauern und Waldarbeitern, Erfahrungen auf Erntehilfen waren dabei sicher von Bedeutung. Andererseits hatte ich damals schon erfahren, daß Darré auch von manchen Nationalsozialisten mit seinem Gedankengut vom „Blut und Boden" und den Folgerungen daraus als Halbwisser und Schwärmer abgewertet wurde. Ich hatte nicht erwartet, daß Winnig selbst zu dieser Gruppe gehörte. Plötzlich konnte ich das aber seinen Bemerkungen über „Blu-Bo, den Märchenprinzen" entnehmen. Selbstverständlich verheimlichte ich meine eigene Meinung über Darré nicht und erinnerte Winnig daran, daß er selbst doch auch am Anfang seines in vieler Hinsicht trefflichen Buches „Das Reich als Republik" geschrieben habe: „Blut und Boden sind das Schicksal der Völker." Ganz allgemein hat Winnig viele Entwicklungen wie ein Seher richtig vorausbeurteilt, aber mir waren damals seine Wandlungen recht wesensfremd und sicher ihm mein überzeugtes Festhalten an dem von mir in ehrlichem Ringen als allgemein und für mich als richtungweisend Erkannten.

Es läßt sich schwer vermeiden, daß wir mit unseren Gedanken immer wieder von der Vergangenheit in die Gegenwart kommen und sie dann erneut zurückwandern lassen müssen. Das hat gewisse Schattenseiten, aber ich will ja auch nicht chronologisch, sondern sachlich berichten.

Durch Geburtenrückgang und Mischehen hätte sich auch ohne Hitler die Judenfrage in Deutschland weitgehend von selbst gelöst — langsam aber sicher. Ich weiß von zuständiger Stelle, daß in den Jahren nach 1970 kaum ein Drittel der jungen Juden noch einen ebenfalls jüdischen Eheteil heiratet. Offenbar scheint die innere Einstellung zum Staat Israel und zur jüdischen Religionsgemeinschaft sich ähnlich zu verändern.

Hier muß auch erwähnt werden, wie viele Verbände, Vereinigungen, Verbindungen aller Art, Erholungsorte, Sanatorien, Hotels, Gaststätten und so weiter schon lange vor 1933 ganz offen und stolz ihre „Judenreinheit" bekundet hatten. Andererseits gab es zum Beispiel eine Reihe von Erholungsmöglichkeiten, die bevorzugt von Juden besucht waren. In Württemberg ist es Freudenstadt gewesen. Die Artbewußten hier und dort hielten schon immer offen eine solche Trennung für richtig und notwendig; die Mittelschichten — wie immer — je nach zu erwartendem Vorteil oder augenblicklichem Stand ihrer Stimmung. Heute wollen dieselben Leute nirgendwo mitgemacht und nichts gesehen oder gehört haben, was ihr Gewissen irgendwie belasten könnte.

Unsere Jugend sollte auch davon etwas erfahren, um richtig urteilen zu können und alles Geschehene zu beurteilen; denn Wichtiges wird ihr durch Mangel an Zivilcourage und durch Unverfrorenheit verschwiegen. Darin sind besonders solche Herrschaften groß, die dann im Dritten Reich Begeisterung oder Zustimmung heuchelten und sich nachher als die bedauernswerten Mißbrauchten und Verführten hinstellten. Aber auch in jüdischen Kreisen hat es ähnliche Leute gegeben, die rasch ihre Gesinnung wechseln konnten, besonders als es nach 1945 um materielle Wiedergutmachung ging.

Etwas anderes sollte ebenfalls nicht vergessen werden. Als die Juden auf dem Weg aus den Gettos zur bürgerlichen Freiheit waren, hatten sie offenbar das ganz richtige Gefühl, daß sie, die als reine Geldmenschen verschrieen waren, ihre Kinder und Enkel in freie Berufe anderer Art bringen mußten. Sie konnten zunächst

wirklich nicht ahnen, daß gerade diese Berufsumschichtung erneut zu offenen und versteckten Angriffen führen würde.
Als besonderes Beispiel wollen wir einmal die Juristen und Ärzte ins Auge fassen. Es wäre ein großes Unrecht, wenn man nicht — ganz allgemein ist es ja schon geschehen — würdigen würde, was in diesen beiden Berufsgruppen von Juden tatsächlich forschend, lehrend und in der praktischen Tätigkeit geleistet und erreicht worden ist. Andererseits hat es an warnenden Stimmen nicht gefehlt, als die Verhältniszahlen gemessen am Gesamtbereich der Stände immer höher wurden. Klar voraussehende Menschen regten rechtzeitig die Schaffung einer entsprechenden Begrenzung an, also eine Beschränkung der Zulassung auf Grund bestimmter Voraussetzungen für den Einzelfall. Niemand nahm die Vorschläge ernst. Sie wurden als verdammenswürdige Bösartigkeit abgetan.

Eine weitere Ursache dieses Mißstandes war die heute gerne verschleierte Tatsache, daß in beschämender und bedrückender Weise Juden auch von einfachen öffentlichen Berufen ausgeschlossen, mindestens aber in ihnen zurückgesetzt und behindert waren. Man muß hier die Unterschiede zwischen der Zeit vor 1914 und der nach 1918 sowie zwischen den einzelnen Staatsgebieten innerhalb des Reiches erkennen und werten. Zum Beispiel waren die gesamten Verhältnisse in Württemberg im Vergleich zu manchen anderen Ländern recht in Ordnung. Auch die Städte insgesamt konnten selbst bei gleicher Größe nur schwer verglichen werden. Jedenfalls wäre eine ehrliche Beschränkung unter Zugrundelegung einer angemessenen Richtzahl bei gleichzeitiger voller Anerkennung recht und gerecht gewesen.
In einer Art von kaltem Krieg schuf man aber Randsiedler und Außenseiter des deutschen Volkes — Bürger zweiter Klasse. Solch eine Feststellung liest sich leicht, birgt aber erschütterndes Leid für viele Menschen in sich. Gleichzeitig waren diese Bürger minderen Ranges auch Soldaten zweiter Klasse. Vor 1914 konnte — Bayern ausgenommen — kein Soldat jüdischer Abstammung,

auch bei bester Bewährung, Reserveoffizier werden. Als Offiziersanwärter wurde er Feldwebel oder Wachtmeister — dann war Schluß. Ist das nicht wieder ein Beweis — und zwar ein ganz eindeutiger — für das schon mehrfach erwähnte innere Gespaltensein in unserer deutschen Denk- und Auffassungsweise? Ich habe absichtlich nicht „damals" gesagt. Und zwar weil ich unsere heutige deutsche Gesellschaft für genauso krank halte. Die äußeren Ansichten von einst und jetzt sind in Einzelheiten dabei nicht wichtig.

Zum Fragenkreis selbst: Entweder ist jemand wehrwürdig oder nicht, entweder ist man würdig, als Vorgesetzter vor der Front zu stehen oder nicht. Niemand wollte Wahrheit und Klarheit! Die Beförderung bis zum Feldwebel war ein Zugeständnis an die Juden, der grundsätzliche Ausschluß von der Wahl zum Offizier die Folge des oft verkleisterten Antisemitismus, den auch viele aktive Offiziere und ein Großteil des Adels hatten.

Damit kein Mißverständnis aufkommt, eine kurze Zwischenbemerkung. Später an der Front während des Ersten Weltkrieges und danach bei der Reichswehr habe ich eine Reihe adeliger und bürgerlicher aktiver Offiziere als Vorgesetzte oder Kameraden in vorbildlicher Haltung und Bewährung wie auch im menschlichen Zusammenleben hoch schätzen und manchen Älteren verehren lernen dürfen. Während viereinhalbjähriger Frontdienstzeit hat nur einer meiner Vorgesetzten einmal erklärt, er wolle als überzeugter Antisemit nicht mit mir zusammenarbeiten. Im Hinblick auf meine Bewährung wurde er dann sofort versetzt. Das war das einzige dunkle Erlebenmüssen dieser Art als Soldat.

Vor 1914 war es ganz unmöglich gewesen, jemanden zu der Erkenntnis zu bringen, daß es doch zu schweren seelischen Belastungen und auch üblen Folgeerscheinungen führen muß, wenn eine Gruppe von Staatsbürgern offen wie selbstverständlich so gedemütigt werden kann. Die Worte „wie selbstverständlich" wurden bewußt gewählt, weil ich mit ihnen viel Überheblichkeit und Herzenskälte andeuten will, die in ihrer Unerbittlichkeit sich bis heute auswirken. Erst als damals das Vaterland in Krieg und Not kam, wurden schnell Hunderte Juden Frontoffiziere. Viele von ihnen wie auch der einfachen Frontsoldaten haben sich vorbildlich bewährt. Es ist eine Ehrenpflicht, der zwölftausend gefallener Juden, der Schwerkriegsversehrten und der Hinterbliebenen in tiefer Dankbarkeit zu gedenken. Nicht einmal die Kriegsblinden haben später etwas vom Dank des Vaterlandes erfahren dürfen. Darauf werden wir nochmals zu sprechen kommen.

Gemeinsames Vaterland?

Ein alter, ebenso prächtiger, wie religiös und völkisch überzeugter jüdischer Mann hat vor vielen Jahren auf meine Behauptung, den Juden fehle ein richtiges Vaterland, geantwortet: „Das Vaterland der Juden sind die Juden in aller Welt." Es ist schade, daß er das Werden des Staates Israel nicht erlebt hat. Warum erwähne ich das wohl hier? Weil mir die Frage nach dem Vaterland für Vergangenheit und Zukunft auch in diesem Zusammenhang wichtigst erscheint, besonders da sie in meinem Leben zum Kernstück meiner selbst wurde.

Die Eigenartbewußten auf deutscher wie jüdischer Seite haben die Frage nach einem deutschen Vaterland der Juden stets mit „Nein" beantwortet. Ebenso eindeutig war das „Ja" der sogenannten Aufgeschlossenen auf beiden Seiten. Die Mittelschichten hier wie dort wichen wieder — einmal mehr, dann weniger — einer klaren Entscheidung aus. Da gibt es nachträglich nichts zu verheimlichen und zu beschönigen. Irren und Schuld sind menschlich. Abstoßend ist es, nicht dazu zu stehen.

Noch eine Bemerkung, die notwendig ist, obwohl sie nicht unbedingt hierher gehört: Insgesamt steht heute im deutschen Volk, besonders bei seiner Jugend, der Begriff „Vaterland" nicht mehr hoch im Kurs. Die Ursache, die ich aber nicht als maßgeblich anerkenne, wurde und wird oft genug erörtert. Wenn wirklich vaterländische Gedankengänge in der Vergangenheit übersteigert in den Vordergrund gestellt worden sind, darf das ein Anlaß sein, mit billigen Redensarten etwas überspielen zu wollen, das sonst in der Welt unabhängig vom Zeitgeschehen als — das darf man ruhig sagen — heiliges Erbe empfunden wird? Vaterland kann nicht als nationalistisch übertünchter Hohlbegriff gewertet werden, sondern ist und bleibt herzbluterfüllte Wirklichkeit, die rein gar nichts mit einer jeweiligen Regierungsform zu tun hat. Es macht doch auch kein mit seinem Glauben tief Verbundener diese Tatsache von etwaigem Mißbrauch, von Frömmelei und Kirchengezänk abhängig. Jüngeren sage ich oft: „Was Vaterland ist, weiß man erst, wenn es einem genommen werden soll oder genommen worden ist."

Ich kenne die Richtigkeit dieser Worte. Aller Gefahren und Pflichten ganz bewußt mußte ich in dunkelster Notzeit lockende Berufungen ins Ausland ablehnen, weil ich lieber in einem deutschen Straßengraben zugrunde gehen wollte als draußen ein hochgeachteter Mann zu sein. Das liest sich leicht und mag auch überlegen abgewertet werden. Aber jeder hat in solchen Schicksalsprüfungen seine Entscheidung zu treffen. Eines ist sicher, daß jede Liebe auch nicht vor einer großen Gefahr zurückweicht — oder sie ist nicht wahr!

Man kann heute sehr wohl ein „Europa der Vaterländer" als Ziel vor Augen haben, das hieße aber kein Völkergemengsel zu erstreben. Aber die Gefahr ist, daß wir durch ferngesteuerte Wesenlosigkeit nur Masse und nicht mehr wir selbst werden.

Der Staat Israel ist für uns ein besonderes Beispiel. Aus „Schmarotzern, Feiglingen, Drückebergern vom Kriegsdienst und von der Handarbeit" wurde plötzlich ein Volk, das genau weiß, was Vaterland ist, für das man zu leben, zu schaffen, zu kämpfen und zu sterben bereit sein muß. Ja, und was dort Wirklichkeit geworden ist, versucht man bei uns als Redensart abzutun!

An dieser Stelle nun ein ganz offenes Wort an uns Deutsche selbst: Auch andere Völker haben schon Not und Elend erlebt; aber sie sind nicht so in ihren innersten Werten zerbrochen wie wir. Trotz unseres unbestreitbaren Fleißes haben wir vor der Geschichte versagt, weil eine zu große Schicht keine seelische Widerstandskraft mehr hatte — weder nach 1918, 1933 und 1945. Wir wissen doch alle um die ständigen Selbstanklagen und Selbstbeschmutzungen, die etwas ganz anderes sind als ehrliche Einsicht für den Anteil des eigenen Volkes an der Wirrnis in dieser Zeit und in der Welt insgesamt. Wie würdelos haben viele mitgeholfen, das Wesen von Volk und Nation samt den großen Werten der Überlieferung auf den verschiedensten Gebieten in den Schmutz zu treten! Offenbar sind viele Deutsche so gut „umerzogen", daß selbst eine sonst hervorragende Zeitungsgestalterin schreiben konnte: „Ohne Amerika würden wir geistig verkümmern."

Mit das beste, was in diesem Zusammenhang gesagt werden konnte und was deutlich die Frage nach dem Vaterland für Deutsche wie für Juden beantwortet, stand einmal in einem Feldpostbrief Walther Rathenaus an mich während des Ersten Weltkrieges: „Für mich entscheidet über die Zugehörigkeit zu Volk und Nation nichts anderes als Herz, Geist, Gesinnung und Seele." Dafür hat er gelebt und gelitten, dafür ist er gestorben. Das richtet an jeden von uns eine zweite Frage, die zur ersten gehört und eine Antwort über die Bewährung fordert. Einer großen deutschen Mittelschicht wird das sehr schwerfallen, wenn sie bei der Wahrheit bleiben will.
Zur Gesamtpersönlichkeit Rathenaus, die ja in verschiedener Hinsicht recht unterschiedlich beurteilt wurde und wird, ein paar Worte: Im Grunde hat er trotz seiner hervorragenden Stellung durch das innere Gespaltensein infolge seiner Abstammung sehr viel gelitten und manches Mal dadurch nach außen hin oft anders gewirkt als er tatsächlich war. Vielleicht hat das auch zu seiner Ermordung beigetragen. Die Attentäter gaben ja zu, daß sie nicht den „Juden" Rathenau, sondern mit ihm einen „Erfüllungspolitiker" beseitigen wollten. Es ist eine tiefe Tragik, daß er gerade das Gegenteil war: ein Freund des Kaisers, ein trotz aller Erniedrigung überzeugter deutscher Mann, der im Oktober 1918 in schwerster Stunde Worte zu sprechen wagte, die eigentlich eine verantwortungsbewußte Staatsführung an das Volk hätte richten sollen. Er wollte bei einer unbefriedigenden Antwort auf das

Waffenstillstandsgesuch eine Volkserhebung zu einer umfassenden nationalen Verteidigung ausrufen lassen. Ich weiß, daß er die Revolution ablehnte und nur um des Ganzen willen sein Können und Wissen doch zur Verfügung stellte wie andere nationale Kräfte auch. Dasselbe habe ich bei der Einwohnerwehr und der Schwarzen Reichswehr getan. Mag man manches an ihm und von ihm mißdeutet oder aus dem Zusammenhang gerissen haben, nach meiner Auffassung wäre vieles durch ihn als Befreier aus dem Zangenangriff vom Osten und der so oft mißdeuteten Annäherung dorthin (Rappalo) in der deutschen Geschichte anders und vermutlich besser geworden. Jedenfalls denke ich oft an ihn und sein Vertrauen zu dem viel Jüngeren.

Wenn jetzt, 50 Jahre nach seiner Ermordung, behauptet wird, Rathenau habe infolge einer innigen Bindung an seine Eltern nicht geheiratet, so ist das nicht der Wahrheit entsprechend. Er, der sonst auch seinen Freunden gegenüber sehr kühle Mann, hat mir den wahren Grund erzählt. Es war der innere Zwiespalt: „Deutsche Mädchen, die ich gerne geheiratet hätte, waren für mich als Juden unerreichbar." Und etwas anderes hat ihn hart getroffen, daß er, der begeisterter Soldat gewesen war, vor dem Ersten Weltkrieg nicht Reserve-Offizier werden konnte. Man kann darüber lächeln, wenn man nicht selbst ähnliches erlebt hat. Rathenau war der Meinung, man dürfe und solle ruhig einen etwas übersteigerten Vaterlandsstolz haben, wenn man sein Vaterland von Herzen liebe. Das ist ihm — sicher auch anderen — und nicht zuletzt mir selbst zeit- und teilweise schlecht ausgelegt worden. Besonders bei der ersten Spruchkammerverhandlung kam das zum Ausdruck.

Der Vorsitzende meiner ehemaligen Studentenverbindung, ein Rechtsanwalt, der 1945 als vorbildlicher Demokrat Landrat geworden war, hatte auf Wunsch ein Gutachten über mich abgegeben. Insgesamt war es recht gut; aber er konnte ja einen Mann wie mich nicht nur loben und so mußte also bemerkt werden, ich hätte meinen christlichen und vaterländischen Glauben manches

Mal zu sehr betont. Mag sein, daß er recht hatte. Aber der gute Mann hatte eines vergessen, was man damals wie heute so gerne verschweigt: die eigene Mitschuld an der inneren Entwicklung eines oft verzweifelt um Sein oder Nichtsein, nicht zuletzt auch in seelischer Hinsicht, ringenden Menschen.

Zunächst ein anderes Beispiel. Ob man wohl ahnen kann, was in einem Mann vor sich geht, der an einem von ihm selbst mitvorbereiteten Ehrentag vom Turnplatz wie ein räudiger Hund hinweggejagt wird? Warum geschah das 1935? Weil führende Männer der Turnerschaft, die 1933 bis 1945 in Nationalsozialismus machten, aber meine langjährige Hingabe und Bewährung als Turner genau kannten, plötzlich telefonisch meinen sofortigen Hinauswurf zur Vorbedingung ihres Erscheinens machten. Nach 1945 waren sie wieder treue Demokraten und bewährte Leute in öffentlichen Ämtern. Nur der stellvertretende Vorsitzende unseres Turnvereins, ausgerechnet ein „alter Nazi", nahm sich meiner in der dunklen Stunde wie auch jahrelang nachher bis zu seinem Tod vor dem Feind in vorbildlicher Treue an.

Ein Trost war mir immer, daß selbst Jahn oft schwer unter der Treulosigkeit mancher Turner zu leiden hatte. Und noch ein dritter Hinweis. Mit einem Schlag war von 1933 an das innige Band von angeblicher Dankestreue zwischen meinen Offizierskameraden und mir beinahe ganz zerrissen. Das ist die Kehrseite des Liedes vom guten Kameraden!

Waren nicht bei Rathenau wie bei mir und anderen unserer Lebensauffassung das aufrechte, unentwegte Bekenntnis, durch freudiges Tun und die gleichzeitig oft harte, vom Schicksal geforderte Abwehr von maßgeblicher Bedeutung für unser Verhalten der Umwelt gegenüber? Trotz unserer Herkunft gehörten wir doch zum ausklingenden deutschen Idealismus. Rathenau, der Mann zwischen Führungsschicht und Arbeiterschaft, wollte im Sinn seiner Gedanken „Von kommenden Dingen" wirken. Von dieser Warte aus setzte er sich auch mit ganzer Kraft für eine Wandlung der Eigentumsgesinnung und eine Versittlichung der Wirtschaft ein. Mit manchen seiner Gedankengänge wird auch er zu der „Horde der Vorläufer des Nationalsozialismus" gerechnet. Nicht von ungefähr kommt man in der Geschichtsschreibung immer wieder auf diese Persönlichkeit mit ihrer Vielseitigkeit aber auch Vielschichtigkeit zurück. Rathenau stand und kämpfte also auch „zwischen zwei Völkern". Er wußte genau, daß die innige Bindung an sein Vaterland als Gabe und Aufgabe jeden Menschen von Grund auf festigt.

So ist es auch seit langem meine Überzeugung, daß jeder Mensch jüdischen Bluts — und das überall auf der Welt — eine klare Entscheidung erfühlen muß, wo sein wirkliches Vaterland ist, mit dem er sich auf Gedeih und Verderb verbunden weiß. Ich fürchte ehrlich um das Schicksal der Juden in der Zerstreuung, wenn nicht ein eindeutiges Bekenntnis zum jeweiligen Standpunkt abgelegt wird. Wie schwierig das sein kann, deutet eine Äußerung des zionistischen Weltkongresses in neuester Zeit an, bei der ein Abstand vom Staat Israel gefordert wird.

Leider habe ich im Frühjahr 1920 mit einer Vorhersage hinsichtlich der Zukunft der deutschen Juden bis zur furchtbaren sogenannten „Endlösung" recht behalten. Und immer wieder mußte ich in der ganzen Zeit aus tiefer Verpflichtung warnen. Deshalb auch jetzt der eindeutige Hinweis, daß man nur Hochachtung vor solchen Juden haben kann, die sich unmißverständlich für die jüdische Gemeinschaft, sei es im Geiste des Staates Israel, sei es frei von jeder vaterländischen Bindung nur in völkisch-religiöser Zugehörigkeit zur Weltjudenheit, entscheiden und daraus dann aber auch die notwendigen Folgerungen ziehen. Die wesentlichste ist in beiden Fällen, als zurückhaltender Gast in einem andersartigen Volk unter Verzicht auf jegliche Beeinflussung dessen maßgeblicher Belange zu leben. Nur unter dieser Voraussetzung kann man sehr wohl angesehen und willkommen sein. Aber es ist nicht möglich, aus zwei völkischen Kuchen die Rosinen für sich herausholen zu wollen! Man kann weder im Innersten noch politisch zwei Vaterländer haben wollen oder haben. Davon abgesehen geht eine solche Doppelpflicht einfach über Menschenkraft, und Doppelrechte müssen zu einem inneren Gespaltensein führen. Entweder man nimmt die Verantwortung zu leicht oder man wird von ihr erdrückt.

Die größte Gefahr für sich und ihre Umwelt waren, sind und bleiben die religiös und völkisch Wurzellosen, Heimatlosen, denen Hilfe und im besten Sinne des Wortes Mit-leid — aber nur nicht herzlose Entwürdigung—zuteil werden sollte. Fernerstehende können und dürfen sich nur schwer eine Beurteilung erlauben, dennoch muß zu der Überlegung angeregt werden, ob die erwähnte Gefährdung nicht wesentlicher wird durch die Tatsache, daß offenbar mehr Juden in der Welt als man ohne weiteres annehmen sollte, die überzeugt vaterländische Haltung der Israelis nicht verstehen oder billigen, ja, sich von ihr unter Umständen abgestoßen fühlen (das wäre „nazistisch"). Auch von völlig unbeeinflußten und den Fragen religiös wie völkisch fernstehenden Menschen liest oder hört man immer wieder Hinweise und Vergleiche hinsichtlich Ähnlichkeiten in Maßnahmen und Verhalten im Dritten Reich und im Staate Israel. Selbst manche Gesetze ähneln sich nach Umfang und Schärfe doch sehr. Es gibt also zweifellos einen gewissen „Antizionismus" auch im außerisraelischen Judentum.

Bei manchen osteuropäischen Staaten weiß man in den Entwicklungen schwer zwischen Antijudaismus und Antizionismus zu unterscheiden. Offenbar ist der Antizionismus — oder scheint es nur so? — weniger völkisch bedingt, denn er wird doch in der Hauptsache von politisch links Stehenden betrieben. Zweifellos spielt das von viel Unrecht den Arabern gegenüber belastete Werden und Sein des Staates Israel bei der neuerlichen Art von Ablehnung in Osteuropa eine Rolle, die übrigens langsam auch auf die Bundesrepublik überzugreifen scheint. Das will zwar niemand offen zugeben, aber heimliche Entwicklungen sind, wie wir alle aus mannigfaltiger Erfahrung wissen, oft viel gefährlicher als offene. Hinweise darauf sind natürlich nicht erwünscht.

Es überrascht immer wieder, wenn ich zu berichten habe, daß ausgerechnet in der Führungsschicht des Drittten Reiches, in der es bekanntlich jahrelang unterschiedliche Meinungen über die Möglichkeiten einer Lösung der Judenfrage gegeben hat, ganz klar in diesem Zusammenhang die Frage nach dem Vaterland gestellt worden ist. Das ist kein haltloses Gerede, sondern meine Überzeugung beruht auf näheren Beziehungen zu Hermann Göring vom 30. April 1935 an — dem Tag einer ersten mehrstündigen Aussprache unter vier Augen mit ihm.

Ich war telegrafiisch auf Grund eines Briefes an eine dritte Persönlichkeit nach Berlin gerufen worden. Ohne mein Wissen hatte Göring Kenntnis vom Inhalt des Schreibens erhalten. Natürlich hatte auch dieser Mann seine menschlichen Fehler und Schwächen wie wir alle, aber insgesamt bin ich ihm für sein großes Vertrauen bis heute aufrichtig dankbar. Und, das sei ebenfalls ganz offen gesagt, seine Persönlichkeit hat mich sehr beeindruckt. Jahre später wurde ich im Internierungslager 74 (Ludwigsburg-Oßweil) eingehend über meine Verbindungen zu Göring verhört und bin darüber gerne aufrichtig Rede und Antwort gestanden.

Zunächst klärte mich Göring über die schon erwähnten Meiungsverschiedenheiten auf. Immer wieder versuchte er, seine eigene Anschauung zur Geltung zu bringen. Mehrmals wies er darauf hin, daß Hitler einer Ansiedlung der Juden in einer für alle Beteiligten tragbaren Weise gar nicht so ablehnend gegenüberstehe, wie man vielleicht annehmen könne. Wie ich später von Göring erfuhr, war das bis zum Jahre 1941 so. Er betonte dann seine Enttäuschung darüber, daß die Judenheit in der Welt erschreckend wenig bereit sei, für ihre Schwestern und Brüder in Deutschland etwas Weitreichendes zu tun. Eine andere Haltung mit wirklichem Entgegenkommen hätte auch die Pläne der Gutwilligen in seiner Partei sehr fördern können. Göring konnte nicht begreifen, daß die Einwanderungsgesetze nirgendwo gelockert würden. Er meinte, man müsse den Juden irgendwo in der Welt einen eigenen Staat aufbauen helfen, damit sie endlich eine Heimat, ein Vaterland hätten. Von den Palästinaversprechungen der Engländer hielt er nicht viel, außerdem müßte man doch auch an die Araber denken; denn nur so könnte man der Abneigung viel Wind aus den Segeln nehmen. Er betonte, daß er sich schon oft und lange Gedanken gemacht habe, wie in Deutschland überzeugte und bewährte nationaldeutsche Juden endgültig in die Volksgemeinschaft einzugliedern wären. Hitler wisse davon, ihm gegenüber sei er ganz offen gewesen und habe ihm mehrmals gesagt: „Wenn wir das aus völkischen Gründen nicht können, sind wir in dieser Hinsicht nicht viel wert." Dann schilderte Göring eingehend seinen eigenen Plan:

1. Überprüfung aller Juden durch einen möglichst einfachen, aber doch richtig und gezielt abgefaßten Fragebogen. Es sollte damit geklärt werden, wie lange die Familien bereits in Deutschland ansässig sind, wie sie sich bewährt haben, was der einzelne vor, während und nach dem Weltkrieg getan und geleistet hatte.
2. Wer als würdig befunden wird, muß sofort mit allen Rechten und Pflichten in die Volksgemeinschaft aufgenommen werden.
3. Alle übrigen müssen innerhalb eines Jahres unter Freigabe eines gerecht gestaffelten Vermögensteils Deutschland verlassen.

Sofort kam die Frage an mich: „Wie hoch ist der vermutliche Prozentsatz der Einbürgerungswürdigen?" Meine Antwort: „Etwa 15 Prozent." Er meinte jedoch, daß es ungefähr 25 Prozent sein würden.

Mussolini hat übrigens den Göring-Plan verwirklicht und 23^1/$_2$ Prozent eingegliedert.

Zum Schluß erkundigte sich Göring nach der Arbeit und den Erfahrungen der Hilfsstellen des Paulusbundes der nichtarischen Christen. Er wußte, daß ich die Stuttgarter Stelle für das Land Württemberg seit 1933 geleitet hatte. (Sie wurde dann 1938 von der Evangelischen Landeskirche übernommen und bestand bis 1944.) Beim Abschied wurde mir zugesagt, ich könne mich jederzeit mit besonders dringlichen Anliegen der Hilfsstelle unmittelbar an ihn wenden, jedoch unter der einen Bedingung, daß ich die persönliche Haftung für die Richtigkeit meiner Angaben in jedem Einzelfall übernehme.

Man kann nachträglich sehr schwer ermessen, was das Anerbieten für meine Schützlinge und mich bedeutet hat. Göring hat sich oft eingesetzt, besonders wenn es sich um die Freilassung von Häftlingen handelte. Das galt übrigens nicht nur für meinen Heimatbezirk, sondern auch für andere Hilfsstellen im Reich. Meine perpönliche Verbindung hat jahrelang gedauert und war für unsere Arbeit von größtem Wert — sachlich wie seelisch. Auch das muß in den Dank eingeschlossen werden.

Das hört sich alles sehr einfach an. Nur wer schon in ähnlicher Notlage war, kann ermessen, was ein derartiger Schirmherr für die Lösung so schwieriger Aufgaben einer solchen Hilfseinrichtung wert war. Damit aber kein falscher Verdacht aufkommt: Für meine Familie und mich habe ich — trotz mancher herzlichen Aufforderung dazu — nie etwas erbeten und nichts erhalten; auch nicht, als ich 1939 meine Approbationen verlor, Gärtner wurde und im November 1944 zum Wasserleitungsbau in ein Arbeitslager verbracht worden bin.

Da ich nun auf den SS-Obergruppenführer Reinhard Heydrich zu sprechen komme, zunächst ein Wort zu seiner Persönlichkeit. Zweimal habe ich ihn im Vorzimmer Görings getroffen und mich längere Zeit mit ihm unterhalten können. Heydrich wußte, wer ich bin und weshalb Göring mich zu sprechen wünschte. Wenn er

wirklich der „Teufel in SS-Uniform" gewesen wäre, hätte ich doch
während mehrerer Stunden davon irgendwie etwas zu spüren
bekommen. Ich habe seither oft gesagt, daß ich am Gesamtverhalten Heydrichs in bezug auf die ihm nachgesagten, beinahe
krankhaften Überheblichkeiten, trotz meiner gerade ihm gegenüber besonders wachsamen Beobachtung nichts habe feststellen
können. Er hatte ein tadelloses Auftreten und war mir gegenüber genauso freundlich und höflich wie zu dem zeitweise mit-
anwesenden Reichsminister Dr. Gürtner. An seine eigene angeblich teiljüdische Abstammung habe ich keinen Augenblick geglaubt. Auch die Art, wie er mit mir über mein persönliches
Schicksal, meine Betreuungsaufgabe und die Sorgen wegen all
der Auswanderungsschwierigkeiten gesprochen hat, war nicht
ohne Wärme und Anteilnahme. Mit seinem Chef Himmler ver-
banden ihn offensichtlich tiefe Gefühle, das konnte man allerdings
leicht feststellen.

Es ist mir auch bekannt, daß Göring am 31. Juli 1941 Heydrich
den Befehl gegeben hatte, eine „Endlösung" vorzubereiten. Oft
wurde teils unwissentlich, teils absichtlich, Göring zum Haupt-
verantwortlichen für das spätere Mordverbrechen gestempelt, obwohl er zweifellos unter dem Begriff „Endlösung" etwas ganz
anderes durchsetzen wollte. Offengestanden habe ich nie an eine
derartige Schuld Görings geglaubt.

In solchem Zusammenhang denke ich oft an ein anderes Beispiel
von Anschuldigung. Wie lange wußte man nicht die ganze Wahrheit über das Attentat im Bürgerbräukeller am 9. November 1939.
Es wurden damals acht Personen zerfetzt, und man behauptete,
Hitler habe die Bombenexplosion selbst bestellt und sei vorher —
sozusagen im letzten Augenblick — mit seiner Begleitung davon-
gegangen. Inzwischen wurde schon bald nach 1945 in aller Öffentlichkeit zugegeben, daß laut eigener Erklärung des englischen
Misters George Strauß, einem Juden, das Attentat finanziert worden ist, und durch eine Hilda Monte (auch zeitweise mit Namen
Olday) durchgeführt wurde.

Außerdem weiß ich, daß vor allem Göring, aber auch Hitler selbst, sogar noch nach dem vom-Rath-Mord mit dem Verteidigungsminister der Südafrikanischen Republik, Kirow, über das künftige Schicksal der noch im Reich verbliebenen Juden verhandelt haben. Minister Kirow war im Auftrag der britischen Regierung mehrmals bei ihnen. Offenbar hat Göring sein Wort gehalten und immer wieder versucht, die Judenfrage durch Aussiedlung zu lösen. Als Gegenleistung sollte Hitler freie Hand für seine Ostpläne erhalten.

Die Aufklärung über den Grund des Abbruchs der Verhandlungen gab mir 1945 im Internierungslager der vormalige deutsche Gesandte in Bern, Dr. Köcher, der bis Kriegsende heimlich mit seinem dortigen britischen Kollegen befreundet gewesen war. Köcher bestätigte die Bemühungen Görings und sagte wiederholt zu mir, alles sei daran gescheitert, daß gewisse Kräfte unter keinen Umständen einen Ausgleich zwischen Deutschland und England hätten haben wollen, um so Hitler in einen Krieg hineinzutreiben und den Kriegseintritt Englands zu sichern. Vor allem seien Einflüsse wesentlicher deutscher Politiker und hoher deutscher Offiziere sowie amerikanisch-jüdischer Kreise maßgeblich gewesen.

Ebenfalls im Lager erfuhr ich vom ehemaligen Reichsbankpräsidenten Dr. Schacht, daß Hitler im Jahre 1938 dessen Plan zugestimmt hatte, in London mit maßgeblichen Kreisen Möglichkeiten zu besprechen, um in größerem Ausmaß Auswanderungen mit der Maßgabe eines Aufbaus neuer Existenzen durchzuführen. Es handelte sich darum, aus dem beschlagnahmten jüdischen Vermögen einen großen Betrag abzusondern und die Verwaltung einem internationalen Ausschuß, in dem auch führende Juden sitzen sollten, zu übertragen. Dafür sollte die internationale Judenschaft eine Anleihe zeichnen, deren Erlös für die Auswanderung der deutschen Juden vorgesehen war. Die Rückzahlung dieser Anleihe hätte in jährlichen Beträgen in fremder Valuta von Deutschland innerhalb von zwanzig bis fünfundzwanzig Jahren durchgeführt werden sollen.

Es war für andere und mich eine Genugtuung, daß endlich im Herbst 1966 vor und zu aller Welt auch im Sinn des Gesagten etwas Wesentliches beigetragen wurde. Probst D. Grüber aus Berlin, den ich von langer gemeinsamer Arbeit her sehr schätzen gelernt hatte, sagte: „Jeder Jude, der einst nicht mindestens die Hälfte seines Vermögens für die Rettung der Juden in Mitteleuropa geopfert hat, sollte jetzt schuldbewußt schweigen."

Wie verworren selbst heute noch die damaligen Vorgänge und Zeiten beurteilt werden, bewies mir vor einiger Zeit eine Pressemeldung. In ihr stand, einer unserer führenden Staatsmänner habe sich besonders durch Verhinderung eines damals geplanten, auch uns bei der Hilfsstelle bekanntgewordenen Vorhabens, das wir allerdings herzlich begrüßt hatten, verdient gemacht. Danach wollte sich die europäische Jugend in einem offenen Brief an Präsident Roosevelt wenden mit der Bitte um Schaffung einer neuen geschlossenen Heimat für die mitteleuropäischen Juden. Wer um all das Mühen wußte und sich selbst ganz eingesetzt hat, darf wohl bei aller Zurückhaltung fragen: „War das Verhindern damals ein großes Verdienst oder nicht eher eine schwere Schuld?"

Von August Winnig wurde ich mehrmals darauf aufmerksam gemacht, daß nicht nur die SS-Führung einen harten Standpunkt in völkischen Grundsatzfragen einnehme, sondern auch hohe Offiziere. Das kann ich für Generalfeldmarschall von Mackensen nach einem Briefwechsel mit ihm wegen des Schicksals aller nichtarischen Frontkämpfer und besonders der Schwerkriegsversehrten bestätigen. Außerdem erfuhr ich es an mir selbst, als ich ohne mein Zutun nach Kriegsbeginn 1939 für wehrwürdig erklärt worden war und mich unter Verzicht auf meinen Offiziersrang als einfacher Sanitätssoldat zum Fronteinsatz meldete. Keine Dienststelle hatte Bedenken, nur die Wehrmachtsführung erreichte die Ablehnung. Das waren dieselben Leute, die uns dann später in den Internierungslagern mit großen Worten darlegten, sie hätten schon seit 1936 gewußt, daß die Herrschaft Hitlers den Untergang Deutschlands bedeute. Von uns erfuhren sie jetzt ganz genau, wie wir darüber dachten und noch immer denken. Auch maßgebliche Männer der Großindustrie haben nach Winnigs Überzeugung eine annehmbare Lösung der Judenfrage zu hintertreiben versucht. Vermutlich waren es die Kreise, die Hitler durch heimliche große Geldspende für die Wahlkämpfe vor 1933 mit an die Macht gebracht haben. Darüber ist schon genug geredet und geschrieben worden. Manche dieser sogenannten Wirtschaftskapitäne landeten dafür auch in den Internierungslagern. Ich erinnere mich an manches Gespräch mit einigen von ihnen. Dabei stellte sich heraus, daß manche Persönlichkeiten dieser Kreise offenbar alle damaligen Parteien namhaft unterstützt hatten, um sich auf und für alle Fälle abgesichert zu fühlen. Das war natürlich wichtig für die Erkenntnis, völlig unschuldig verhaftet worden zu sein und die Bemühungen um „Persilscheine" zur Vorlage bei den Spruchkammern. Andererseits hat es sicher auch maßgebliche Männer der Industrie und des Kapitals gegeben, die nach Schilderung ihrer Standesgenossen grundsätzlich harte Gegner gegen alles Sozialistische und Soziale vor und nach 1933 waren. Bei solchen Aussprachen erfuhr ich auch, daß bestehende Judengegnerschaft dort oftmals nur vorsichtig getarnt worden ist. Im übrigen, daß muß einmal in aller Deutlichkeit gesagt werden, ist es grundsätzlich falsch, einfach bei einem Nationalsozialisten Judenfeindschaft und bei einem Nazigegner Judenfreundlichkeit vorauszusetzen. Nach meiner zeitlich wie sachlich umfassenden Erfahrung hat diese Rechnung in solch leichtfertiger Aufmachung nie gestimmt. Gerade unter denen, die „immer dagegen" waren, habe ich offen und versteckt nur allzu häufig für meine Schützlinge wie für uns selbst wildeste Unmenschlichkeit feststellen müssen, während Parteigenossen und Angehörige der verschiedensten Formationen oft Anständigkeit und Hilfsbereitschaft durch Taten bewiesen. Hierher gehört, daß in meiner dankbaren Erinnerung auch Frau Emmy Göring blieb, die besonders in völkischen Fragen wie ihr Mann eingestellt war.

Einiges von Christenheit und Judenheit

Eine große Enttäuschung bedeutete für weite Kreise, so auch für die deutsche Führungsspitze, der Mißerfolg, welcher der Konferenz von Evian (1938/39) beschieden war. Sie war auf Wunsch Roosevelts unter Teilnahme der Vertreter von 32 Staaten zusammengetreten. Alle diese Diplomaten miteinander waren nicht fähig oder willens gewesen, sich auf umfassende Maßnahmen zur Rettung der Juden zu einigen. Nicht umsonst hielt im Februar 1939 der katholische Philosoph Jacques Maritain in Paris eine große Rede, in der die Kälte und Teilnahmslosigkeit der christlichen Welt angesichts auch des Trauerspiels von Evian angeprangert wurde.

Davon habe ich etwa ein Jahr später beim SD gehört. Dort verstand übrigens ebenfalls niemand die Haltung der Christenheit; denn beide Kirchen hatten sich doch lange Zeit fast jeglicher, von wirklichem Widerstand zeugender Stellungnahme in den völkischen Fragen enthalten. Es ist bedauerlich, daß unser sich später tapfer einsetzender Landesbischof D. Wurm es auch nicht früher gewagt hat. Jedenfalls kann ich bezeugen, daß auch die der SS angehörenden SD-Führer vielfach gar nicht so rücksichtslos eingestellt waren, wie man jetzt noch behauptet. Immer wieder sprachen sie mit mir über ihre große Sorge, denn ihnen lag ehrlich viel an einer tragbaren Lösung der alle belastenden Fragen.

Ich bekam deshalb den Auftrag, eine vertrauliche Aussprache zwischen unserem Oberkirchenrat und dem SD in der Wohnung von Verwandten von mir in die Wege zu leiten. Dabei sollte der erwähnte Fragenkreis eingehend erörtert werden. Außerdem wurde ich nach Rottenburg geschickt, um mit Domkapitular Dr. Hinderberger eine ähnliche Zusammenkunft vorzubesprechen. Leider wurde aus den Plänen nichts, da eine Stunde vor dem Treffen der Oberkirchenrat ohne Angabe von Gründen absagte. Darüber, ob das richtig oder falsch war, gehen die Ansichten bis heute weit auseinander. Selbstverständlich überbewerte ich eigenes Erleben nicht. Aber es hat mich oft innerlich gefroren, wenn ich an viel Herzenskälte bei manchen Pfarrern und christlichen Laien dachte. Dabei kam mir nicht selten ein hartes Wort in Erinnerung: „Die Christen sind der Juden überdrüssig geworden." Wenn dem so war, was auch ich auf Grund umfassender und bitterer Erfahrung glaube — von Ausnahmen abgesehen — sind wohl beide Seiten gleich schuldig geworden.

Die Juden selbst haben oft durch Veranlagung, Erfahrungen und Umwelteinflüsse ihren Wirtsvölkern viel zu tragen und ertragen gegeben, was bei gutem Willen und Selbsterkenntnis sehr wohl auf ein Mindestmaß hätte beschränkt bleiben können. Es ist vielerseits aus verschiedenen Gründen zur Gewohnheit geworden, in solchen und ähnlichen Zusammenhängen darauf hinzuweisen, daß die Juden berechtigt ihre Fähigkeiten in die Tat umgesetzt hätten. Bei Streitgesprächen über diese Fragen muß man jedoch klar bekennen, wie nutzvoll und segensreich etwas mehr bescheidene Zurückhaltung gewesen wäre. Was ich vorhin andeuten wollte, findet übrigens auch sein Spiegelbild und Beispiel in der lahmen Judenerklärung des Konzils von 1962/65.

Ein Mann wie ich muß bei der Beurteilung seines Weges ins Zwielich geraten; aber er kann in gerechtem Ausgleich trotzdem etwas zur Aufhellung für eine klare Sicht in die Vergangenheit beitragen. Dazu gehört, daß nicht überheblich, sondern mitschuldig dargelegt wird, welche Versagensanlässe zu der furchtbaren Katastrophe beigetragen haben. Weder Christenheit noch Judenheit wollen bis in die Gegenwart ihre Versäumnisse wirklich anerkennen und entscheidende Folgerungen ziehen.

Natürlich darf eine solche Verallgemeinerung beiderseits nicht falsch aufgefaßt werden, und die Christen sind hier nur als Teil des Ganzen genannt worden. Von ihnen könnte man nach so viel Schuldbekenntnissen und ähnlichem wirklich mehr Vorbild erwarten. Wenn das nicht jetzt geschieht, werden wir bald wieder das Aufflammen völkischen Hasses erleben, für den dann auch niemand verantwortlich sein will.

Als das Judenstern-Unglück 1941 auch über einen Teil meiner Schützlinge hereinbrach, dachte ich oft bitter an Kareski, Canaris und ihre Freunde. Über diese Männer wird noch zu sprechen sein. Und heute tue ich es noch mehr, wenn immer wieder besonders von Nicht-Nationalsozialisten gelogen wird: „Aus der Bevölkerung heraus ist den von der Partei verfolgten Juden nur Sympathie bezeugt worden."

Jeder muß die Vergangenheit ohne Flucht aus der Verantwortung sehen. Auch Schlagworte wie „Kollektivschuld" und „Kollektivscham" blenden die Sicht und betäuben das Gewissen. Wie war es denn damals wirklich? Offenbar hat man ganz vergessen, daß in einzelnen Gemeinden beider Konfessionen und auch von Freikirchen wie Sekten teils offen, teils hintenherum der Ruf laut wurde (in Ausnahmefällen sogar während der Gottesdienste): „Judensterne raus!" Das waren keine Sonderaktionen „wilder Nazis". Zur Beruhigung von Menschen, die das nicht für wahr halten, kann ich mich auf ein gutes Gedächtnis berufen. Aber es ist unserer nicht würdig, in manche sogenannte christliche Familien noch Unruhe durch offene Erinnerungen an längst Vergangenes zu bringen.

Unsere Hilfsstelle war, nicht zuletzt durch die schon erwähnte selbstlose Haltung unserer für sie zuständigen Pfarrer, so manchem Evangelischen, Katholiken und Glaubensjuden eine Zuflucht. Die Ereignisse überstürzten sich, als die Abtransporte nach unbekannten Zielen erfolgten. Alles, einschließlich des SD, bemühte sich, um wenigstens Aufschub und Rettung für einzelne, besonders bei tragischen Familienverhältnissen oder schweren Erkrankungen, zu erreichen. Auch die Sorgen um die hiergebliebenen

Mischehepaare mit Kindern forderten vollen Einsatz neben der Berufstätigkeit der Hilfsbereiten.

Plötzlich wurde uns von der Gestapo wie auch von der Stadt Stuttgart eröffnet, daß christliche Nichtarier und ihre Kinder künftig auf dem jüdischen Friedhof beerdigt oder deren Urnen dort beigesetzt werden müßten.

Der damalige Oberbürgermeister von Stuttgart stand bis 1933 unserer Familie näher. Später rühmte er sich im Internierungslager großer Widerstandstätigkeit seit 1939, obwohl er, wie bei seinen Aufrufen an alle Mitarbeiter (Weihnachten 1944: „Durchhalten für den Führer!") erkennbar, in seiner Art besonders widersprüchlich war. Darüber habe ich mit ihm während der gemeinsamen Haft offen gesprochen. Auf unsere einstigen Hinweise bezüglich der seelischen Not arischer Ehegatten durch die Bestattungsverordnungen war die Haltung der Stadtverwaltung zeitweise unnachgiebiger und gleichgültiger als die der Gestapo.

Von all dem wollte man nach 1945 nichts mehr wissen, auch nicht von der rücksichtslosen Zurückweisung des Einspruchs beider Kirchen, die ihre Pfarrer nicht auf jüdischen Friedhöfen amten lassen wollten und konnten. Der rettende Gedanke war unsere Bitte um eine kleine Sonderabteilung auf dem Hauptfriedhof. Das Friedhofsamt verbannte uns nicht in irgendeinen Winkel, sondern stellte einen unserer Toten würdigen Platz zur Verfügung in der offen zugestandenen Hoffnung, daß sich nachträglich niemand in der Unrast durch Fliegerangriffe und andere Not darum kümmern würde. Nach dem Krieg hat man in aller Stille die Urnen anderwärts beigesetzt.

1944 wurde unsere Hilfsstelle vom Oberkirchenrat mit ausdrücklichem Hinweis auf meine SD-Mitarbeit aufgelöst, obwohl man sich Jahre zuvor oft und gerne zu Vermittlung und zum Ausgleich dessen bedient hatte.

Oft bin ich in all den Jahren gefragt worden, wie es eigentlich um die Seelsorge an den nichtarischen Christen bestellt gewesen sei. Offengestanden von Anfang an sehr schwankend, jedenfalls war vieles kein Ruhmesblatt für so manchen Pfarrer der einen oder anderen Religionsgemeinschaft, aber auch oft nicht für die sogenannten Kirchenchristen. Man darf jedoch nie vergessen, wie schwierig das innere Ringen in vielen Menschen gerade zwischen ehrlichem vaterländischen Pflichtbewußtsein und ebenso aufrichtigem christlichen Glauben war. Es ist eine billige Sache geworden, vieles aus dem Zusammenhang zu reißen, um so leichter und hemmungsloser urteilen und verurteilen zu können. Ich habe das von Anfang an als eine ganz üble Art von Falschmünzerei gehalten.

Unsereiner, der sich wirklich nicht dazu drängte, die Mitbetreuung seiner Schwestern und Brüder zu übernehmen, sondern von ihnen selbst und allen in Frage kommenden kirchlichen Stellen darum ersucht wurde, war unversehens in diesem wichtigen Aufgabenbereich „ein Mann der ersten Stunde" geworden. Im „Paulusbund der nichtarischen Christen" fanden sich dann die Betreuer unserer Schicksalsgenossen aus dem ganzen Reich zusammen. Natürlich kann man wiederholen, was seit damals immer wieder einmal gesagt wurde: „Was sind das für Wichtigtuer!" Der Führungskreis des Bundes stand aber oft vor übergroßen Aufgaben, weil doch in den eigenen Reihen neben Not und Verzweiflung ein Ringen um den Weg des einzelnen abhängig von der inneren Auswirkung des Einflusses der Abstammung, der religiösen Überzeugung und nicht zuletzt des Grades der Verbundenheit mit dem deutschen Volk war.

An dieser Stelle kurz ein Hinweis auf einen grundsätzlichen eigenen Irrtum. Ich hatte immer geglaubt, die nichtarischen Christen und die Mischehepaare samt ihren Kindern müßten wie von selbst eine starke vaterländische Bindung haben, und manches Mal hatte ich auch daraus falsche Schlüsse gezogen. Andererseits erkannte ich gerade in der Zeit der furchtbar schweren seelischen Belastung, daß es vielmehr glaubenstreue Juden gab, die innig deutsch fühlten, dachten und ehrlicher dazu standen als ich ahnte. Dazu später noch ein paar Sätze.

Eines wußten wir Paulusbündler als unabdingbare Aufgabe von höchster Bedeutung, und das war die seelsorgerische Betreuung der uns Anvertrauten durch Pfarrer oder Laien. Seelsorge wurde von uns sofort in weitestem Sinne ins Auge gefaßt und durchgeführt. Über das, was hier nötig war, könnte man beinahe ein Buch schreiben. Gerade weil ich selbst seit 1920 unser kommendes Schicksal immer vor Augen hatte und wußte, was uns allen bevorstand, konnte, ja mußte ich bei allen Besprechungen auf unsere gegenseitige umfassende Hilfspflichten hinweisen. Ich glaube, nachträglich doch sagen zu dürfen, daß im Paulusbund alles getan wurde, um mit Unterstützung der beiden Konfessionen wie auch selbst untereinander die immer aussichtsloser und verzweifelter werdende Lage zu meistern.

Es ist überflüssig, nun eine Rückschau auf die Fülle und Verschiedenartigkeit der Nöte zu halten. Und man kann und darf jetzt nicht von den unterschiedlichsten Standpunkten und Meinungen her die ganze, nach allen Richtungen hin schwierige Entwicklung der Gesamtlage und der des einzelnen beurteilen wollen, wie es ehrlich und heuchelnd, über- wie unterbewertend leider so oft geschieht. Gerade weil ich glaube, in elf Jahren einige Erfahrung gesammelt zu haben, bin ich bei solchen Rückerinnerungen besonders vorsichtig.

Völker und Rassen

Man sollte überall in der Welt und besonders in unserer engeren Heimat endlich erkennen, daß die Auseinandersetzungen zwischen Völkern und Rassen nur durch einen wirklichen Völkerbund, der sich mit Macht und Kraft einsetzen und durchsetzen kann, in zu verantwortender Weise auszugleichen wären.

Natürlich spielt die Judenfrage in vielen Staaten eine in Umfang und Härte wechselnde Rolle. Das ist unbestritten. Aber meines Erachtens wird sie auch oft bewußt hochgespielt, um anderes zu verbergen. Man braucht nur Umschau auf unserem Planeten zu halten mit all den ständigen Unrechtstaten der Völker im eigenen Bereich und untereinander.

Lange vor der Rassengesetzgebung bei uns war ich so manches Mal tief betroffen, wenn ich die Meinung von Amerikanern jüdischer Abstammung über ihren Standpunkt in der Negerfrage erklärt bekam. Andererseits ist es recht aufschlußreich, solche mit Erhabenheit über völkische Probleme heuchelnde Deutsche unvorbereitet zu fragen, wie sie sich zu einer ehelichen Verbindung in der eigenen Familie mit einer Persönlichkeit jüdischer Abstammung oder gar anderer Hautfarbe stellen würden. Man kann eindeutige Antworten hören, doch wird meist versucht, die Wahrheit zu verbergen. Wenn nur endlich mehr Ehrlichkeit und Wahrhaftigkeit zum Ausdruck und Durchbruch kommen würden.

Im Staat Israel verbirgt man den religiös und völkisch begründeten Standpunkt zur Mischehenfrage nicht, nachdem er durch zwei Jahrtausende schon den Bestand des jüdischen Volkes gesichtet hat. Leider ist es dem Christentum nicht möglich gewesen, in den Völkern die Wertung von völkischen Grundfragen abseits von Haß und Überheblichkeit auf den Boden einer sittlich einwandfreien Erkenntnis von Andersartigkeit zu bringen. Bei Auseinandersetzungen mittelbar oder unmittelbar um Glaubensfragen hat man bis in die Gegenwart hinein auf Gewaltanwendung nicht verzichten können. Ist es denn wirklich nicht möglich, den völkisch Andersartigen, ihrer und der eigenen Würde entsprechend, entgegenzutreten? Das wird ganz bewußt hier erwähnt, weil gerade wir nicht nur auch (also „auch"!) ein warnendes Beispiel sein können, sondern überall erbarmungslos gerichtet werden — und das dann scheinheilig als Recht ausgelegt wird. Wer durch Abstammung, Überzeugung oder Mißgeschick zwischen die feindlichen Fronten geraten ist, kann davon zeugen.

Wie leicht man auf vor dem Gewissen schwer zu verantwortende Irrwege gerät, wissen wir — wenigstens weiß ich es für mich — bei ehrlichem Nachdenken über unsere tatsächliche Einstellung in der Fremdarbeiterfrage. Wenn ich auf meine eigene Vergangenheit zurückschaue und dann Vergleiche anstelle mit dem Heute in mir, merke ich, wie zwiespältig ich trotz des eigenen schweren Erlebens tatsächlich den Gastarbeitern als Fremdlingen gegenüberstehe. Manch einer, der früher völkische Grundhaltung feindselig ablehnte, ist doch sehr betroffen bei vorsichtig ehrlichen Erinnerungen, wenn er sich abfällig über all das Fremde bei uns äußert. Es gehört nicht unmittelbar zur Sache, darf aber wohl erwähnt werden, daß frühere Bundesregierungen durch teilweisen oder ganzen Steuererlaß bei Überstunden viel Unheil hätten verhüten können. Bei aller Anerkennung von Fleiß und Einsatzbereitschaft auf seiten der Mehrheit unserer Gastarbeiter wäre es doch besser gewesen, wenn sie uns nicht in solch großer Zahl hätten überfremden müssen. Vielleicht ist es falsch, vielleicht richtig, jedenfalls verständlich, daß gerade mir die Folgen des Hereinströmens von Ostjuden bei solchen Überlegungen vor Augen stehen. Und zur Erinnerung für gewisse Selbstgerechte sei gesagt: Nur mittelbar mit dem hier Gesagten im Zusammenhang steht etwas anderes, das ich zunächst gar nicht berühren wollte. Dennoch sei es erwähnt, da ich mehrfach um eine Stellungnahme dazu gebeten wurde. Es handelt sich um den Übertritt von Juden zu einer der beiden christlichen Konfessionen. Liegt nicht ein ähnliches Geheimnis über solchen Entscheidungen wie beispielsweise auch bei Eheschließungen? Sicher war bis 1933 die Taufe oft ein Weg zum Vaterland. Wer kann oder darf hier richten? Verfehlt ist die Annahme, es hätte nicht auch bei vielen Übertritten eine ehrliche und tiefe Glaubensüberzeugung gegeben, die nichts mit der inneren Haltung zum deutschen Volk zu tun hatte. Ein erheblicher Teil der Judenchristen fühlte und fühlt sich zum jüdischen Volk gehörig.

Da ich aus erkennbaren Gründen Heinrich Heine schon immer aus innerestem Empfinden ablehnen mußte, finde ich es bemerkenswert, wie hoch man ihn heutzutage teilweise wieder schätzt. Schließlich hat er doch sein Vaterland — oder hier besser gesagt Geburtsland — besudelt und die Taufe verhöhnt, die ihm nichts war als ein „Entrée-Billet" — zu deutsch also nur eine Eintrittskarte — für die europäische Kultur. Deshalb wird er hier genannt, obwohl Lieder von ihm in der Vertonung hervorragender Meister im Munde unseres Volkes herrlich klingen. Sicher wäre ich ihm so wesensfremd wie er mir. Das wird ganz bewußt in diesem Zusammenhang gesagt, weil die Gefahr eines gebrochenen Verhältnisses zum Deutschtum wie zum Judentum hin sehr groß ist und in einer einschneidenden Widersprüchlichkeit des ganzen Wesens sichtbar und fühlbar werden kann. Man darf bei solchen Überlegungen nicht werten, sondern nur versuchen, das Zwielicht um und in solch einem sicher auch bedeutenden Menschen zu verstehen.

Der Rassenforscher Professor Günther hat Heine als „orientalisch-nordisch" eingeordnet. Vielleicht — oder besser gesagt wahrscheinlich — liegt dort das Geheimnis. Es geht hier wirklich nicht um eine Lebensgeschichte Heines, sondern um ein Beispiel, das mich von später Jugend an immer wieder umgetrieben hat — nicht zuletzt auch wegen des Gesamtunterschieds zwischen seinen beiden Lebensabschnitten 1797 bis 1831 in der Heimat und dann bis 1856 in Paris. Ich habe mich immer wieder bei solchen Auswanderungsentschlüssen gefragt, ob sie nicht auch Handlungen des Unbewußten, eines gewissen unbeirrbaren Naturtriebes aus der Tiefe sind. Nicht einzelnes, was wir an Heine nicht verstehen, ablehnen, mißbilligen, verurteilen, ist hier wesentlich. Man kann ja bei genauer Betrachtung von Vergangenheit und Gegenwart aller Menschen in solcher Hinsicht etwas finden. Dieser Wanderer zwischen Judentum, Christentum, Deutschland, Frankreich war und ist für mich bei aller anständigen und gerechten Würdigung des Guten und Wertvollen in seiner unsteten, schillernden Art mit dem Verdacht auf fehlenden Tiefgang auch einer der eindrucksvollen Hinweise in der Frage nach dem Vaterland für Menschen zwischen den Völkern.

Natürlich gibt es, darauf kann nicht genug hingewiesen werden, auch bei den Urdeutschen solche und solche. Aber es ist nun einmal so, daß jeder Später- oder Neuhinzugekommene in einer Gemeinschaft mit wertendem Blick beurteilt wird und vor allem auch in sich selbst ganz eindeutig entscheiden muß, wie es mit der Frage nach seiner Zugehörigkeit steht. Oder ist es nicht oft so, daß wir eher meinen, wir könnten willensmäßig von uns aus etwas tun, während wir das erfüllen, zu dem unser Innerstes in seiner Geschlossenheit oder Zerrissenheit uns weist?

Um bei Heine zu bleiben, möchte ich noch kurz an all das erinnern, was 1972 zu seinem 175. Geburtstag gesagt und bewußt verschwiegen worden ist. Vielleicht begreifen selbst Menschen, die meine Haltung aus den verschiedensten Gründen ablehnen zu müssen glauben — das ist ihr gutes Recht, wie ich das meine habe —, daß es mich tief beeindrucken mußte, wie Golo Mann seine Düsseldorfer Huldigungsrede für Heine unter die auch mir nur zu verständliche Frage stellte: „Zu wem gehört Heine?" Es liegt sicher in diesem Bereich, sich zu überlegen, ob eine doch ebenfalls zwischen den Völkern stehende Persönlichkeit gut daran tat, solch eine „Huldigung" zu halten. Wir wissen alle, wie behutsam bei solchen und ähnlichen Gelegenheiten jede Andeutung auf die Schattenseiten, das Zwielichtige, das doch bei jedem Menschen stärker oder schwächer, offener oder verborgener festgestellt werden kann, vermieden wird. Gerade am Beispiel des Heine-Gedenkjahres muß man bei klarer, ungetrübter Rückschau erkennen, wie unglückselig sich eine wohlgemeinte, sicher auch teilweise berechtigte Würdigung auswirken kann, wenn man nicht den Mut hat, bei der ganzen Wahrheit zu bleiben.

Mit aller Deutlichkeit und Verantwortung soll hier festgestellt werden, daß man für das Mißlingen dieses Jahres der Ehrungen nicht alle von rechts bis links für schuldig erklären darf, wie es geschehen ist. Das erinnert an die furchtbare Entwicklung bis 1933! Warum wollte man zum Beispiel als eine Art von Wiedergutmachung der Universität Düsseldorf insgesamt und der Universität Köln nachher für ein Studentenheim den Namen Heines geradezu aufzwingen? Eine Reihe anderer Fragen könnte noch gestellt werden. Wer richtig aufnehmen will, was in möglichster Kürze angedeutet wurde, wird mich verstehen. Und in diesem Zusammenhang muß nochmals gesagt werden, daß wir alle, die besten Willens sein wollen, hellwach sein müssen, wenn nicht — wie schon angedeutet — neues Unheil sich langsam aber sicher entwickeln soll.

Wenn es kaum offenen Widerspruch fand, sondern nur wie einst geheim, vertraulich doch um so gefährlicher, daß Hans Habe, der früher Bekessy hieß, einst Fresser der Kommunistengegner und heute der Kommunisten selbst, in einer großen Zeitung schreiben konnte, der 175. Geburtstag Heines und die Art, wie er gefeiert wurde, sei für ihn voll schmerzlichster Peinlichkeit, dann ist das aus meiner Sicht ein tief bewegenmüssendes Warnzeichen. Im Schmähstil, den er sich wohl als Ami-Umerziehungs-Star angewöhnt hat, erlaubte sich Habe wegen der erwähnten Ablehnungen in Düsseldorf und Köln Worte wie: „reaktionäre Professoren, engstirnige Philister, akademische und weniger akademische Würdetrottel". Selbst wenn die Entscheidungen falsch waren, können weder Deutsche noch besonders Habe so reden. Da hat ein Mann wie ich die Pflicht zu warnen.

Während dieser Niederschrift erreichte mich ein Brief, dessen Inhalt vielleicht eine, wenn auch nicht wesentliche Ergänzung sein kann. Ohne das zufällige Zusammentreffen hätte ich nicht daran gedacht, hier solch ein beiläufiges Ergebnis zu erwähnen, sosehr selbst das zum Nachdenken anregen kann. In eine Lebensübersicht, die er nicht lange vor seinem Tode an Freunde gab, schildert Prof. Dr. Heinrich Spitta-Lüneburg (1972) die Beziehungen seines Großvaters zu Heinrich Heine: „Die Freundschaft nahm ein ungewöhnliches Ende, indem Spitta ihn praktisch vor die Tür setzte. Heines Neigung zum Ironisieren ging so weit, daß er auch in Gegenwart der Erziehungszöglinge von Spitta keinerlei Hemmungen hatte. Obgleich Spitta ihn wiederholt darum gebeten hatte, es in Gegenwart der Kinder damit sein zu lassen, änderte Heine nichts, so daß es zum Bruch zwischen den Freunden kam. Heine hat später in seiner ‚Harzreise' über das ‚pastörliche Wesen' seines früheren Freundes gelästert, obwohl überliefert ist, daß er auf dem Sterbebett noch sagte: ‚er hat mich richtig erkannt'."

Ich hoffe, daß man verstehen kann, warum seit Jahr und Tag die Gesamtpersönlichkeit Heinrich Heines für mich von solcher Bedeutung werden mußte. Er ist doch ein sichtbares Beispiel für die Fülle von Überlegungen und Entscheidungen, denen man auf dem Weg zwischen den Völkern nicht ausweichen darf.

Niemand kann in die Herzen von anderen Menschen schauen. Deshalb weiß niemand, ob bei einer Taufe Überzeugung im Glauben, vaterländische Gedanken oder Berechnung irgendwelcher Art sich auswirken soll. Der Fragenkreis wird ganz von selbst immer wieder gestreift. Und dabei muß ich aus meiner Sicht darauf hinweisen, daß deutsches Vaterland und jüdischer Glaube nicht unvereinbar sind.

Ich meine in diesem Zusammenhang nicht „Deutsche Staatsbürger jüdischen Glaubens", wie bis 1933 und nach 1945 ganz allgemein gesagt wurde. Nein, es liegt mir am Herzen, gerade weil ich nie zu dieser Gruppe gehörte und sie doch trotz all der Verkennung von beiden Seiten besonders hochachtete, hier erneut auf sie hinzuweisen. Es gab doch, wie schon erwähnt, im Reichsgebiet einst etwa 10 000 „nationaldeutsche Juden", die sich nur in religiöser Hinsicht mit dem Judentum verbunden fühlten. Im übrigen war ihnen wie uns, einst wie jetzt, „Vaterland" ein Begriff, aber mehr noch ein Wort. Den Begriff kann ich durchdenken — das Wort nur fühlen. In dem Ausdruck „mein Vater" liegt auch kaum der Begriff meines Erzeugers, um so mehr aber die vielfachen Gefühle, die mich an ihn binden!

Absichtlich habe ich hier die nationaldeutschen Juden in Gegensatz zu Heine gestellt, ohne mich damit in die allgemeinen Auseinandersetzungen über ihn irgendwie einschalten zu wollen. Der verwaschene „Allerweltssinn" hat oft während der Entwicklung der inneren Einstellung zur Judenfrage teils berechtigt, teils aber mit erschütternden Beweismitteln verallgemeinernd und ungerechtfertigt eine Rolle gespielt. Heute sind weite Teile unseres Volkes dem „Allerweltssinn", der nichts mit verständnisvoller Öffnung für die Belange der ganzen Welt zu tun hat, selbst verfallen. Dazu ein paar Worte:

Wir sollten uns ehrlich fragen, ob nicht auf mehr Brüderlichkeit im Vaterland viel sicherer und gefestigter eine tätige Menschenliebe und ein rechtes Verstehen über alle Grenzen hinweg aufgebaut werden kann. Dann wird ohne Deutschtümmelei der Vergangenheit und ohne Fremdtümmelei der Gegenwart ein Werk entstehen, in dem bewußte Warmherzigkeit dem nächsten im eigenen Volk gegenüber und echte Aufgeschlossenheit für Europa und die ganze übrige Welt eine Heimstatt finden.

Die nichtentschiedenen aber entscheidenden Mittelschichten

Wir wollen uns nun wieder früheren Zeiten zuwenden. Die erwähnte Frage nach dem Vaterland ist für mich lebenswichtig, deshalb steht sie bei all meinen Betrachtungen am Anfang. Die jüdische Mittelschicht in Deutschland hat unter einem diesbezüglichen Zwiespalt bewußt oder unbewußt schwer gelitten, andere leiden lassen oder sie zu Widerspruch und Ablehnung herausgefordert. Man fühlte sich nicht zu einer eindeutigen Entscheidung verpflichtet, sowenig wie in anderen Ländern heute noch. Viele Juden wußten — das ist kein Vorwurf, sondern eine Feststellung — sicher überhaupt nicht, was sie mit der ihnen zugefallenen Gleichberechtigung anfangen und wie sie dieselbe in rechtes Wollen und Tun umsetzen könnten. So kamen sie auf Wege oder besser gesagt Irrwege, die sie zwangsweise in den schon aufgezeigten Gegensatz zu einem Großteil des deutschen Volkes bringen mußte. Leider hatten sie oft keine Männer an ihrer Spitze, die ihren Schicksalsgenossen eine klare Erkenntnis der tatsächlichen Probleme mutig zu vermitteln willens oder in der Lage waren. Rathenau hat oft eindringlich, aber ohne nennenswerte Beachtung, darauf hingewiesen. Er hatte ein feines Gespür dafür, daß die wesentlichste Gefahr für die jüdische Mittelschicht nicht von ihren völkischen Gegnern drohte. Vor allem bedauerte er tief, daß man sich kaum einmal um eine Klärung des „Warum" der Entwicklung bemüht habe. Es vergaßen offensichtlich viele, daß man erst seit verhältnismäßig kurzer Zeit in die Gemeinschaft, wenigstens dem Gesetz nach, aufgenommen war, und das bei einem Bevölkerungsanteil von 0,5 Prozent in einem vielfach andersartigen inneren Gefüge. Bei jedem Zusammenschluß ist eben die Dauer der Zugehörigkeit von Bedeutung. Vielleicht habe auch ich selbst nicht immer daran gedacht?

Dadurch, daß eine deutsche Mittelschicht nach außenhin weitgehend in schwankendem Ausmaß in Judenfreundlichkeit machte, war sich die oft wie blind und unsichere Gegenseite dessen gar nicht recht bewußt, was sich bis 1933 tatsächlich entwickelte. Die von der Notwendigkeit ihrer Kampfhaltung überzeugten Judengegner und ein Großteil der Arbeiterschaft sind stets ihrem ablehnenden beziehungsweise ihrem bejahenden Standpunkt unentwegt treu geblieben. Eine schwere Belastung brachte der vom Ersten Weltkrieg bis 1933 dauernde Hereinstrom von mehr als 100 000 Fremdjuden besonders aus dem Osten. Beide Mittelschichten wichen einer klaren Entscheidung aus. Es darf allerdings nicht vergessen werden, daß eine solche sehr schwierig war, denn man wußte um das blutige Vorgehen gegen die Juden in mehr als hundert polnischen und ukrainischen Städten nach dem Ersten Weltkrieg.

In Bayern wurde in den Jahren 1920 bis 1923 nach einer gesetzlichen Regelung des Abschubs der unerwünschten Gäste gesucht. Da aber Reichsrecht das Landesrecht bricht, konnte der Reichstag ein solches Gesetz außer Kraft setzen. Viel Leid hätte durch eine andere gerechte und anständige Entscheidung vermieden werden können.

Damit kein falscher Eindruck über meine Einstellung zur Ostjudenfrage entsteht, ein klares Wort: Während des Ersten Weltkrieges war ich als deutscher Soldat vier Jahre in Polen und in der Ukraine. Dort habe ich mir im Rahmen zweier besonderer militärischer Tätigkeiten ein eigenes Urteil bilden können. Nach meinen Feststellungen waren die Ostjuden aus äußerem Zwang und innerer Verbundenheit nie über eine Gettohaltung hinausgekommen. Und diese war den Deutschen insgesamt — einschließlich vieler im deutschen Wesen verwurzelter Juden — völlig fremd. Das hat nicht das geringste mit menschlicher Unterschätzung und Herabwürdigung zu tun. Aber dennoch habe ich eine große Gefahr in ihrem Hereinströmen gesehen und im Rahmen des mir Möglichen gewarnt.

Erst jetzt, nach all dem Fürchterlichen, bedauert so mancher ehemalige Meinungsgegner, daß verantwortungsbewußt getroffene, rechtzeitige Maßnahmen versäumt worden sind. Selbst Kurt Schumacher, mit dem ich von 1920 bis zu seinem Tode über manches Trennende hinweg verbunden war und vor dessen Gesamtpersönlichkeit ich noch heute dankbar größte Hochachtung habe, schrieb mir ins Internierungslager, daß ich in der Judenfrage doch vieles richtig vorausgesehen hätte.

Bei einer Briefaussprache über die deutsche Mittelschicht stellte vor einigen Jahren ein naher Freund, übrigens urdeutsch und urdemokratisch, fest: „Der deutsche Normalbürger ist eben denkfaul und friedfertig, dazu ein wenig feige." Und später dann: „Die getarnte Gleichgültigkeit dieses Normalbürgers ist Trägheit des Herzens. Er macht in vorsichtig zubereiteter Judenfreundlichkeit, aber schwankend und ohne jeden persönlichen Einsatz." Das ergänzte zu gleicher Zeit ein junger Bundeswehroffizier: „Mich bedrückt es, daß meine Eltern sich ohne jedes Gefühl für Mitverantwortlichkeit uns Kindern gegenüber als harmlose Deutsche ausgeben. Ich halte ihnen in aller Ehrerbietung immer wieder den völligen Mangel an Zivilcourage vor und sage, sie seien Deutsche, die niemals Nazis waren, und ohne die die Nazis doch nicht zur Macht mit all den daraus entstandenen Folgen hätten kommen können. Deshalb verzweifle ich oft an den älteren, sogenannten ehrbaren Bürgern unserer neudeutschen Wohlstandsgesellschaft. Es war einfach, früher judenfreundlich zu sein, dann im Dritten Reich lange Jahre hindurch Begeisterung zu heucheln und sich nachher als die bedauernswerten Verführten und Mißbrauchten hinzustellen."

Ich habe dazu gesagt, daß man auch den inneren Notstand von damals nicht vergessen dürfe. Es ist nicht jedermann die innere Kraft geschenkt, in schweren Zeiten über sich selbst hinauszuwachsen. Aber mehr Ehrlichkeit wäre christlicher und deutscher gewesen. Das hätte die Kritik in aller Welt wesentlich gedämpft. Im übrigen sollte uns tatsächlich mahnen, was der ältere Freund und der junge Offizier für Vergangenheit und Gegenwart feststellen zu müssen glaubten. Diese Zeugenflucht aus der Verantwortung und das langsame, aber sichere Hinsterben alles Mitmenschlichen wekken in mir oft bange Vorahnungen für unser Volksdasein als Christen und Demokraten.

Vielleicht ist es eine wertvolle Ergänzung, was im „Deutschen Ärzteblatt" 1973 stand: „Menschen anderer Meinung und Überzeugung nicht nur die persönliche Anerkennung zu versagen, sondern sie als außerhalb der Gemeinschaft stehend zu deklassieren, scheint eine spezifische deutsche Verhaltensweise zu sein, die das nicht vorhandene oder gestörte Verhältnis zu der Praxis der Demokratie aufdeckt."

Man kann und darf wirklich nicht so tun, als seien Adolf Hitler und der Nationalsozialismus an allem schuld. Ich sehe in dieser Bewegung — mag man zu ihr stehen, wie man will — keinen Bruch in der deutschen Geschichte, wie er heute so gerne behauptet wird. Sie ist eine Folge unseres inneren Gespaltenseins, das wir auch jetzt wieder in unserer ganzen politischen Entwicklung erkennen können. Ein harter, aber ehrlicher Beobachter und Beurteiler unseres Volkes hat einmal ausgezeichnet zusammengefaßt, was damit gemeint ist: „Eine Spaltung zwischen Willen und Tat, zwischen Verstand und Verhalten. Wer will, denkt nicht in Deutschland. Wer denkt, will nicht. Wer schreit, denkt nicht und wer denkt, schweigt freundlich." Wir müssen uns ehrlich und nüchtern unserer Geschichte stellen. Irgendwo habe ich gelesen: „Ein guter Deutscher ist ein Deutscher, der Adolf Hitler weder verklärt noch verdrängt, sondern als einen Teil Deutschlands annimmt, indem er ihn in sich überwindet."

Weil es uns aus vielleicht dunklen Gründen an Halt und Haltung immer schon gefehlt hat und noch fehlt, finden wir auch weitgehend keine rechte innere Beziehung zu einer wahren Demokratie. Hitler hat, das können selbst seine Todfeinde nicht bestreiten, das klar erkannt und teils ganz richtige, teils ebenso falsche Folgerungen daraus gezogen. Spätestens beim Jasagen aller bürgerlichen Parteien bei der Abstimmung über das für ihn so wichtige Ermächtigungsgesetz im Jahre 1933 wußte er über die „Widerstandskraft" dieses wesentlichen Teils der deutschen Mittelschicht Bescheid. Bei einer viel späteren Ansprache über dieses Ereignis und andere ähnlicher Art sagten ein Jurist und ein Theologe — nebenbei beide von hohem äußerem Rang — nach Kenntnisnahme meines Standpunktes in solchen Schicksalsfragen zu meiner verstorbenen Frau, ich sei eben ein „harmloser Romantiker der Treue". Trotz des leutseligen Lächelns der beiden Herren, nahm ich ihre Einstufung gerne an. Allerdings wurde mir schlagartig auch klar, weshalb so selten gewagt wird, das Verhalten der „Realisten der Untreue" als das anzuprangern, was es wirklich ist, nämlich eine große Schuld.

Aber es waren halt zuviel „große Männer" der Nachkriegszeit bei den früheren Jasagern gewesen. Sozialdemokraten und Kommunisten hatten wenigstens im Reichstag 1933 gezeigt, daß sie trotz des schon erwähnten Versagens bei der Entscheidung über einen Generalstreik im Einvernehmen mit der Reichswehr doch auch Mut und Einsatzbereitschaft beweisen konnten. Als Göring und ich einmal darauf zu sprechen kamen, war seine Meinung: „Unsere Arbeiter sind halt doch mehr wert als die feigen Kerls. Ein bürgerliches Nein wäre für uns besonders vor dem Ausland eine ernste Mahnung, Warnung und schwere Belastung gewesen, da zum Ermächtigungsgesetz eine Zweidrittelmehrheit nötig war."

Zunächst hatten sich die Mittelstandsparteien im Wahlkampf als wilde Gegner der Nationalsozialisten aufgespielt und nachher verrieten sie ihre Wähler schmählich. Das wird immer hinsichtlich der Gründe ungeklärt bleiben: Angst? Ehrgeiz? — Nach einer Andeutung von Göring hätte bei einem Scheitern des Ermächtigungsgesetzes der Reichspräsident von Hindenburg trotzdem oder erst recht den Reichstag aufgelöst, aber keine Neuwahlen ausschreiben lassen, sondern eine außerparlamentarische Regierung nach Paragraph 48 der Reichsverfassung ernannt. Das hätte das Zutrauen im In- und Ausland viel mehr beeinträchtigt.

*

Staat Israel

Es scheint mir wichtig zu sein, jetzt noch einiges zum Israel-Problem, das so heiß umstritten ist, zu sagen. Zuerst kurz die Frage, ob es überhaupt von den Westmächten zu verantworten war, die Lösung der Grundfragen einfach den Arabern aufzubürden. Die Engländer hatten schon um die Jahrhundertwende den Juden in aller Welt Uganda als Siedlungsland zur Verfügung gestellt. Auch andere Länder planten ähnliches, wie beispielsweise Rußland in Sibirien. Aber die Zionisten lehnten immer wieder ab und beriefen sich auf die Verheißungen der Bibel. Sie wollten in das gelobte Land ihrer Väter zurück. Sicher dachten sie in der zionistischen Bewegung lange Zeit nicht an einen neuen Staat in Palästina, sondern an ein friedliches Nebeneinander mit den doch rasseverwandten Arabern. Ein Rabbiner sagte auf dem evangelischen Kirchentag 1967 in Hannover: „Schmerzlich-wehmutsvoll erinnern sich bestimmt in diesen Wochen manche Juden der Bewegungen, die zur Zeit des englischen Palästina-Mandats einen von biblisch-prophetischem Glauben bestimmten Weg der Verständigung mit den arabischen Nachbarn gehen wollten. Ob diese Bemühungen Aussicht auf Erfolg gehabt hätten, kann nicht gesagt werden. Die Ablehnung aller Vorschläge durch führende jüdische Politiker gab für diese Bewährungsprobe keine Chance."

Jedenfalls haben die Leistungen der Zionisten in dem von Arabern doch sehr dürftig bearbeiteten Land von Anfang an einen großen Eindruck gemacht. Dabei darf allerdings nicht die finanzielle Hilfe, insbesondere aus Deutschland, vergessen werden. Bei all dieser Anerkennung war in mir noch nie ein gutes Gefühl dabei, wenn ich mir überlegte, was den Arabern angetan worden ist.

Gibt es einen Unterschied — nicht in der Ursache, sondern in der Auswirkung — zwischen der gewaltsamen Vertreibung der Juden aus Deutschland, der Deutschen aus den Ostgebieten und der Araber aus Palästina? Meiner Meinung nach ist alles ein furchtbares Unrecht. Viel Leid und schwere Bedrohung des Weltfriedens hätten vermieden werden können, wenn die Juden ihre verständliche und berechtigte Sehnsucht nach einem eigenen Vaterland auf einem anderen Gebiet in der freien Welt befriedigt hätten. Aber wir wissen ja leider auch, wie wenig Neigung in aller Welt bestand, umfassend und wirkungsvoll zu helfen. Oder hat in vielen eigene bitterste Noterfahrung die Herzen den Arabern gegenüber verhärtet?

Das führt uns zu der Frage, ob der Staat Israel tatsächlich nur gegründet worden ist, um den Juden zu helfen. Oder haben die Westmächte und die USA dadurch ihren politischen und wirtschaftlichen Einfluß im Nahen Osten aufrechterhalten wollen? Sozusagen in einer Art von Brückenkopf-Stellung? Wenn diese Fragen verneint werden können, wäre es vielleicht doch sinnvoll, zur Entlastung von Israel andere jüdische Teilstaaten mit Hilfe und Unterstützung aller Verantwortlichen zu schaffen. Im übrigen hätte das Palästina der Bibel, das Heilige Land, für Christen und Juden überall in zwei Jahrtausenden eine andere glaubenerfüllte Wirklichkeit werden können durch ein Ringen um ein gelobtes Land in sich selbst. Nur dadurch wäre viel Unrecht zu vermeiden gewesen.

Es gibt viele Christen, die dieser neuzeitlichen Abwandlung der mittelalterlichen Kreuzzüge von Anfang an zustimmten. Man kann aber doch nicht die Lehre von „Blut und Boden" einerseits verdammen und verhöhnen, und sie andererseits am Mittelmeer Wirklichkeit werden lassen — Blut völkisch und kriegerisch gesehen! Ich selbst bin der Ansicht, daß man sehr wohl einen vom biblisch-prophetischen Glauben bestimmten Weg brüderlicher Verständigung mit den Arabern hätte finden können, wenn man rechtzeitig den Willen und die Pflicht dazu in die Tat umgesetzt hätte. Uns Deutschen haben Schuldgefühl und gesteuerte Meinungsbildung schon den klaren Blick getrübt!

Auf Wunsch junger Freunde noch ein Wort zum israelischen Blitzkrieg im Jahre 1967 und zur Kriegsfrage ganz allgemein und umfassend. Ich muß gestehen, daß ich beim Israel-Krieg sehr zwiespältige Gefühle hatte. Einerseits freute ich mich ehrlich über die Tapferkeit der Juden, die unter hervorragender Führung die Welt davon überzeugten, daß es keine arteigene Angst und Feigheit gibt; andererseits bedrückte mich der Gedanke, daß um einer biblischen Verheißung willen nach der Austreibung vieler Araber auch noch Blut vergossen wird.

Obwohl ich ein alter Frontsoldat bin, der sich bemühte, seine Pflicht zu erfüllen, hat sich doch meine innere Einstellung zum Kriegsgeschehen insgesamt gewandelt. Deshalb war ich auch von Anfang an gegen unsere eigene deutsche Wiederaufrüstung. Vor überzeugten Soldaten wie vor gewissenhaften Kriegsdienstverweigerern habe ich dieselbe menschliche Hochachtung. Aber es war mir eine besondere Genugtuung, als ich kürzlich in der Stellungnahme zu einem Gespräch über „Krieg und Frieden" lesen durfte: „Unmöglich erscheinen mir dagegen die Gleichgültigen und Uninteressierten, die zu faul sind zum Denken oder ihre Fahne in den Wind des Zeitgeistes hängen." Das stand in einem kirchlichen Wochenblatt. Und am Ende der Äußerung: „Ich glaube, daß Gott unsere menschliche Vernunft in Dienst nimmt, um Frieden zu schaffen. Aber reicht das Menschliche und Vernünftige aus angesichts unseres Hanges zur Ichsucht und aggressiven Gewaltanwendung?" Im Sinne dieser Sätze sehe ich heute in jedem Krieg ein furchtbares Versagen des an Gott glaubenden Teils der Menschheit.

Jahraus, jahrein hört und liest man viele große Worte von hohen und höchsten kirchlichen wie weltlichen Stellen. Und der Erfolg? — Warum war es bisher noch nicht möglich, einen friedlichen aber kraftvollen Aufstand gegen den Krieg unter Einsatz aller erforderlichen unblutigen Maßnahmen aufflammen zu lassen? Papst,

Lutherischer Weltbund und andere müßten doch im Einvernehmen mit allen Staaten und Kreisen, die guten Willens und Wollens sind, endlich etwas erreichen können. Von der UNO ist ja leider so wenig zu erwarten wie einst vom Völkerbund.

Würde man „Frieden für die Welt" wirklich einmütig zu erreichen suchen, brauchte man bald nicht mehr „Brot für die Welt" und könnte leicht wirkungsvollste Entwicklungshilfe leisten. Bei allen blutigen Auseinandersetzungen redet und schreibt man viel. Aber wehe — und daran denke ich aus verständlichen Gründen seit Jahr und Tag — wenn ein Arzt verantwortungsbewußt bei schwerst leidenden und hoffnungslos kranken Patienten Sterbehilfe leistet oder einem völlig mißgebildeten Neugeborenen ein bitterstes Leben erspart oder gar aus sozialen Gründen eine Schwangerschaft unterbricht! Sämtliche Register religiöser und rechtlicher Empörung werden gezogen, das Bild Hitlers wird schwarz in schwarz an die Wand gemalt und gleichzeitig liest, hört oder sieht man Erschütterndes vom Morden in der Welt. Ist das doppelte Moral oder nicht?

An all den schweren Konflikten im Nahen Osten tragen die Engländer übrigens die Hauptschuld. Sie haben in der bekannten Balfour-Erklärung (1917) den Zionisten eine nationale Heimstatt in Palästina versprochen und zur gleichen Zeit den Arabern die Bildung eines Großarabischen Reiches mit Einschluß Palästinas zugesichert. Das sollte der Preis für die Beteiligung der Araber am Kampf gegen die Türkei sein. Die Folgen dieses Schwindels sind bekannt. Nach dem Ersten Weltkrieg konnte England dann keine der beiden Zusagen halten und machte Palästina zu seinem Mandatsgebiet. Das mußte zwangsläufig zur Bildung eines Unruheherdes führen, besonders als dann noch der Flüchtlingsstrom aus Mitteleuropa dazu kam.

Rasch wurde den Arabern zuliebe eine Einwanderungssperre und militärische Blockade aller Häfen von Palästina durchgeführt. Bekanntlich irrten infolgedessen manche Schiffe mit ihrer Menschenfracht von Hafen zu Hafen.

Das „hilfsbereite" Ausland

Unsere Hilfsquellen für nichtarische Christen haben, wie alle anderen Einrichtungen mit ähnlichen Aufgaben, bitterste Erfahrungen in dieser Hinsicht sammeln müssen — trotz all der auch von uns jahrelang unter Einsatz aller Kraft und Mühe getätigten Anstrengungen. Wir konnten schon sehr bald feststellen, wie verhältnismäßig wenig draußen in der Welt getan werden wollte und wie viel verantwortungslos versäumt wurde. Es hat nicht an Macht, sondern an selbstloser Hilfsbereitschaft gefehlt. Ist das nicht auch eine große Schuld? Der Zwang zum Betteln, Feilschen und Handeln um Bürgschaften für die Fluchtbereiten war vieler Regierungen, deren Erklärungen ständig von Mitleid mit den Juden in Mitteleuropa trieften, und der in ihren Ländern lebenden Juden und Christen unwürdig.

Niemand wollte Einwanderungsgesetze lockern, niemand dachte an einen Abbruch der diplomatischen Beziehungen zum Deutschen Reich. Um so begeisterter nahm man an den Olympischen Spielen 1936 in Berlin teil. Aber die ganze Welt hat gewußt, daß die deutschen Juden von jeglicher Teilnahme an den Spielen ausgeschlossen waren. Auch den amerikanischen Offizieren war das alles schon bekannt gewesen, wie sie mir später in den Internierungslagern zugaben. Es soll nur nicht nachträglich behauptet werden, man habe damals noch nicht klar genug gesehen. Ich weiß von Göring, daß man in maßgeblichen NS-Kreisen überrascht war, als keine Seite die Beteiligung an den Spielen von einer annehmbaren Lösung der Judenfrage abhängig machte. Man hatte sich auf deutscher Seite zu großem Entgegenkommen bereitgehalten. Selbst die Sportgruppen Frankreichs marschierten mit dem von ihnen gar nicht erwarteten Deutschen Gruß in das Olympia-Stadion ein. Was hat denn die ganze Welt sonst gegen Hitler gewagt? Das vergißt man dort und hier so gern aus Berechnung.

Eine Woche nach Wiedereinführung der Wehrpflicht (1935) kam englischer Staatsbesuch. Die militärische Besetzung des Rheinlandes wurde 1936 hingenommen. In demselben Jahr erfolgte die Wiederbefestigung Helgolands ohne Widerspruch. Die entsagungsreiche Geduld früherer Reichsregierungen vor 1933 war mit Demütigungen „gewürdigt" worden. Und nach 1933? Wenn man selbst viele Bittgänge auf Konsulate und andere Dienststellen gemacht und immer wieder Hilferufe an Organisationen ins Ausland für die einem anvertrauten Schicksalsgenossen gerichtet hat, war und ist einem das alles unbegreiflich. Man soll nur nachträglich (das gilt auch für bestimmte deutsche Kreise) nicht vorbringen, man habe doch nichts ahnen oder gar wissen können. Dem Nationalsozialismus kann viel vorgeworfen werden, eines aber sicher nicht, daß er von seiner Kampfzeit an Weg und Ziel verschleiert hätte.

Im Frühjahr 1933 wurde von internationaler jüdischer Seite offen gedroht, die nationalsozialistische Herrschaft werde durch einen kalten oder heißen Krieg beseitigt. In den „New York Times" vom 7. August 1933 erklärte der Präsident der jüdischen Boykottbewegung Samuel Untermeyer: „Der Krieg, der beschlossen ist, ist heilig. Was sind die Juden? Sie sind die Aristokraten der Welt!" — Die Antwort Hitlers war ebenso deutlich: „Jede Art von Krieg gegen uns bedeutet die Vernichtung der Juden in Deutschland." Im In- und Ausland wurde das als Einschüchterungsgerede verniedlicht.

In unserem Paulusbund erkannten wir sofort — das ist keine nachträgliche Feststellung — die ganze Furchtbarkeit der Lage und leiteten Hilfsmaßnahmen ein. Deshalb wußten wir bald genau um all die seelischen und wirtschaftlichen Nöte auf dem Weiterweg in eine dunkle Zukunft.

Mitarbeit im SD

Die Tätigkeit in der Betreuung der nichtarischen Christen in der Zeit von 1933 bis 1944 hätte manchem Zweifler an der Lauterkeit meiner Gesinnung doch ein bescheidener Beweis für die vorbehaltlose Einsatzbereitschaft für Schwestern und Brüder in schwerster Bedrohung sein können. Die bereits angedeutete Tatsache, daß ich freiwillig (nicht gezwungen) einige Jahre bis 1943 Mitarbeiter des SD war, hat mich verständlicherweise immer wieder in Brennpunkte schärfster Beurteilung gestellt. Trotzdem steht für mich auch jetzt noch fest, daß ich ohne die Hilfe des SD und Görings vieles für meine Schutzbefohlenen nicht hätte erreichen können. Die Grenzen des für mich gewissensmäßig Möglichen habe ich dabei nie aus den Augen verloren. In diesen Jahren hatte ich oft auch als Mittelsmann zwischen Oberkirchenrat und Innerer Mission einerseits und SD andererseits zu wirken.

Es gab aber für mich gar keinen Zweifel, sofort handeln zu müssen, als ich von den Gerüchten über die Tötung von Juden erfuhr. Ich habe dann unseren SD-Chef um dienstliche Auskunft darüber gebeten und erklärt, daß eine weitere Tätigkeit von mir nicht mehr in Frage komme, wenn das Gerücht wahr sei. Die Folge war mein Ausschluß aus dem SD und meine spätere Verbringung in das Arbeitslager Wolfenbüttel.

Das Gerücht, daß aus Juden Seife gemacht werde, hatte ein unterer Amtswalter der Partei einem Kollegen erzählt, der mir davon Kenntnis gab. Natürlich war es einfach, mir später schwere Vorhalte darüber zu machen, daß ich nicht geschwiegen hätte. Schon vor den Spruchkammern habe ich gesagt, ich sei meiner Auffassung verpflichtet gewesen, ohne Rücksicht auf andere oder mich, bei solch einem furchtbaren Verdacht zu reden. An meiner Meinung hat sich bis heute nichts geändert. In stillen Stunden denke ich daran, wie man mit Recht die wissenden Schweiger später beurteilt und verurteilt hat. Nun ist da einer, der den Mund nicht feig' hielt, und schon paßt das der kläffenden Meute auch nicht.

In der Presse und selbst von Freundesseite wurde mir öfter auch vorgehalten, es sei doch eigentlich dumm und anmaßend gewesen, einen höheren SD-Führer zur Rede zu stellen. Nein, ich war das einfach meinen Vorfahren schuldig. Selbstverständlich kann ein einzelner in solcher oder ähnlicher Lage damals wie heute nichts erreichen. Aber nach meiner Auffassung ist nicht die Aussicht auf Erfolg, sondern die innere Verpflichtung ausschlaggebend. Und das gerade, wenn man dabei bewußt seine Freiheit, unter Umständen auch sein Leben und das seiner Familie einsetzt. Das muß jeder vor und für sich selbst entscheiden.
Etwas zu viel Mut ist dabei sicher besser als zu wenig! Und die Treue ist auch da das Mark der Ehre. Immer wieder wurde aus verständlichen Gründen, teils um mir zu helfen, teils um den SD zu belasten, der Verdacht laut, der SD habe meine Lage ausgenützt und mich zur Mitarbeit gedrängt. Das trifft in keiner Weise zu. Außerdem hätte mich auch trotz der Gefährlichkeit meiner Lage niemand und nichts zu einer Entscheidung gegen mein Innerstes bringen können.
Verantwortungsbewußt habe ich schon oft darauf hingewiesen, daß ich in den Jahren meiner SD-Mitarbeit nichts gesehen und gehört habe, was mein Gewissen hätte belasten können. Dadurch, daß Teile des SD mit nachträglich nicht mehr zu verstehenden Aufgaben betraut wurden und sie in blindem Gehorsam auch durchführten, mußte der ganze SD in den Bereich schärfster Ablehnung kommen. Trotzdem ist das vorher Gesagte richtig. Ebenso wie ich später beim SD ohne weiteres meine Mitarbeit verweigert habe, hätte ich auch jetzt keinen Grund, irgendwie etwas zu verschleiern.

Etwas anderes ist ebenfalls für die Beurteilung des SD durch andere und auch mich wichtig. Es geht um die Tatsache, daß wohl nirgends im Dritten Reich eine so offene und ehrliche Beurteilung der Gesamtlage und aller maßgeblichen Persönlichkeiten bis hinauf zu Hitler verlangt worden ist. Aus der Fülle von möglichen Beispielen ein eigenes Erlebnis.

Wir hatten den Auftrag, Berichte darüber zu machen, wie eine Rede Hitlers in der Bevölkerung aufgenommen worden war. Durch einen Zufall war ich während der Rundfunkübertragung in der Buchhandlung der Evangelischen Gesellschaft und konnte hören, was da und auch nachher gesagt wurde. Die Nennung der Namen der sich Äußernden war vom SD niemals erwartet worden. Über die Aussprache mit den damals Anwesenden und den guten Eindruck, den sie allgemein von der Rede hatten, gab ich eine Niederschrift ab. Alle derartigen Zusammenfassungen wurden regelmäßig aus dem ganzen Reich an das Hauptamt nach Berlin weitergeleitet.

Diesmal kam nach wenigen Tagen ein Fernschreiben mit der Weisung, mich eingehend darüber zu verhören, wie der Bericht zustande gekommen sei. Da offenbar sonst kaum eine Beurteilung so zustimmend gewesen war, hatte man den Verdacht, ich könnte gemogelt haben. Nach der notwendigen Aufklärung war die Angelegenheit dann erledigt.

Auch nach langen Jahren müßte ich lügen, wenn ich irgend etwas Nachteiliges über den SD und die Männer verschiedener Rangstufen, mit denen ich in Berührung kam, sagen würde. Sie alle waren von der Richtigkeit und vom Wert ihrer oft schweren Aufgabe ehrlich überzeugt und bemühten sich, ihre Pflichten vorbildlich zu erfüllen.

In den Internierungslagern wußten die CIC-Offiziere genau Bescheid über meine SD-Mitarbeit und sprachen immer wieder mit mir darüber. Vor der Gesamtleistung des Inland-SD hatten sie eine große Hochachtung. Unserem Verfassungsschutz habe ich schon oft heimlich gewünscht, daß er sich auch mit so freudiger

Hingabe einsetzte. Mein Weg zum SD ist kurz und einfach zu erklären. Nach der schon erwähnten Ablehnung meiner Meldung zur Frontverwendung als Sanitätssoldat hat der SD unter Hinweis auf diese Tatsache bei mir angefragt, ob ich auch auf anderem Gebiet vaterländisch mitarbeiten würde, nachdem ich für wehrwürdig erklärt worden sei. Wesentlich dürfte hier der Hinweis sein, daß ich ein Mitglied des Oberkirchenrats, der mein Frontkamerad, Freund und Seeelsorger war, um seinen Rat gebeten habe. Und dieser Mann, der auch später dann von nichts mehr wissen wollte, hat mir nach einer Rückfrage bei unserem Landesbischof zugeredet, das Anerbieten des SD unter keinen Umständen abzulehnen.

Die vermittelnde Tätigkeit zwischen dem SD und dem Oberkirchenrat habe ich schon gestreift. Sie hat natürlich bei dieser Entscheidung eine wesentliche Rolle gespielt. Immer wieder wurde mir von den verschiedensten Seiten gesagt: „Eine Mitarbeit beim SD hätte ich nie übernommen." Dazu kann ich auch jetzt noch bemerken, daß ich keinem das Recht für ein solches Urteil zuerkenne, der nicht selbst in ähnlicher Lage war — und der nicht auch einen ebenso schweren deutschen Lebensweg hinter sich hat.

Genauso ehrlich wie meine christliche Haltung in Glaubensfragen und die oft seelisch wie körperlich beinahe über meine nicht geringe Widerstandskraft gehende Betreuung der nichtarischen Christen war meine unbeirrte vaterländische Einsatzbereitschaft.

Aus innerster Überzeugung habe ich jede Teilnahme an Widerstandsbewegungen abgelehnt. Erstens konnte ich grundsätzlich nicht mitmachen und zweitens war mir das Gesamtverhalten dieser Kreise, von denen ich viel gewußt und die ich mit keinem Wort verraten habe, zuwider.

Bei den Verhören und Spruchkammerverfahren war man bemüht, diese Tatsache als belanglos abzutun. Aber viele schlafarme Nächte lang habe ich damals darum gerungen, ob ich es verantworten kann, dem SD gegenüber zu schweigen. An dieser Verletzung der Treuepflicht trug ich schwer. Es wäre besser, Menschen, die nicht schon in ähnlicher Lage waren, würden schweigen und nicht mit einem ständigen „Ich-hätte" oder „Ich-hätte-nicht" hausieren zu gehen.

Wie von Göring, so habe ich auch vom SD weder für meine Kinder noch für mich irgendwelche Vorteile erbeten, ja sogar mir angebotene abgelehnt. Lediglich durch eine rassenkundliche Untersuchung im zuständigen Universitäts-Institut Tübingen war es möglich, zunächst das Schicksal meiner schon vorher hart betroffenen Mutter zu mildern. Als es später zu Verschickungen in die Todeslager kam, hat das Ergebnis des Verfahrens unserer Mutter das Leben gerettet. Selbst das wurde mir noch zum Vorwurf gemacht, obwohl bekannt war, daß ich lange Jahre hindurch mich ohne Angst vor irgendwelchen Folgen für viele andere Menschen eingesetzt hatte.

Was ist Schuld?

Wir wollen jetzt mit unseren Gedanken zu den jüdischen Soldaten vor 1914 und im Ersten Weltkrieg zurückkehren. Die Zwiespältigkeit in der deutschen Auffassung hatte auch andere Folgen. Gerade sie sind ein Beweis dafür, daß man nicht wie selbstverständlich eine Staatsbürgergruppe zu Soldaten zweiter Klasse machen und dann erwarten kann, daß sie insgesamt alles hinzugeben bereit ist für ein Vaterland, das sie nur als Stiefsöhne wertet. Von denen, die das mit einem soldatischen „Dennoch-treu" getan haben, sprachen wir schon.

Man muß auch erkennen, daß eine solche Demütigung während langer Zeit sich auch anders auswirken kann. Das zeigte sich in der Tatsache, daß sich ein Teil der Männer aus der jüdischen Mittelschicht gegen Kriegsdienst und für Kriegsverdienst einstellte, ja eigentlich einstellen mußte. In allen Völkern wird ein erheblicher Teil von Menschen, die kein rechtes Vaterlandsbewußtsein haben, sein Leben nicht für etwas hingeben wollen, dessen er nicht voll würdig befunden worden ist. Der Kampf Israels um Sein oder Nichtsein hat manches geklärt. So wurde es auch ruhig um das Gerede von der Judenangst.

Immer wieder erkennen wir die Bedeutung von Heimat und Vaterland für die Juden. Und das von der ersten großen Bewährung der Zionisten bis heute in Palästina; aber auch dort, wo sie sich unlösbar mit ihren Heimatvölkern verbunden fühlen. Und wie schon früher gesagt, ist das Problem der jüdischen Mittelschicht, die sich weder für Israel noch für ihr Wirtsland entscheiden kann, auch in der Zukunft eine schwere Belastung für alle Beteiligten. Sie darf nicht als unwesentlich herabgespielt, sondern muß klar erkannt und gewertet werden. Vor allem sollte man nie vergessen, daß es als Widerhall judenfeindlicher Bewegungen auch unter den Juden eine Antwort auf Herabwürdigungen, und zwar unvermeidlich, gibt, zum Beispiel bei uns als Antigermanismus oder wie man eine solche Regung sonst heißen will.

Wie schwierig die weitere Entwicklung bis heute wurde, sei mit dem nochmaligen Hinweis auf die Begriffe „Antizionismus" und „Antijudaismus" angedeutet. Außerhalb wie innerhalb der Judenheit hat es darüber teils offen, teils heimlich schon Auseinandersetzungen gegeben, deren Bedeutung noch schwer zu beurteilen ist.

Man darf das Erleben „zwischen zwei Völkern", so schwer es auch war, nicht nachträglich in zuviel Einzelheiten schildern wollen. Es gibt für manche, die das fast Unerträgliche tapfer zu tragen versucht haben, auch eine Schamhaftigkeit verratener Liebe. Keiner konnte dem anderen für letzte Entscheidungen einen Rat geben, an das muß man in solchen Zusammenhängen immer wieder denken.

Die Grundhaltungen waren der ganzen Entwicklung, besonders der nach 1918, gegenüber verschieden. Natürlich kann man unsereinen bei solchen Gedanken klar oder andeutungsweise fragen, warum er sich das nicht durch rechtzeitige Auswanderung erspart hat. Bei den einen war wohl der Wille da, doch machten Schwierigkeiten verschiedenster Art eine Ausreise unmöglich. Andere konnten durch die innige Bindung an das deutsche Volk und Vaterland nicht gehen und, das ist besonders wichtig, viele hatten nie geglaubt, daß eine derart seuchenhaft sich ausbreitende Treulosigkeit hierzulande möglich würde, an der angeblich „nur Hitler und die Nazis" schuld waren. Damals wie heute ist diese Ausrede so kümmerlich billig! Ich habe in der schwersten Zeit oft zu Gleichgesinnten gesagt: „Mag man es uns auslegen wie man will, wir lassen uns nicht in unserer Haltung beirren."

Vielleicht ist das, was mich in diesem Zusammenhang bewegt, nicht besser auszudrücken als mit den Worten aus dem Nachruf auf einen am 30. April 1972 verstorbenen schwäbischen Maler,

der durch Heirat mit einer Jüdin in jeder Hinsicht auch viel gelitten hat: „Im Dritten Reich verließen ihn seine Freunde." Ich
kann diese bitterharten Worte aus der Erfahrung von anderen
und mir selbst nur bestätigen. Wenn ich jungen Menschen davon
erzähle, glaubt mir keiner so recht, weil ihnen das unfaßbar ist.
Was uns selbst als besonders erschütternd im Gedächtnis blieb, ist
die Unverfrorenheit, mit der man nachher alles in die Vergessen-
heit drängen wollte. Wenn davon öfter gesprochen wird, kann
man daraus mit Recht erkennen, daß ich auch nach Jahrzehnten
noch nicht ganz frei von dieser Belastung geworden bin. Fast niemand dachte ja einst daran, in welch furchtbarer Einsamkeit man
uns gelassen hatte. Man ahnt jetzt nicht mehr, wie damals auch
in die Seelen der Kinder hineingehaust wurde. Darüber haben
sich die uns seinerzeit angeblich Näherstehenden wenig Gedanken
gemacht — alle waren später vor ihrem Gewissen ohne Schuld.
Als beste Gelegenheit, jegliche Schuldgefühle in sich für immer
auszuschalten, wurde dann emsig meine eigene sogenannte politische Belastung mit ganzer Kraft in den Vordergrund gescho-
ben. Im Juli 1947 hat schon Prof. Eugen Kogon in den „Frankfur-
ter Heften" geschrieben: „Wir wollen es ohne Umschweife aus-
sprechen: es ist nicht Schuld, sich politisch geirrt zu haben. Politischer Irrtum — in allen Schattierungen, samt dem ersten Fehlent-
schluß — gehört weder vor die Gerichte noch vor Spruchkammern. Irren ist menschlich. Uns zu irren, darauf steht uns geradezu ein Recht zu, wenn wir nicht Sklaven, Marionetten oder Göt-
ter sein wollen." Nicht von ungefähr konnte man von Barbi
Gruber-Hauser lesen: „Es sind die Leute, die Masse, die mit ihren
Vorurteilen am Unglück so vieler mitschuldig geworden sind. Man
müßte es ihnen beibringen, vernünftig zu denken und nicht gleich
zu verurteilen und zu verdammen. Selbst wenn einer schuldig
geworden ist, was, wie ich jetzt weiß, schneller geht als einer denken kann, soll man ihm verzeihen. Man darf ihn nicht ausstoßen,
das ist das Unmenschliche! Jetzt kann ich es verstehen, wenn einer
dann erst zu einem wirklich gefährlichen Außenseiter wird. Dann

geht er gegen einen jeden, gegen alle, schließlich haben ihn ja auch alle ausgestoßen und abgelehnt."

Diese beiden Äußerungen sagen mehr als eigene Worte es wohl könnten. Es war und ist mir bis heute eine große Freude, was 1946 mein Bruder aus Südamerika an meine unbeirrt zu mir stehende, aber auch tief besorgte Mutter schrieb: „Ob und wieweit Dein Ältester geirrt hat, weiß ich nicht und kann es von hier aus auch nicht beurteilen. Was ihm zum Vorwurf gemacht werden kann, ist männliche, konsequente Haltung. Irren kann jeder von uns, besonders in weltanschaulicher oder politischer Ansicht. Unerträglich wären aber egoistische Hintergründe, über die er jedoch weit erhaben ist." — Und sie selbst wehrte alle Angriffe gegen mich ab: „Mein Sohn ist seinen Weg aus innerster Überzeugung im guten Glauben gegangen."

Wenn man das bewußt nur in Andeutungen Gesagte in Ruhe überdenkt, kann man vielleicht besser verstehen, warum ich zu einem bedingungslosen Trutzverhalten gegenüber der in meinen Augen — bei aller oft trefflichen Tarnung — weitgehend charakterlosen Mittelschicht gekommen bin, ja kommen mußte. Ihr habe ich es zu verdanken, daß ich immer mehr — trotz aller seelischen Not — in überzeugten Nationalsozialisten wie auch in sich selbst treubleibenden zionistischen Wehrbauern einen Widerhall meines eigenen Wesens gefunden habe. Meinetwegen mag man deshalb, und weil ich es ausspreche, den Stab über mich brechen.

Ich war und bin der Überzeugung, daß neben vielem nicht zu Verantwortenden — in Deutschland wie in Israel — wesentliche völkische Kräfte, die um der Selbsterhaltung willen sicher auch oft über ihre Ziele hinausschossen, eine große Aufgabe zu erfüllen hatten. Vielleicht gehörte mehr dazu, in meiner Lage offen zu bekennen, was allerseits falsch ausgelegt werden konnte, als mein Eigenstes zu verleugnen und zu verraten. Wenn das nicht echt gewesen wäre, hätte ich mindestens durch all die Fußtritte nach 1945 einen Augenblick wenigstens meinen Weg bedauern müssen.

Ob diese Stelle richtig gewählt ist, weiß ich nicht. Aber das ist meines Erachtens auch nicht so wichtig. Jedenfalls muß in diesen Zusammenhängen einmal ganz klar über das geredet werden, was immer wieder in dieser Darstellung als meine politische Belastung oder meine Schuld berührt wird. Dabei will ich etwas vermeiden, was ich an einem Großteil meiner Feinde gehaßt habe und hasse: das sind die Feigheit und Wankelmütigkeit. Ihre Ausreden und Beschönigungen kenne ich seit Jahr und Tag. Gestandene Frauen und Männer, die um Überzeugungstreue wissen, haben nie unanständig an mir gehandelt, auch wenn sie in lebenswichtigen Fragen völlig anderer Auffassung als ich waren. Jedenfalls haben sie nie aus dem Hinterhalt geschossen.

Eines kann die Meute meiner Gegner nicht bestreiten, daß ich geholfen habe, wo immer es nötig war. Eine Bestätigung dieser Tatsache habe ich nie gebraucht und brauche ich auch jetzt nicht. Das nur nebenbei, denn es geht nun um das, was mir zur Last gelegt wird und zu vier Spruchkammerverfahren führte. Im übrigen wäre es für manchen gut, wenn bei ähnlicher Gelegenheit einmal sein ganzes Leben so innig durchleuchtet werden würde. Mir haben diese erzwungenen Bestandsaufnahmen, soweit sie ehrlich erledigt wurden, viel Klarheit über mich selbst gebracht. Darüber an anderer Stelle mehr.

Die Hauptfrage ist, ob das, was ich in den Jahren der Mitarbeit beim SD getan habe, zu verantworten ist oder nicht. Ich versuche, kurz und übersichtlich zusammenzufassen:

1. Für meine Tätigkeit beim SD trage ich allein die Verantwortung, sonst niemand — auch nicht der SD in irgendeiner Form.

2. Jeder persönliche Vorteil für meine Familie oder mich selbst kam überhaupt nicht in Frage. Ich war Überzeugungstäter und nicht ein Mann mit angepaßt wechselnden Ansichten —je nach Bedarf und Nutzen.

3. Es ist manches Mal behauptet worden, ich sei „Spitzel" des SD gewesen, also ein „Aufpasser" oder „bezahlter Angeber". Die Aufgabe des SD war ähnlich der des heu-

tigen Verfassungsschutzes! Schutz des Staates und seiner Ordnung durch Feststellung und Abwehr der sie bedrohenden Kräfte — damals wie heute. Da ich den seinerzeitigen Staat ehrlich und unter Zurücksetzung der Sorgen um das eigene Schicksal bejahte, konnte ich mit gutem Gewissen lange mitarbeiten.

Ich habe bei deutschen wie amerikanischen Verhören unmißverständlich gesagt, über welche Persönlichkeiten ich neben innerdienstlichen Aufgaben zu berichten hatte. Um meine unbeirrte Haltung zu beweisen, ging ich nicht auf „Vertuschungskurs", sondern ich berichtete mehr als die Verhörenden geahnt und gewußt hatten. Mit einer einzigen Ausnahme, auf die ich noch zu sprechen komme, ist keinem der von mir Beurteilten irgendein Leid angetan worden. In dem guten Willen, Unheil möglichst einzuschränken, habe ich mich in wenigen Fällen freiwillig dem SD zur Verfügung gestellt. Später konnte ich dann bei der Beurteilung durch Selbstgerechte wählen, was ich sein wollte: „Verbrecher", „Narr", „Phantast". — Jedenfalls war und bin ich von der Richtigkeit meiner seinerzeitigen Entscheidungen überzeugt.

Seither dachte ich dankbar an den Teil der maßgeblichen Männer bei vier Spruchkammern einschließlich von drei öffentlichen Anklägern, die auf Grund meiner Entwicklung für meine Entschlüsse nach Anhörung und reiflicher Prüfung viel Verständnis gezeigt hatten. Denn bei den von mir abgegebenen Berichten handelte es sich um Maßnahmen, die durch vorherige Benachrichtigung des SD durch Außenstehende über angebliche politische Unzuverlässigkeit der zu Beurteilenden veranlaßt worden waren. Und ich darf wohl behaupten, daß das Verschweigen von Wissen über Widerstandsbewegungen — das auch ein mir schwer abgerungener Entschluß war — eine große Gefahr für mich bedeutete, zumal ich zum Beispiel Landesbischof D. Wurm und Prof. D. Dr. Thielicke (den einen zweimal, den anderen dreimal) heimlich gewarnt hatte. Man hat es bei den Verhandlungen erfreulich gut gemerkt, wie

aufrichtig die Richtenden es bedauerten, daß es die beiden Gottes-
männer in kurzen Briefen mit der Bestätigung meiner Angaben
beließen und offenbar mit ihrem Gewissen nicht in Einklang bringen konnten, christlich einfühlend auch zu würdigen, was ich für
sie gewagt hatte. Thielicke schrieb am Schluß etwa: „Wie ich gehört habe, sank Goldmann dann von Stufe zu Stufe." Der Spruchkammervorsitzende sagte nach der Verlesung des Briefes: „Was
Herr Thielicke gehört hat und nicht bestimmt weiß, geht uns hier
nichts an. Von einem Seelsorger hätte man eine andere Einstellung
erwarten können. Jedenfalls hat der Betroffene ihn dreimal gewarnt."

Darüber hinaus übten auch viele Leute mir gegenüber Kritik am
Dritten Reich, und nichts ist ihnen geschehen. Dabei denke ich besonders an die Pfarrer der Inneren Mission, die mir viel anvertrauten und im übrigen froh waren, einen zuverlässigen Verbin-
dungsmann zum SD zu haben. Aber sie nahmen mich nachher
auch mannhaft in Schutz.

Bei der nachträglichen Beurteilung meiner Einstellung und des
darauffolgenden Tuns haben es sich leider allzu viele Menschen
sehr leicht gemacht. Um so mehr fühlte ich mich verpflichtet, über
meine Hauptbelastung vor den Spruchkammern klar Auskunft zu
geben. Das ist gar nicht so einfach, da die zuständigen amerikanischen Dienststellen im Lager immer wieder zu mir sagten, in ihren
Augen belaste mich mein Verhalten überhaupt nicht. Auch geht
es gar nicht darum, eine Art Generalbeichte abzulegen oder den
reuigen Sünder zu spielen. Demut kenne ich ohnehin nur vor
einem Höheren, aber nicht vor Menschen, die ebenso gut oder
schlecht sind wie ich.

Lassen Sie mich hier einen Fall schildern, an dem sich vieles auf-
zeigen läßt:

MZ, ein Versicherungskaufmann, war von etwa 1937 an mein Patient und wohnte außerdem in derselben Gegend wie wir. Durch unsere vaterländische Gesinnung (er war beim Stahlhelm, nie Mitglied
der NSDAP) kamen wir uns auch menschlich näher. Doch dann

wurde er immer stärker Gegner des Nationalsozialismus. Wir haben oft und aufrichtig darüber bei unseren wöchentlichen Zusammenkünften gesprochen. Im November 1938, mit all den für mich äußerst bedrohlichen Ereignissen, fand ich drei Tage bei seiner Familie Zuflucht. Diese Hilfe blieb in Dankbarkeit unvergessen.

Meinerseits erfolgten sich oft wiederholende Versuche, MZ auch von den guten Seiten des Nationalsozialismus zu überzeugen, und zwar ohne Rücksicht auf mein persönliches Schicksal. Nach Kriegsbeginn wurde er aber immer unbeirrbarer und machte viele Aufzeichnungen darüber. Vor allem waren ihm nach seinen Angaben in wachsendem Ausmaß schriftliche und mündliche Versuche von Wehrkraftzersetzung wichtig, die er nicht zuletzt auf Grund regelmäßigen Abhörens von Feindsendern verfaßte. Da ich von einem beruflichen Vorgesetzten und ehemaligen Stahlhelmführer des MZ wegen dessen Mangel an Zurückhaltung und wegen Drohung durch seine Frau mit Anzeige gegen uns gewarnt worden war, bot ich mich an, alles ihn Belastende im Schuppen der Gärtnerei, in der ich vom Februar 1939 als lernender Gartenarbeiter tätig war, unauffindbar für andere zu verstecken. Solche Angebote meinerseits blieben ohne Erfolg.

Inzwischen war ich Mitarbeiter beim SD geworden und habe gegen meine Pflicht, trotz der dadurch auch für mich wachsenden Gefahr, dort alles verschwiegen. Nach neuerlichen Drohungen der Ehefrau, uns anzuzeigen, kam es zum Abbruch der Beziehungen und für lange Zeit zu völliger Trennung. Dennoch fand er sich an einem Sonntagabend unangemeldet in meiner Wohnung ein und brüstete sich unter wilden Ausbrüchen und übersteigerten Hinweisen über Art und Umfang seiner Zersetzungsversuche, besonders bei Offizieren an der Front. Plötzlich (etwa wörtlich, da wichtig) meinte er: „Ich freue mich über jedes Totgeschlagenwerden von Ostflüchtlingen samt ihrer Familien durch die Russen. Sie sollen nur allen die Gurgel durchschneiden, das geschieht denen ganz recht", . . . dazu noch ähnliche Redensarten. — Daraufhin

habe ich ihn hinausgeworfen und am nächsten Morgen im Vollbewußtsein meiner Verantwortung dem SD gemeldet.
Damit gar nicht erst Zweifel aufkommen: auch innnerhalb der Jahrzehnte, die seither vergangen sind, habe ich das keinen Augenblick bedauert oder bereut, zumal ich weiß, daß nur durch seine daraufhin erfolgte Aufnahme in eine Nervenklinik ihm das Leben gerettet wurde. Natürlich mußte dieser Fall zur Hauptbelastung für mich werden.

MZ hat später bei den Verhören — auch ein Zeichen der Zeit — behauptet, er habe seinen Landesverrat mir gegenüber absichtlich übersteigert und übertrieben dargestellt und mir von über hundert schwerst zersetzen sollenden Briefen an Frontoffiziere erzählt, aber nur höchstens fünf geschrieben. Mit den Bemerkungen am besagten Abend hätte er mich bewußt bis zur Weißglut reizen wollen.

Die amerikanischen Offiziere im Lager hatten eine völlig andere Meinung als die deutschen Nachkriegs-Dienststellen, denn sie betonten oft: „Das ist doch keine Belastung. Auch in den USA kann man nicht in einem Kampf um Sein oder Nichtsein Verrat treiben. Wir hätten Sie längst aus dem Lager entlassen, aber der Polizeipräsident von Stuttgart sieht in Ihnen einen persönlichen Gefangenen."

Nach der dann durchgeführten Entlassung erfolgte eine erneute Verhaftung mit Gefängnis und Lageraufenthalt. Der Grund dafür war nach Aussagen der Amerikaner und der deutschen Polizeibeamten nach meiner entgültigen Heimkehr — wie ich auch anderweitig feststellen konnte — die enge Verbindung der Familie des MZ und dem obersten Polizeibeamten der Stadt.

Besonders von kirchenfrommer Seite wurde mir meine Weigerung verübelt, MZ um Verzeihung zu bitten. Das geschah nicht aus Sturheit, sondern weil mir ein Gefühl von Schuld einfach fehlte. Wenn ich im Leben sonst geirrt habe, lag das oft lange Zeit als Last auf mir. Davon war ich im Fall MZ völlig frei. Es geht an dieser

Stelle nicht um Versuche von Entschuldigung, Beschönigung und Verteidigung. Reue kenne ich schon gar nicht vor der Meute Selbstgerechter, die mich auf die verschiedenste Weise fertigmachen wollte.

Schon im Gefängnis und in den Lagern während der insgesamt drei Jahre habe ich immer wieder — manches Mal wurden mir sogar die Namen meiner „Gönner" mitgeteilt — die Auswirkungen deshalb zu spüren bekommen. Mit Kraft durch Gnade habe ich während der ganzen Haftzeit nie Zuflucht an einer Klagemauer suchen müssen. Ich durfte getrost und geduldig bleiben, konnte meine teils übertragenen, teils freiwillig übernommenen Pflichten vorbildlich erfüllen und sehr vielen Kameraden als Mensch und Arzt helfen. Der eigenwillige Außenseiter hat erfreulicherweise nie geglaubt, er sei unschuldig hinter Schlössern, Riegeln und Stacheldrähten; aber in ihm wuchs der Widerwille gegen alles Überhebliche, Vorgetäuschte, Verlogene. Mein Standpunkt gegenüber MZ hätte sich auch nicht geändert, wenn ich sechs Jahre eingesperrt worden wäre.

Wie manche Herrschaften über mich dachten, sagte nach meiner Entlassung zu mir ein sehr frommer Mann: „Schade, daß man Kerle wie Sie lebend herausgelassen hat." Meine Antwort war: „Gut, daß wir fürs nächste Mal Ihretwegen Bescheid wissen!"

Es geht hier natürlich nicht um einen eingehenden Verhandlungsbericht. Wichtig war damals das allseitige Mühen um Klarheit über das Tun von MZ hinsichtlich der Wehrkraftzersetzung und unabhängig davon um seine Haltung den Ostflüchtlingen gegenüber. Ob MZ die Spruchkammer oder mich wegen des Umfangs seiner Versuche angelogen hat, war nachträglich nicht zu klären. Eines war aber sicher, daß ich seine Umtriebe nicht preisgegeben und ihm meine freundschaftliche Hilfe aus der Gefahr heraus ohne Rücksicht auf meine SD-Mitarbeit und die durchaus möglichen Folgen lange Zeit hindurch angeboten hatte. Die richtige Folgerung nach seinen Aussagen war der Abbruch meiner Beziehungen zu ihm.

Über die Wehrkraftzersetzung kann man verschiedener Meinung sein: Pflicht oder Verrat? Darüber haben Berufenere schon viel geschrieben. Hier muß erneut gesagt werden, daß ein Mann trotz all des Bitterharten zu Volk und Vaterland gestanden ist und gerade in einem schicksalhaften Krieg das Geschehen nur als Verrat werten mußte.

Daß ich über die „Wünsche" des MZ für Ostflüchtlinge und ihre Familien nicht mehr schweigen durfte, ist mir heute noch so klar wie einst. Wie wäre ich vor meinen ostdeutschen Kameraden im Lager dagestanden und vor meiner späteren Schwiegertochter, deren Mutter nach dem Tod des Vaters mit sechs Kindern aus dem Osten auch fliehen mußte?

Am Ende der letzten Verhandlung (1951) habe ich die Spruchkammer gebeten, wegen der Wehrkraftzersetzung eine Frage an sie richten zu dürfen: „Was würden Sie als überzeugte Demokraten tun, wenn Sie erfahren würden, daß jemand die Wehrkraft des neugeschaffenen Grenzschutzes oder der sich jetzt bildenden Bundeswehr zersetzen will? Hätten Sie in sich die Verpflichtung zu schweigen, damit dem Überzeugungstäter jegliche Freiheitsstrafe erspart bleibt? Oder müßten Sie ihn zur Anzeige bringen um des Ganzen willen?" — Fünffache Antwort des Vorsitzenden und der Beisitzer: „Wir könnten nicht schweigen!" Denselben Standpunkt vertraten die zuständigen amerikanischen Offiziere.

Natürlich darf man bei all dem teils verständlichen, teils bewußt übersteigerten Haß gegen den Nationalsozialismus nicht vergessen, daß seine Gegner auch für die Art und das Ausmaß ihres Widerstandes besonders im Krieg zu haften hatten. Wenn unsere Bundesrepublik heute nicht für sich denselben Standpunkt einnehmen müßte, wäre ja auch ihr Verfassungsschutz im weitesten Umfang des Wortes überflüssig. Ich selbst habe auch lange ihre demokratische Regierungsform und die sie tragenden Parteien samt der Person des Staatsoberhauptes abgelehnt. Im Augenblick eines Krieges hätte ich mich trotz meines Alters je nach meiner gewissensmäßigen Einstellung dem Geschehen gegenüber an die Front oder zum aktiven inneren Widerstand, aber dies nur ohne jegliche Fühlungnahme oder Beziehung zu einer Feindmacht, gemeldet.

Im Fall MZ habe ich mit allen Entscheidungen viel zu lange gewartet, nicht zuletzt im Hinblick auf die für uns beide äußerst gefährliche Haltung seiner Frau. Außerdem war ich mir der Dankespflicht für die Zufluchtgewährung 1938 stets bewußt.

Spruchkammer und Internierung

Nach einer abenteuerlichen Rückkehr aus dem Harz im April 1945, teils zu Fuß, teils mit der Bahn, war ich kurze Zeit in Freiheit. Anschließend, im Hinblick auf meine politische Gesamtbelastung, drei Jahre in Gefängnissen und Internierungslagern. Von ihrem Standpunkt aus hatten die Nachkriegsmachthaber recht mit ihren Maßnahmen gegen mich. Allerdings ist mir bis heute unfaßbar, daß andererseits Männer, die 1933 dem Ermächtigungsgesetz zugestimmt und zur politischen Selbstentmannung beigetragen haben, in hohe Ehrenstellen des Bundes und der Länder berufen wurden. Eigentlich hätten all diese „Helden" als erste vor eine Spruchkammer gehört. Tatsächlich fühlten sie sich aber in ihrer Selbstgerechtigkeit über uns Verdammenswerte erhaben. Ich bin mir übrigens auch während der Haft nie als der zu bedauernde unschuldige Dulder vorgekommen. Aber ich mühte mich ehrlich, die schwere Zeit mit all ihrer inneren und äußeren Not in unerschütterlichem Glauben und mit eisernem Willen durchzustehen. Mein besonderer Dank gilt vielen Lagerkameraden, die mir Vorbild und Ansporn in ihrem ganzen Verhalten waren. Manche Menschen haben sich gewundert, wenn ich später betonte, daß ich die Haftzeit mit all ihrem Erleben nicht missen möchte.

Ehe ich zwangsweise wieder in meinen ärztlichen Beruf zurückkehrte — davon an anderer Stelle — habe ich im Lager von den zahlreichen Aus- und Fortbildungsmöglichkeiten ausgiebig Gebrauch gemacht. Ein gewisser Abschluß war die bestens bestandene Prüfung als Kleingärtner und Siedler. Darauf bin ich noch heute stolz.

Hier ist wichtig, daß ich in den drei Jahren in ständiger engster

Gemeinschaft mit vielen alten Nationalsozialisten nie auch nur ein einziges kränkendes Wort hinsichtlich meiner Abstammung gehört oder irgendeine Ablehnung verspürt habe. Neben meiner Tätigkeit als Hilfsseelsorger, die mir sehr am Herzen lag, hielt ich mancherlei Kurse vor größerem oder kleinerem Kreis über verschiedenste Sachgebiete. Heilkunde und Turnen standen dabei im Vordergrund.

Eine unvergeßliche Erinnerung blieb in mir die Aufforderung, ich möge im Rahmen sonntäglicher Feiern (genannt „Unser Schatzkästlein", eine Musenstunde mit Musik, Gedichten und Vorlesungen) einmal über „Die deutsche Frau und wir" und einige Zeit später über „Unsere Kinder und wir" sprechen. Natürlich kann man darüber lächeln oder spotten. Aber für mich war es ein großes Erlebnis, daß gerade ich darum gebeten wurde und nach Schluß von vielen Männern dankbar ohne große Worte die Hand geschüttelt bekam. Bei ruhiger Überlegung kann selbst ein Fernstehender beurteilen, was es für mich seelisch bedeutete, vor ein paar hundert Kameraden im Schicksal von dem etwas sagen zu dürfen, was uns alle in der ungemeinen Not am Herzen lag. Absichtlich war eben von „Not" die Rede, die sich in den Lagern natürlich auch auf die Familien bezog, aber weit darüber hinaus Fragen eigener Schuld bis zu der des Volksganzen betraf.

Auch die deutschen Emigranten unter den amerikanischen Offizieren behandelten mich stets, soweit das einem Häftling gegenüber zum Ausdruck kommen konnte, mit Hochachtung, nachdem die Wogen des Hasses sich etwas beruhigt hatten. Sie schätzten mein bedingungsloses Stehen zu meiner Vergangenheit insbesondere. An einen von ihnen, dem ich auch menschlich sehr nahe gekommen bin, denke ich heute noch mit Herzlichkeit. Es war wirklich erfreulich, wenn wir unter vier Augen völkische Fragen und die Grundgedanken des Nationalsozialismus ehrlich besprechen konnten.

Allen tat es sehr leid, daß ich zusammen mit anderen Kameraden von Angehörigen der Besatzungsmacht zu Beginn der Lagerzeit halbtot geschlagen worden war. Dieser „Betreuer" war etwa zwanzig Jahre, vollschlank und wußte nichts von mir, nicht einmal meinen Namen. Später hatten mehr amerikanische Besatzer, als man so annehmen sollte, ein gutes Gefühl dafür, daß manches, was in ihren Lagern vorgekommen ist, durchaus mit sogenannten nazistischen Vergehen verglichen werden konnte.

In der Lagergemeinschaft haben allgemein die ehemaligen SS-Angehörigen, als Gesamtgruppe gesehen, durch ihre vorbildliche Haltung mit Abstand den besten Eindruck gemacht. Selbst amerikanische Offiziere waren dieser Meinung.

Ganz offen sei gesagt, daß ich leider in diesen drei Jahren von der Mehrheit der Akademiker und Generale einen unguten Eindruck hatte. Vielleicht waren sie einst an der Front tapfer, in der Haft bestimmt nicht. Jedenfalls entsprach der „Bürgermut" dieser Gesellschaftsschichten unsereinem gegenüber von 1933 bis 1945 dem Gesamtbild, das sie in den Lagern boten, allerdings mit völlig gegenteiligen Vorzeichen.

Da ich mich selbst nicht zwischen sämtliche Stühle gesetzt hatte, sondern zwischen ihnen gestanden bin, gab es natürlich im Hinblick auf eine solche Vergangenheit auch nach der Haftentlassung Gelegenheit genug, den Pharisäergedanken nun nicht mehr wegen meiner Abstammung, sondern mit Rücksicht auf meine politische Gesamthaltung freies Spiel zu lassen. Mit einer gewissen Wollust und allen möglichen Maßnahmen wurde erfolgreich versucht, unsereinem, der samt der Familie während der ganzen Haftzeit keinen „roten Heller" bekommen hatte, das Leben weiterhin schwerzumachen. Besonders leicht konnte „die Strafe nach der Strafe" durch Versagen von Verordnungsbezügen und Entschädigungen neben so mancher sonstigen Erbarmungslosigkeit verschärft werden. Die Tatsache des Weges zwischen den beiden Völkern war natürlich immer wieder ein besonderer Vorwurf der neudeutschen Dienststellen, während die amerikanischen viel mehr Verständnis dafür hatten. Jedenfalls habe ich trotz der harten Folgen nie bereut, ihn gegangen zu sein, denn er war eben ein Stück von mir.

Wenn ich auch so geheuchelt und gelogen hätte, wie es vor den Spruchkammern üblich war und zugegebenermaßen auch oft zweckmäßig zu sein schien, wäre mir sicherlich viel erspart geblieben.

Im übrigen muß ich vermerken, daß die Verhandlungen gegen mich, mit einer Ausnahme, gerecht und anständig geführt worden sind. Durch diese eine, bei der der Vorsitzende wichtige Entlastungsakten bewußt unbeachtet gelassen hatte, was selbst der Öffentliche Ankläger beanstandete, kam es dann zu insgesamt vier Verhandlungen. Befreiungsminister Dr. Koransky hatte in dankenswerter Weise, obwohl selbst jüdischer Abstammung, nach Prüfung der Vorkommnisse eine Wiederholung des Verfahrens angeordnet und die Verfehlungen als „Skandal" bezeichnet.

Später trafen meine Frau und ich den Minister öfter auf Waldwanderungen, und für alle drei war es immer wieder eine Freude. Unverständlich war ihm wie mir, daß Ministerpräsident Dr. Reinhold Maier, der sich einst selbst wegen der Auswanderung seiner jüdischen Frau nach England hatte eingehend von mir beraten lassen, plötzlich sich nach völliger Veränderung der äußeren Verhältnisse offenbar an nichts mehr erinnern konnte, als ich ihm in meiner Angelegenheit schrieb. Monatelang nach der zweiten Spruchkammerverhandlung hatte ich nämlich von einem der Beisitzer einen Brief erhalten, in dem er mir mitteilte, sein Gewissen lasse ihm keine Ruhe mehr, da in keinem der Fälle, an denen er mitgewirkt habe, das Recht so gebeugt worden sei wie bei mir. In einem wirklich — trotz allem noch — kindlichen Glauben an Gerechtigkeit schickte ich den Brief in Urschrift (leider!) an Dr. Maier. Natürlich hatte ich gedacht, nun würde nach der Ursache für die Gewissensbisse des guten Mannes geforscht. Aber was geschah? Dr. Maier ließ ihn wegen Bruchs der Schweigepflicht aus seiner Stellung hinausbefördern, und in mir blieb Reue wegen meiner Ehrlichkeit und Erbitterung — nicht Verbitterung — dieser Art von Demokratie gegenüber. Dieselben Gedanken über das Verhalten des Regierungschefs haben sicher zum Verstehen zwischen Dr. Koransky, der übrigens auch ein Frontoffizier des Ersten Weltkrieges gewesen war, und mir beigetragen.

Aber im Zusammenhang mit meiner Internierung muß ich noch einmal an den bereits erwähnten Polizeipräsidenten erinnern. Dieser ließ mich einige Tage nach meiner Verhaftung am 7. Mai 1945 aus dem Gefängnis vorführen und las mir zuerst einen von bestimmter Seite an ihn gerichteten Brief mit Anschuldigungen gegen mich vor. Plötzlich schrie er mich an und verlangte, daß ich sofort eine Spitzeltätigkeit im Auftrag der Gestapo zuzugeben hätte, wenn ich nicht wollte, daß meine Kinder bis zum Abend ebenfalls in Haft wären. Ich habe mich bemüht, ihm offen über meine SD-Mitarbeit zu berichten und klarzulegen, daß ich doch den verschiedensten Leuten gegenüber aus meiner Tätigkeit bei der Abwehr kein Hehl gemacht hätte. Außerdem wären weite kirchliche Kreise und nichtarische Christen in einer Reihe von Fällen genau unterrichtet gewesen, wer ihre Helfer durch meine Vermittlung waren. Allerdings haben die Hauptzeugen aus dem Bereich meiner Schicksalsgenossen später bei der ersten Verhandlung gegen mich so gelogen, daß selbst der Vorsitzende mehrfach sagen mußte: „Ich würde mich schämen."

Nach dieser kurzen Zwischenbemerkung zurück zum Verhör, bei dem all mein wahrheitsgetreues Reden vergeblich war. Der Präsident tobte und verlangte das erwartete Geständnis. Dann rief er seine Sekretärin herein und diktierte ihr einen Bericht, ohne daß ich irgend etwas dazu sagen konnte. An mich gewandt forderte er dann: „Unterschreiben oder Ihre Kinder werden sofort verhaftet!" — Als besorgter Vater gab ich nach; aber am Tag darauf waren die beiden trotzdem für sechs Wochen im Gefängnis („demokratische Sippenhaft").

An den folgenden drei Tagen wurde ich dann je sieben Stunden lang von einem Beauftragten des Präsidenten weiter verhört. Dieser war aber vorbildlich anständig und rechnete mir meine rückhaltlose Ehrlichkeit hoch an. Das bei all dem Trennenden gute Einvernehmen zwischen dem Polizeibeamten und mir war mit

Anlaß, daß er kurz danach für längere Zeit aus seiner Dienststellung entfernt wurde. Was an Erschwerungen für die Haftzeit bis zum 26. Juli, dem Tag meiner Einweisung in das Internierungslager 74 (Ludwigsburg-Oßweil) möglich war, ist vom Präsidenten und der Spruchkammerzentrale wirklich getan worden.

Die amerikanischen Dienststellen bemühten sich dann schon 1946 um meine Entlassung und eröffneten mir, daß die vier damals in Frage kommenden Parteien vorbehaltlos zugestimmt hätten; im letzten Augenblick habe aber der Polizeipräsident wiederum Einspruch erhoben. Trotzdem wurde ich am 30. Januar 1947 aus der Haft entlassen und gebeten, die Leitung der Kieferabteilung des Lagerhospitals als freier Mann beizubehalten.

Aus einem versehentlich in meine Akten geratenen Schriftstück, das mir später Dr. Koransky gezeigt hatte, war ersichtlich, daß der Präsident die Spruchkammer Stuttgart-Degerloch ersucht hatte, mit allen Mitteln meine Wiederverhaftung zu betreiben. Am Vormittag des 22. März 1947 geschah dies auch in einer entwürdigenden Weise aus dem Operationssaal des Lagers heraus. Im Haftbefehl stand ausgerechnet bei mir als eine der Begründungen „Fluchtverdacht". Schon wahrheitsnäher war ein weiterer Hinweis in dem vorher erwähnten Schriftstück, nämlich: ich hätte von Jugend auf im Weltjudentum eine Gefahr für mein deutsches Vaterland gesehen.

Der mich nun verhaftende Polizei-Oberscherge hatte mich bei meiner Meldung im Polizeipräsidium nach der Entlassung durch die Amerikaner auch schon angebrüllt, und diesmal drohte er sogar mit Fesselung. Ein Raubmörder wäre sicher nicht anders behandelt worden. Ohne Verhör und unter immer neuen Demütigungsversuchen war ich dann als „persönlicher Gefangener des Präsidenten" bis zum 30. August 1947 wieder im Gefängnis, ohne mich in Haltung und Gesamtauffassung irgendwie beirren zu lassen.

Vor der ersten Spruchkammerverhandlung gegen mich, am 3. September 1947, hat der Präsident, der neben den Räumen der Kammer Degerloch wohnte, den Öffentlichen Ankläger rücksichtslos unter Druck gesetzt. Das hat dieser innerhalb seiner Verwandtschaft, zu der auch eine gute Bekannte von uns gehörte, erzählt. Offenbar wollte man der Freundin des Präsidenten zulieb erzwingen, daß ich als Hauptschuldiger eingestuft werde (was man zunächst auch erreichte). Und mein besonderer Belastungszeuge, ihr Bruder, der Herr MZ, wurde in den Polizeiverwaltungsdienst aufgenommen. Das Ziel, mich restlos fertigzumachen, hat der Präsident nicht erreicht, obwohl er wirklich alles versucht hatte. Selbst der Gefängnisarzt wagte nicht, mich im Sommer 1947 bei einem schweren Brechdurchfall zu behandeln oder in die Krankenstation aufzunehmen. Aber ich hatte doch die innere Kraft, meiner Frau schreiben zu können: „Die Haft macht die Starken reicher, die Schwachen ärmer an Gabe des Herzens."

In der Einzelhaft habe ich erneut erkannt, daß ich den rechten Weg als Deutscher mit all der Liebe, Gläubigkeit und Hingabe gegangen bin. Ich hatte ja seit 1933 gelernt, auch in tiefster Not und Schmach getrost und freudig zu sein. Was ich im Lager als Kamerad und Hilfsseelsorger geredet, mußte nun auch vorgelebt und vorgekämpft werden: daß Deutschland dennoch unsere Aufgabe ist und Christus jetzt erst recht unsere Kraft!

An dem schon genannten 30. August hatte ich die Treppe des Gefängnisses aufzuwaschen, als ein höherer amerikanischer Offizier mich im Vorbeigehen fragte: „Warum Du hier?" Vielleicht sah er mir an, daß ich schon bessere Zeiten hinter mir hatte? Auf meine Antwort: „Politisch hier", rief er: „Nix politisch hier, politisch in Ludwigsburg!" Er schlug mächtigen Krach, und nach einer Stunde brachte mich der Gefängnisdirektor selbst im Auto ins Lager zurück. Ich vergesse ihn nicht, wie er beim Abschied versöhnlich sagte: „Ich danke Ihnen für Ihr vorbildlich tapferes Verhalten im Gefängnis."

Als meine alten Kameraden sahen, in welchen Zustand mich die polizeipräsidialen Weisungen gesundheitlich während der fünf Monate gebracht hatten, fingen diese gestandenen Mannen an zu weinen. Und in der ersten Zeit lagen täglich kleine Liebesgaben von unbekannten Spendern auf meiner Pritsche, weil alle sich mühten, mich körperlich wieder hochzubringen. Nachträglich habe ich dann gehört, daß auch meine ärztlichen Kollegen damals nicht mehr viel Hoffnung für mich hatten. Die inzwischen ins Amt gekommene deutsche Lagerleitung versuchte ebenfalls, mir im Hinblick auf die Folgen der Gewaltkur durch einige Erleichterungen aufzuhelfen.

Da eine im Gefängnis immer wieder vergeblich erbetene Operation (doppelseitiger Leistenbrurch mit schweren Verwachsungen) jetzt dringendst erforderlich war, brauchte man zu deren Vorbereitungen teils im Lager, teils im Interniertenkrankenhaus die ganze Zeit bis zum 20. November, um den Eingriff einigermaßen gefahrlos durchführen zu können.

Jahrelang hatte sich in allen Lagern ein „Mister Rosenberg" als Gewaltherrscher im Auftrag der Amerikaner mit einer unerhört brutalen Rücksichtslosigkeit aufgespielt. Dabei war er als jüdischer Mischling aus Köln nie in den USA gewesen. Er schnauzte auch mich einmal mit der Bemerkung an, er wisse vom Polizeipräsidenten genau über mich Bescheid. Bei meiner endgültigen Entlassung am 4. Juni 1948 sagte er dann höhnisch herablassend: „Nehmen Sie sich ja zusammen. Es ist nicht ausgeschlossen, daß Sie bald wieder im Gefängnis landen." Zu meiner Freude kam nicht allzu lange danach er und nicht ich ins Kittchen.

Als ich mich daheim — nach insgesamt dreijähriger Haft — wieder einigermaßen zurechtgefunden hatte, erstattete ich gegen den Polizeipräsidenten Anzeige wegen Erpressung und Nötigung. In den vier Verfahren gegen mich hatte sich einwandfrei erwiesen, daß ich nie „Gestapospitzel" gewesen war. Und siehe da, es war weder beim Polizeipräsidium noch in meinen Akten das durch Drohungen erzwungene und von mir unterschriebene Geständnis zu finden. Die Sekretärin wußte ebenfalls von nichts mehr, und der hohe Herr Polizeipräsident begab sich unter den Schutz einer Amnestie, weil ich ja vielfachen Beweis für meine Anschuldigungen antreten konnte. Es war gut für ihn, daß er sich dann bei Waldgängen stets von einem scharfen Wolfshund bewachen ließ. Ein einziges Mal stand er mir schutzlos gegenüber. Nur die flehentlichen Bitten meiner Frau hielten mich vor einem unbedachten Vorgehen zurück. Dabei hatte gerade sie in all den Jahren schwerst durch ihn mitgelitten.

Jüdische Mitschuld

Was jetzt kommt, rührt an die Grundfragen meiner Entwicklung, die beim späteren Schicksal meiner Familie von besonderer Bedeutung war. Während der dritten und vierten Spruchkammerverhandlung gegen oder über mich hatten beide Vorsitzende, zeitlich wie wohl auch sonst unabhängig voneinander, die Überzeugung, daß man den Fall des Betroffenen nur richtig prüfen und die Einzelheiten ganz ermessen könne, wenn man ihn ohne Zwischenfragen und zeitliche Begrenzung ruhig einmal über sich und seinen Weg von Jugend auf berichten lasse. Ich habe von diesem hochanständigen Entgegenkommen jedes Mal Gebrauch gemacht. Das war gar nicht so einfach, wie es zu sein scheint:

1. Ich wollte auch hier, wie sonst schon immer, bei der vollen Wahrheit bleiben.
2. Es galt, nicht etwa kunstvoll und ausgeklügelt meine innere Haltung und Entwicklung im Laufe der Jahrzehnte als Art Abwehr- oder Fluchtbewegung eines vom Schicksal Gezeichneten zu schildern.
3. Es lag verständlich und doch unberechtigt der Verdacht eines Versuchs von Verschleierung und Anpassung nahe.
4. Man konnte ja auch vermuten, ich hätte mich irgendwie einem von mir vorgefühlten Schicksal entziehen wollen.
5. Ich wollte und mußte eindeutig darlegen, daß es mir nie an Ehrfurcht vor meinen Vorfahren und ihrem Glauben gefehlt hat. Andererseits habe ich von der Zeit eigenen Verstehens Fragen der völkischen und religiösen Auseinandersetzung der Juden unter sich und mit ihnen in Deutschland ständig beobachtet.

6. Es schien mir wichtig zu sein, darzulegen, daß ich die berechtigte Forderung der Zionisten nach einer eigenen Heimstatt (sei es in Palästina oder sonstwo) stets bejaht habe; denn sie war und ist eine klare, notwendige Entscheidung.

7. Es mußte zum Ausdruck kommen, daß ich ohne Rücksicht auf das Ergehen meiner Familie, die schwer gelitten hat, aus Innerstem heraus an meinem christlichen Glauben und an der Hingabe für Volk und Vaterland festgehalten hatte.

Was in solcher Zusammenfassung 1950 und 1951 vorgebracht wurde, hatte natürlich längst vorher Geltung. Schon das Leben und Wirken meines Vaters war auf ähnlichen Gedanken aufgebaut. Wenn ich vorhin gesagt habe „gelitten", so soll das im ganzen Zusammenhang — hier wie auch sonst in diesen Betrachtungen — wirklich kein Gang an eine Klagemauer, kein Zeichen von Selbstmitleid oder sonst ähnliches sein. Man war einerseits in unserer Lage im besten Wollen deutsch, und andererseits mußte man all den Schmähungen, Kränkungen und Demütigungen standhalten.

Der Versuchung, viele Einzelheiten zu schildern, habe ich sehr wohl widerstehen können. Aufrechte, aus innerster Überzeugung heraus völkisch bewußte Persönlichkeiten auf deutscher wie auf jüdischer Seite haben sich nach unserer doch reichen Erfahrung im Durchschnitt wohl sachlich hart, aber menschlich viel anständiger benommen als die von uns in ihrer Gesamtheit immer wieder abgelehnte schwankende Mittelschicht. Damit sollen keineswegs die furchtbaren Untaten von Rohlingen irgendwie verniedlicht werden; aber auch die vielfach schauspielerisch gekonnten Auftritte anderer nicht überbewertet. Hier war jede Ausnahme für uns Grund zu herzlicher Freude und Dankbarkeit. Und nicht vergessen werden sollen Frauen und Männer besonders aus einfachem Stand, die oft unserer Einstellung fremd gegenüberstanden, aber es an echter Menschlichkeit nicht fehlen ließen.

Man hat mir immer wieder einmal — auch von hoher kirchlicher Seite — vorgeworfen, ich hätte noch 1945 zu wenig Reue und Bußfertigkeit „gezeigt". Diese Feststellung ist ganz richtig. Erstens habe ich gerade aus dem Glauben heraus ein Zerknirschung heuchelndes Betteln und Hausieren von Sündern, die wir ja alle sind, vor gleich armseligen Menschen schon immer abgelehnt, und zweitens gibt es nach meiner Auffassung Reue und Buße vor Gott nur durch ein Ringen um inneren Wandel zum Höheren und Besseren im Tun. Das habe ich versucht. Jedenfalls haben mich meine sozialen und nationalen Gedanken auch dazu veranlaßt, lockende Auslandsberufungen, die ich bereits erwähnte, abzulehnen. Es war in unserer schwierigen Lage immerhin ein Zeichen von eiserner Überzeugungstreue.

Mehrfach habe ich einen Fragenkreis berührt, der mich seit Jahrzehnten bewegt. Vielleicht war aus dem schon Vorgebrachten zu entnehmen, wie ehrlich ich um die Wahrheit zu ringen versucht habe. Aber dazu gehört auch der Fragenkreis um eine Mitschuld der Juden an der Entwicklung bis 1933 und dann bis 1945. Wenn ich also noch einmal dazu etwas sage, so soll das nicht als Zeichen eines schlechten Gewissens oder sonstwie ausgelegt werden. Ich wurde diesbezüglich schon an allerhand Mißverständnisse gewöhnt.

Meines Erachtens ist es völlig sinn- und wertlos, Antijudaismus und Antigermanismus nur als soziale Krankheit, Geistesverwirrung, religiöse Verirrung oder gar Verbrechen einstufen zu wollen. Offenbar kann nicht oft genug darauf hingewiesen werden. Immer wieder liest man Darstellungen solcher Art. Es ist letztlich keine Schande, wenn ein gewisses Anders-sein eine völkische Gegebenheit ist! Unverantwortlich ist aber jede Form von Überheblichkeit oder offener wie heimlicher Gewalt auf den verschiedensten Lebensgebieten — von welcher Seite auch immer! Dabei verstehe ich unter Gewalt auch Überfremdung durch Zahl und Einfluß.

Ich glaube, daß für uns Deutsche in manchen Fragen die Antwort am besten in der Überlegung gesucht wird — ich deutete das bereits an — wie wohl dieselbe oder ähnliche Ungeklärtheit vom Staat Israel gelöst wird. Man möge mir von jüdischer Seite nicht wieder vorwerfen, ich wolle das eigene Nest beschmutzen. Nie habe ich einen solchen Versuch gemacht. Gerade bei aller Ehrfurcht vor meinen Vorfahren war und ist mein Nest nur Deutschland, in dem sie schon seit dem Mittelalter gelebt haben. Das ständige Reden von deutscher „Alleinschuld" ist ein viel zu billiges Unterfangen — selbst wenn es „nur" gegen Hitler geht. Über dessen Irren und Wirren — aber auch tatsächliche Leistungen — wird in ferner Zukunft vermutlich anders als mancherseits heute geurteilt werden.

Es ist immer auf Erden so gewesen — und es wird wohl auch immer so bleiben —, daß bei allen Auseinandersetzungen zwischen Völkern, Staaten, menschlichen Zusammenschlüssen verschiedenster Art, Freunden und Ehegatten es so ist, wie wir Schwaben sagen: „Der eine hat's Schüssele verbroche und der andere 's Häfele." Das klingt harmlos und ist doch tiefernst.

Wenn man nachdenkt, könnte man verzweifeln, weil unter dem Eindruck der furchtbaren, immerwährenden und allseitigen Unwahrhaftigkeit in den Grundfragen deutsch-jüdischen Zusammenlebens nie ein würdiger Ausgleich erreicht werden konnte und offenbar auch nicht zustande kommen wird. Niemand nimmt sich die Mühe — oder allenfallls nur wenige — ehrlich zurückzudenken und einmal auch ein Buch über die Geschichte der Juden in Deutschland zu lesen. Ich selbst hatte eine ausgezeichnete Ausgabe, die aber leider 1945 von Ami-Offizieren bei der Durchsuchung meiner Wohnung mitgenommen wurde, während sie „Mein Kampf" ruhig an seinem Platz ließen. Beide Völker müssen sich zu einem ungetrübten Blick in die Vergangenheit endlich durchringen — nicht zuletzt auch hinsichtlich ihrer gegenseitigen Beziehungen im Laufe der Jahrhunderte. Wer macht sich aber schon die Mühe im Zeitalter der Hast, Hetze und Oberflächlichkeit?

Wenn hier nochmals von Mitschuld geredet wird, dann müssen gerade wir Älteren immer wieder an die Zustände nach dem Ersten Weltkrieg denken und an sie erinnern. Noch wichtiger wäre, wenn die Jüngeren mit unserer Hilfe versuchen wollten, die Ereignisse und ihre Auswirkungen so nachzuempfinden, wie sie wirklich waren. Nur wer das tut, kann sich ein gerechtes Urteil erlauben.

Die schon erwähnten hunderttausend zugewanderten Ostjuden wirkten durch ihre, in damaligen Zeiten bei uns noch nicht so weit verbreitete Gewinnsucht, vielfach ungut. Ein zersetzender Einfluß im vaterländischen und sittlichen Bereich ging meist von völkisch wie religiös gleichgültigen und haltlosen Juden verschiedenster Herkunft aus. Solche Menschen gewisser Eigenart gibt es selbstverständlich in jedem Volk. Aber es ist ein Unterschied, ob das am eigenen oder fremden Volk, von Alteingesessenen oder Neuzugewanderten zum Ausdruck kommt.

Göring gegenüber habe ich einmal ähnlich gesprochen. Er sagte darauf, das deutsche Volk habe in den Jahren nach dem Ersten Weltkrieg nicht mehr die notwendige innere Widerstandskraft gegen solche fremden Einflüsse gehabt. Die nationalsozialistische Bewegung habe deshalb ihre Hauptaufgabe darin gesehen, diese Kraft erst einmal zu stärken.

Es kann nicht meine Aufgabe sein, über beiderseits verspritztes Gift, dessen furchtbare Wirkung wir Älteren ja feststellen konnten, eingehend zu berichten. Immerhin sollte heute, da erneut wieder seelische Werte des deutschen Volkes — diesmal auch von anderer Seite — in den Schmutz gezogen werden und dazu Zustimmung ehrlich oder heuchlerisch zu hören oder zu lesen ist, aus der Vergangenheit gelernt werden. Völker und Einzelmenschen versagen in dieser Hinsicht leider allzuoft. Sicher spielt die wirtschaftliche Lage bei allen solchen Veränderungen eine Rolle. Das wissen wir von früher, insbesondere, wenn wir an die Zeit nach 1918 zurückdenken, in der die Überfremdung erschreckende Ausmaße annahm. Die Abwehr dagegen war wirklich nicht ein Ausfluß niederster Instinkte, wie so gerne behauptet wird, sondern die Auswirkungen eines gesunden Gefühls — genau wie bei volksbewußten Juden der Antigermanismus. Diesen will man nicht mehr wahrhaben, weder auf jüdischer noch auf neudeutscher Seite. Und trotzdem hat er Menschen wie mich von Jugend auf tief beeindruckt.

Das ist keine sittliche Unterbewertung des Antigermanismus, sondern das Wissen um eine durch ihn drohende Gefahr, auch wenn ihr Vorhandensein oft weitgehend gut getarnt war. Man möge endlich allseits aufhören, das, was vor Hitler war, nicht wahr und klar erkennen zu wollen. Auch Martin Buber hat sich als Jude gegen die Preisgabe der völkischen Sonderart gewendet und würde sich bei all seiner hohen Menschlichkeit verwahren, wenn sich im Staat Israel fremdblütige Kräfte Geltung — und das zum Teil mit Zersetzung — verschaffen wollten.

Ein anderes Beispiel sei mir zu geben erlaubt, das meines Erachtens gut hier hereinpaßt. 1968 erschien ein Buch: „War ich ein Nazi?" mit Beiträgen von neun Verfassern und „einer Anleitung für den Leser" von dem Sozialphilosophen Ludwig Marcuse. Über die wissenschaftlichen Werte des Schaffens von ihm und der anderen Gelehrten dieser Richtung habe ich hier nichts zu sagen. Das Buch las ich ganz und stellte auch mir immer wieder die Grundfrage — vielleicht sogar tiefschürfender als mancher der Berichtenden.

Auf der ersten Seite der sogenannten Anleitung steht dann: „1933 bildete sich in mir ein lebenslängliches Vor-Urteil gegen die Deutschen DuD (Dichter und Denker) aufgrund dessen, was sie damals dachten und was sie damals mitmachten." — Zunächst lehne ich diesen Hohn ab. Offenbar hat Marcuse sich vor 1933 gar nicht überlegt, was man tun muß und nicht tun darf, um die Deutschen nicht zu solchem „Denken" und „Mitmachen" zu bringen. Aber mit einem Schlag bildete sich in ihm ein lebenslanges „Vor"-Urteil gegen alles Deutsche. Wie aber haben Marcuse und seinesgleichen schon im Laufe von Jahrzehnten gegen Vor-Urteile gewettert! Und er nimmt für sich das Recht in Anspruch, mit einem Schlag ein solches für sich und sein ganzes Leben haben zu dürfen

— und das nach einem Menschenalter nochmals lautstark zu verkünden.

Ich glaube, es ist eine gute Bestätigung von manchem vorher Gesagten, wenn man sich diesen Satz genau durch den Kopf gehen läßt. Ich habe das oft getan. Bei Marcuse heißt es dann weiter, nachdem er schon früher darauf hingewiesen hat: „Ich war draußen." — „Ich bin, bis zu diesem Tage, betroffen von der (spezifisch deutschen?) Neigung, das „Volk" vielleicht preiszugeben, aber auf Deubel komm' raus nicht die, welche das Prestige haben, die Blüte der Nation zu sein. Wie duftete sie damals? Aus Courtoisie nenne ich nur Tote."

Mein Eindruck von Herrn Marcuse war ebenso unauslöschlich. Hatte er von 1918 bis 1933 nie Zeit für Gedanken über die Auswirkung antideutscher Hetze aus seinen Reihen gehabt, die so übel war wie manches mit gegenteiligen Vorzeichen? Hat nicht frühzeitig und deutlich Walther Rathenau gewarnt, und wie wenig hat man auf Äußerungen Hitlers mit erhabener Gleichgültigkeit gehört? Offenbar brachten die von Haß geprägten Beschimpfungen Tucholskys, Arnold Zweigs, Gumbels und anderen Marcuse gar nicht auf den Gedanken, daß sich so etwas rächen muß! Heute muß das mit Recht als Mitschuld gewertet werden.

Aber es gab auch viele Juden mit bester deutscher Gesinnung, die leider meist als Minderheit vergeblich kämpften und abzuwehren versuchten. So nahm die Entwicklung ihren Lauf wie befürchtet. Aber eine Abwehr war doch für das deutsche Volk notwendig, auch wenn Marcuse erst 1933 einen Anlaß zur Empörung empfunden hat. Man könnte natürlich in solchem Zusammenhang noch viel sagen und mit Beispielen belegen. Aus der Fülle noch eine Erinnerung mit Göring.

Als wir einmal auch auf den 1. April 1933 zu sprechen kamen, weil dies der Tag meiner Entfernung aus meiner damaligen Dienstaufgabe war, in die der Reichsmarschall mich wieder hineinbringen wollte, lehnte ich dies aufrichtig dankend ab. Dann fragte ich ihn, ob diese Boykotthetze überhaupt nötig gewesen sei.

(Hier muß daran erinnert werden, um welchen Vorgang es sich handelte: Als nach der nationalsozialistischen Machtübernahme der zionistische Weltverband zum „Heiligen Krieg gegen Deutschland" aufgefordert hatte, wurde im ganzen Reich dazu aufgerufen, nicht mehr in jüdischen Geschäften zu kaufen.) Göring nahm die Frage sehr ernst auf und schilderte mir die Dinge aus seiner Sicht. Weder damals noch heute habe ich verstanden, warum die Judenheit gleich zum Generalangriff übergegangen ist. Dazu Göring: „Man war auf jüdischer Seite weitgehend blind und taub den eigenen Irrwegen — oder besser gesagt den Irrwegen in den eigenen Reihen — gegenüber!" Gerade er, der doch wirklich kein ausgesprochen völkischer Eiferer war, hätte sicher bei rechtzeitiger jüdischer Bereitschaft zur Mitarbeit eine gewisse Hilfestellung im Rahmen des ihm Möglichen nicht versagt. Er warf die beinahe selbstverständliche Frage auf: „Warum haben sich nicht alle Maßgeblichen geschlossen gegen die zersetzenden und überfremdenden Kräfte gewendet und für einen guten Abzug der Ostjuden unter zumutbaren Bedingungen mitgearbeitet?"

Darauf ließ sich Göring ein Aktenstück bringen, legte es vor mich hin und empfahl, es genau und ruhig zu lesen. Im „Daily Expreß" stand am 24. März 1933: „Das israelitische Volk der ganzen Welt erklärt Deutschland wirtschaftlich und finanziell den Krieg . . ." Als ich mit dem ganzen Abschnitt fertig war, fragte Göring: „Verstehen Sie jetzt, daß das Judentum doch wissen mußte, wem es den Kampf angesagt hat?" — Solche Kampfaufrufe sind dann noch öfter in die Welt hinaus verbreitet worden.

Wo haben wir unser Herz?

Zur Überleitung sei an ein Erlebnis erinnert, das mich immer wieder, bis heute, tief bewegt. Auf der Hilfsstelle für nichtarische Christen fand sich etwa im Jahre 1942 — wie so oft in dieser Zeit — ein völlig verzweifeltes Mischehe-Paar ein. Die Frau war urdeutsch, er von Geburt Jude, gläubiger Christ, alter Frontsoldat, die Tochter in den USA. Der Stoß in Acht und Bann, in die Vereinsamung, wirtschaftliche Sorgen und anderes Zeitgemäßes und Zeitbedingtes hatten die innere Kraft der beiden gebrochen.
Plötzlich tat die Frau einen Schrei, den ich jetzt noch so laut höre wie einstens: „Wo hat der Deutsche nur sein Herz?" Trotzdem hielten beide bis 1945 mutig durch. Dann kam wohl die finanzielle Wiedergutmachung, aber auch da offenbar nichts von Herzen. Die Folge war Verzweiflung, gemeinsames Lebensende 1947! — Und an uns alle bleibt mahnend und anklagend die verzweifelte Frage gerichtet: „Wo hat der Deutsche nur sein Herz?"
Mit mir geht sie seit Jahr und Tag um, denn ich fühle mich genauso betroffen wie jeder Blutsdeutsche und trotz vielen Mühens um die Familie mitschuldig. Gewiß kann man sagen, das sei eben bei vielen Menschen eine fragliche Sache mit der Herzenswärme. So mag und muß jeder in sich entscheiden, ob ihn der Notschrei dieser Frau angeht oder nicht.
Natürlich wendet er sich gegen „den Deutschen", in dem die Frau den Bringer von Unheil in ihr Leben empfindet. Ähnlich aber machen wir es doch alle mit oft schwer zu verantwortenden Verallgemeinerungen. Hundertfache Beispiele kann man ohne weiteres aufzählen. Die Palästinenser sehen in „den Israelis" die Wurzel ihrer Nöte, und der Schreiber dieser Zeilen bäumt sich oft ge-

gen „die Akademiker" auf infolge seiner Erfahrungen in Jahrzehnten. — Diese kurzen Bemerkungen sollen nur zum besseren Verständnis dafür dienen, was zum Ausdruck gebracht werden soll.

Mich hat von der ersten Besprechung mit dem Ehepaar an, wie immer wieder in diesen elf Jahren der Hilfstätigkeit, besonders die Überlegung gequält, ob sich nicht auch viel Unglück dadurch hätte vermeiden lassen, wenn von bewußt jüdischer Seite rechtzeitig ein anderer Weg im Gesamtverhalten dem deutschen Volk gegenüber gewählt worden wäre. Ohne besondere Gabe eines Seherblickes hat man doch lange vor 1933 eine entscheidende Wende befürchten müssen. Jeder von uns Älteren hat, wenn er ehrlich vor seinem Gewissen ist, seine Schuld durch Tun oder Schweigen auf sich geladen. Aber Blut aus verwundeten Herzen sieht man eben nicht, will es auch oft gar nicht sehen, selbst dann nicht, wenn Menschen verbluten. Und wie stolz ist man allerseits auf die Fortschritte in den Möglichkeiten von Untersuchung und Behandlung kranker Herzen bis hin zum Einpflanzen von Schrittmachern.

Aber haben wir nicht viel als barmherzig sein sollende Samariter versäumt, die andererseits gerade auch als „Menschen zwischen zwei Völkern" viel Eigenblut verloren? Im höchsten Bereich jedoch gibt es keine „Persilscheine" und Entlastungsphrasen. Da werden wir gefragt: „ ... und wo hattest Du Dein Herz?"
Es schien mir beinahe unfaßbar zu sein, als ich zufällig im Lager erfuhr, daß das Ehepaar den Heimweg miteinander gesucht hat. Wie oft haben offenbar Beruhigungspillen in Form wirtschaftlicher Wiedergutmachung ein Verantwortungsgefühl für Seelenleid wirkungsvoll nur betäubt? Aber es gab ja leider in unseren Landen Menschen genug, die 1933 wie 1945 sich sehr an das Einnehmen von Vergeßlichkeitstrank erfolgreich gewöhnt hatten. Bei manchen wirkt dieses Naturfeigmittel jahrzehntelang nach. Natürlich wurde mir schon hin und wieder gesagt: „Der Ruf der Frau galt nur den Nazis, aber niemandem sonst." So leicht darf

man es sich jedoch nicht machen! Ich habe mich für mitschuldig erklärt; aber ich weiß auch genau um die Mitschuld anderer außerhalb der braunen Kreise — und zwar schon lange Zeit vor Hitler und bis in die Gegenwart hinein.

Die Kirchen und der NS-Staat

Die Pfarrer waren oft in ihrer inneren Einstellung zu den Grundfragen des Nationalsozialismus und ihren völkischen Auswirkungen, angefangen von Papst Pius bis zu unseren evangelischen Bischöfen, recht schwankend. Man darf dabei nicht vergessen, wie schwierig vorher die Lage unseres Volkes seit Versailles bis zur großen Arbeitslosigkeit geworden war und daß für weite Kreise die „Machtübernahme" eine Art Erlösung von viel Übel bedeutete. Und auch später war die Haltung vieler Pfarrer — das ist keine abfällige Kritik — im Strudel des Geschehens wankend, was man heute in eingebildeter Erinnerung an unentwegte Standfestigkeit nicht mehr gern wissen will.

Hier in Kürze von einem eigenen Erlebnis, über das man heute ebenso einige Tränen vergießen wie doch auch lächeln möchte. Es wäre leicht, noch eine Reihe ähnlicher Beispiele anzuführen, die zeigen, wie verworren selbst in manchen Pfarrern — die halt auch nur Menschen sind — sich der damalige Umbruch auswirkte.

Am 1. April 1933 wurde ich aus meiner Dienststellung als ärztlicher Direktor, die für mich nicht des Gehalts, sondern der großen Aufgabe und Verantwortung wegen eine Lebenserfüllung war, fristlos entfernt. Dieser Schicksalsschlag lastete schwer auf mir. Und dann kam der 1. Mai mit den erstmals alle Volksschichten umfassenden Feiern. Natürlich kann man heute leichthin sagen, es sei lächerlich, daß mich das Bewußtsein des Ausgestoßenseins aus der deutschen Gemeinschaft seelisch in den Grundfesten erschütterte und am nächsten Tag in ein Krankenhaus brachte; aber dennoch war es so.

Bald nach der Einlieferung kam der evangelische Pfarrer der Anstalt zum Besuch mit den Begrüßungsworten: „Ja, nun rächt sich, daß Ihre Vorfahren den Heiland gekreuzigt haben." — Die Antwort des Patienten war: „Raus, oder ich werfe mit letzter Kraft die Nachttischlampe nach Ihnen!" — Der Pfarrer rief sofort beim Oberkirchenrat an. Ein dort tätiger Freund und Seelsorger solle unverzüglich nach mir sehen, ich sei wahnsinnig geworden. Erfreulicherweise war das eine Falschmeldung; aber der Herr Krankenhauspriester hat sich nicht davon überzeugen lassen, denn ich hörte, daß er in den vielen Wochen nachher still an meinem Zimmer vorbeigeschlichen war.

Nun wieder zu einer ernsten Feststellung, die mich ständig bedrückt, wenn ich an sie denke. Sie könnte allerdings auch ebensogut an anderer Stelle erwähnt werden.

Auf kirchlicher Seite wird man nicht gerne daran erinnert, daß weite Kreise des Kirchenvolkes und der Pfarrer bis hinauf zum Kirchenpräsidenten (dem späteren Landesbischof) — und das auf evangelischer Seite viel ausgeprägter als auf katholischer — den Wünschen nach „Gleichschaltung der Kirchen" zunächst doch recht aufgeschlossen gegenüberstanden. Das Wort „zunächst" wurde absichtlich gesagt, weil sich 1934 die Gesamteinstellung zu verändern begann. Es wurde deshalb aber nicht so, wie man heute gern angibt, daß die Pfarrer und Kirchenchristen sich in großem Ausmaß etwa um die nichtarischen Christen mühten. Daher sollte man recht vorsichtig mit der Verketzerung der „Deutschen Christen" sein. Das ist keine Herabsetzung tatsächlicher Seelsorge an Menschen in schwerer innerer und äußerer Not mit viel Hunger und Durst nach Verstehen. Oft haben wir an vielem gezweifelt und waren der Verzweiflung nahe.

An großen Zusammenkünften des Paulusbundes nahm regelmäßig ein Kaplan (der spätere Caritasdirektor) teil; aber nie ein evangelischer Pfarrer. Über die Vorgänge im Oberkirchenrat waren wir durch meine Freundschaft mit einem der Oberkirchenräte unterrichtet und wußten, wie groß die Schwierigkeiten dort waren.

Durch den Letzterwähnten kam es dann im November 1938 zur Schaffung einer Hilfsstelle für nichtarische Christen im Rahmen der Inneren Mission, die bis 1944 eine segensreiche Einrichtung war. Ein gewisser Widerstand des Kirchenvolkes gegen sie wurde schon erwähnt. Zeitweise war unsere Arbeit dadurch auch etwas in Frage gestellt, weil der Landesbischof nicht rechtzeitig eingreifen konnte.

Um so mutiger hat sich dann das Oberhaupt unserer Landeskirche eingesetzt, als neue Maßnahmen gegen Geisteskranke und Juden bekannt wurden. Es könnte hier noch viel gesagt werden, aber insgesamt war, wie immer bei Menschen, Licht und Schatten in in ihrem Wollen und Wirken.

Ein schwäbischer Dekan i. R., der zusammen mit seiner Frau wegen besonderer Bewährung während des Dritten Reiches vom Staat Israel ausgezeichnet worden ist (Dezember 1971), schrieb nachher in einer heute so selten gewordenen demütig-ehrlichen Art: „Unsere Auszeichnung mußte etwas anderes in unserer Erinnerung wachrufen, nämlich unser totales Versagen angesichts der großen, einmaligen Bewährungsprobe, in die unsere deutsche Christenheit in der NS-Zeit geführt wurde ... Da gibt es keine Entschuldigung und Rechtfertigung, am wenigsten für uns Pfarrer, die wir das Wächteramt in unserem Volk innehatten ..."

Und nun ein Vorgriff auf eine spätere Zeit, der als Ergänzung nochmals zeigt, daß wir alle allzumal Sünder sind. Es war in den Internierungslagern erschütternd, daß gerade die evangelischen Pfarrer in den sonntäglichen Gottesdiensten, wie auch sonst, die Schuldfrage, um die doch viele Kameraden ehrlich in sich rangen, bis beinahe zur Unerträglichkeit in den Mittelpunkt seelsorgerischen Handelns stellten. Bei einem der Besuche des Landesbischofs in unserem Lager konnte ich unter vier Augen als Hilfsseelsorger mit ihm sprechen und ihm offen von unserer seelischen Belastung berichten. Ich fragte ihn, warum die Kirche, die doch auch viele Irrungen und Wirrungen hinter sich habe, nicht rufen könne: „Eure Schuld müßt ihr vor Gott und den Spruchkammern verantworten. Wir als Kirche rufen: Kommet her zu uns ihr Mühseligen und Beladenen . . ." Was war der Erfolg? Eine sicher nicht so gemeinte, aber verheerend wirkende Bußpredigt von D. Niemöller, bei der zunächst 4000 Internierte zuhörten und am Schluß noch 200 anwesend waren. Und der Landesbischof selbst sagte bei einer Andacht zwei Monate später, wir sollten nie vergessen, daß wir die „Blutschergen Adolf Hitlers" gewesen seien. Die Empörung war groß. Der Gottesdienstbesuch ging schlagartig zurück. Der gute Kirchenmann hatte offenbar vergessen, daß nicht nur wir vermutliche Irrwege gegangen waren.

Natürlich wußten und wissen wir, daß viele Menschen außerhalb der Lager, die ja alle „schon immer dagegen" gewesen sein wollten, mit dem vernichtenden Urteil des Landesbischofs über uns einverstanden waren. Während der Haftzeit, wie auch nachher, war auf katholischer Seite die Einstellung uns „Belasteten" gegenüber wesentlich anders. Das darf nicht verschwiegen werden. Bei aller Ehrerbietung dem evangelischen Landesbischof gegenüber hatten zudem auch wir nicht vergessen, daß er Hitler und den Nationalsozialismus doch selbst begrüßt hatte und erst viel später zu einem wirklichen Widerstand gekommen war. Man sollte sich nicht zu einem solch vernichtenden, verallgemeinerten Urteil vom Altar her — das an sich schon recht wenig christlich war — besonders veranlaßt sehen.

Selbstverständlich hat von 1933 an jeder völkisch „Minderwertige" das ihm auferlegte Schicksal nach seiner Gesamtauffassung und Gesamthaltung zu tragen und zu ertragen versucht, wie das immer bei der Verschiedenartigkeit der Menschen ist. Damals habe ich erstmals erkannt, wie schwierig eine echte Seelsorge tatsächlich sein muß, wenn sie das erfüllen will, was das Wort zum Ausdruck bringt. Wie oft mußte ich bei Aussprachen mit Menschen, die sich mir anvertrauten, mich zuerst vom Eigensten lösen, um die Schwester oder den Bruder ganz in ihrer Eigenart zu verstehen und so wirklich helfen zu können. Seelische wie körperliche Widerstandskraft sind eben grundverschieden.

Preußentum — wie ich es sehe

Am besten sollte man — ohne Wichtigtuerei — zunächst einmal von sich selbst berichten. Als Kennzeichnung wähle ich „Preußentum und Sozialismus" (frei nach Oswald Spengler), bleibe aber dabei innig verbundener und heimattreuer Schwabe. Das „Preußentum" in diesem Zusammenhang war für mich nie ein leeres Wort. Aber auch keine Verkörperung von Feudalherrschaft irgendwelcher Art, von Monarchie oder anderem in dieser Richtung. Um so mehr aber von seinem unvergänglichen Gehalt, einer gewissen Genügsamkeit, einer Bereitschaft zu Führungsaufgaben, aber auch zur mannhaften nicht sklavischen oder sklavenartigen Unterordnung, einer wirklich nicht zu verkennenden Selbstlosigkeit, einer eisernen Pflichterfüllung, einem ehrlichen Idealismus. Und was mich stets tief beeindruckte — trotz ganz gleicher Grundmeinung — war meine Ablehnung gegenüber gewissen Abarten im Bürgertum und Kapitalismus.

Sind das Schlagwörter, Übertreibungen, freventliche Verallgemeinerungen? Das kann von außen und von Andersdenkenden leicht so beurteilt werden. Daran ist nichts zu ändern. Wer aber guten Willens ist, erkennt, was mit „Preußentum" gesagt sein soll. Gerade eine derartige Einstellung dazu mußte schon früh — ob berechtigt oder unberechtigt ist eine andere Frage — den Blick auf Hitler richten.

Natürlich weiß ich auch, daß Preußen als Staatsgedanke dahinging, und dennoch wird sein innerster Gehalt aller Bedenken, Einwände und Anfeindungen weiterleben. Gerade in den Zweifeln über die Zukunft unserer Nation können wir in der Erinnerung an wahres Preußentum neue seelische Kraft finden. Oft dachte ich in guten und schweren Tagen über Preußentum am Steinsarg des Großen Friedrich in der Potsdamer Garnisonkirche, der jetzt in unserer engsten Heimat auf dem Hohenzollern steht, nach. Der deutschen Bundesrepublik wünsche ich aus tiefstem Herzen etwas vom alten Geist Preußens.

Mein Bekenntnis zum Preußentum war nie ein Gefasel, sondern galt besonders seinem Denken in Ordnung und wahrer Hingabe. Und ich habe immer geglaubt, daß es im echten Sozialismus ein Stück Preußen gibt — natürlich nur vom echten! Das ist mir klar geworden bei meinen schon erwähnten Aussprachen mit August Winnig und anderen. In guter Erinnerung blieb mir auch ein Zusammensein mit zwei prächtigen Männern, der eine ein deutschnationaler „Stahlhelmer", der andere ein linkssozialistischer Unterführer im „Reichsbanner Schwarz-Rot-Gold". Aus jedem sprach — nach Art und Eigenart verschieden — doch ein Stück wahren Preußentums, das wir bei unbefangener Betrachtung ja auch in den heutigen sozialistischen Staaten wiederfinden können.

Eines Preußen besonderer Prägung muß ich noch gedenken: des Prinzen August Wilhelm von Preußen, des dritten Sohnes des letzten Kaisers. Wir haben uns im Internierungslager näher kennengelernt, und ich durfte später, nach der Haftentlassung bis zu seinem Tod in einem Stuttgarter Krankenhaus, freundschaftlich um ihn mitbesorgt sein. Seine Gegner mögen ihn herabsetzen, wie es ihnen beliebt. Menschen seiner Art — ob von Geburt adelig oder bürgerlich — haben mich wesentlich in ihrem Sinne beeinflußt. Im Ersten Weltkrieg und in den Internierungslagern durfte ich einer Reihe solcher Männer näher kommen. Dabei gab es nie ein „Preußen über alles". Preußentum bedeutet doch bei klarer Wertung Pflicht, nicht nur Recht — und das in Freiheit.

Gewiß kann man nun einwenden, das sei doch mindestens seit Friedrich dem Großen immer wieder so gewesen und habe nie Bestand gehabt. Ja, hat das Schwanken im Glauben an etwas mit all seinen oft furchtbar schweren Folgen dessen innerste Werte verändert?

Vor einiger Zeit sprach ich mit einem Freund über meine Grund-haltung. Plötzlich fragte er mich nach meiner einstigen Einstellung zur Flucht des deutschen Kaisers nach Holland am Ende des Ersten Weltkrieges, und welche Folgerungen ich für mich daraus gezogen hätte. Meine Antwort war: „Gar keine, denn ich bin nicht für ihn, aber für mich verantwortlich gewesen. Ich habe mit zwei Offizierskameraden zu den merkwürdigen Leuten gehört, die sich auch nach der Ausreise des Kaisers an den Fahneneid gebunden fühlten. Wir drei haben dem Vorsitzenden des Soldaten-rates bei unserer Truppe, einem menschlich hervorragenden, bestüberzeugten Sozialdemokraten (Schmiedemeister aus dem Nordschwarzwald) das erklärt und ihm dabei gesagt, daß vor einer Lösung vom Fahneneid durch den Kaiser eine Anerkennung des Soldatenrats für uns drei nicht in Frage komme. Wir würden zwar keinerlei Schwierigkeiten bereiten, aber wenn es sein müsse, die Schulterstücke ablegen und als einfache Soldaten in Reih und Glied zurücktreten. Unser Soldatenrat hat die merkwürdige, den meisten Menschen sinnlos und unverständlich erscheinende Haltung doch anerkannt. Dafür haben wir durch äußerste Pflicht-erfüllung auf dem Rückmarsch aus der Ukraine bei Schneesturm, Glatteis, Panzerzugbeschuß und anderen großen Schwierigkeiten gedankt und uns bestens mit den maßgeblichen Männern ver-tragen." — Ich erzählte dann — was hier auch schon erwähnt wurde —, daß man mich Jahrzehnte später aus anderen Gründen als „Romantiker der Treue" eingestuft habe. Jedenfalls bemühte ich mich auch als Arzt, „Preußentum und Sozialismus" in jeder Hinsicht in die Tat umzusetzen. Wenn wir genau hinsehen, müs-sen wir auch im Staat Israel hier und da Verkörperungen dieser Lebensgrundeinstellung feststellen.

Unser Dank

Und nun möchte ich nochmals auf die „Deutschen Christen" und ihren Oberpfarrer Edmund Le Seur zurückkommen. Man macht sich keine Freunde, wenn man in die zur Gewohnheit gewordenen Pfuirufe nicht mit einstimmt. Es kann nicht meine Aufgabe sein, all das Vorgebrachte gegen eine „Bande von theologisierenden Falschmünzern" oder „Hitlers theologische Kopflanger" zu prüfen. Aber ich muß offen sagen, daß ich von meinem Glaubensstandpunkt aus manches von der Art der seit 1945 oft und heftig vorgebrachten Aburteilung der „Deutschen Christen" nicht begreifen konnte. Offenbar gibt es doch viele Pfarrer und Kirchenchristen, die reichlich aus dem Strom des Vergessens geschöpft und getrunken haben. Deshalb sind sie unglaubwürdig und ebenso wie andere armselige Sünder glaubensunwürdig. Wer weiß und gefühlt hat, wie lange der Widerstand besonders in völkischer Hinsicht gerade auch bei diesen Kreisen gering war, kann sich bis heute über manche nachträgliche Unverfrorenheit nur wundern.

Damit kein falscher Verdacht aufkommt: Wir hatten in keinem Augenblick das Gefühl, daß die „Deutschen Christen" sich uns gegenüber — etwa aus dem Bewußtsein eines schlechten Gewissens heraus — weitgehend warmherzig verhielten. Für alle Arten und Abarten von Mitleid hatte sich in uns ein untrügliches Gespür entwickelt. Es war, wie an anderer Stelle in ähnlichem Sinn schon erwähnt, bei aller Trennung ein ehrlicher und herzlicher Brückenschlag der Anständigkeit und des Vertrauens.

Haben nicht viele Christen, einschließlich hoher Geistlicher, eine enge Verbindung zwischen Christentum und Nationalsozialismus lange anerkannt mit der Feststellung, daß nichts dabei vom Wort

Gottes aus beanstandet werden könne? Das war in einer Zeit, da die Maßnahmen gegen alles Fremdvölkische längst im Gang waren! Wenn der Nationalsozialismus den Kirchen als Menschenwerk nicht zu Leibe gerückt wäre, hätte zweifellos ihr Hauptteil — mindestens bis zur „Endlösung" — wegen der Juden geschwiegen. Andere mögen diese Überzeugung für falsch halten. Wir, die wir doch wirklich vieles besonders klar erkennen konnten, sind von ihnen nicht zu überzeugen, auch nicht durch das Haßgeschrei gegen die „Deutschen Christen", das insbesondere nach 1945 wild wurde, nachdem keine Gefahr mehr drohte.

Was mich selbst immer wieder bedrückt, ist die Frage, ob es überhaupt Christenrecht ist, aus eigenem Selbstbewußtsein heraus ein Urteil zu fällen, wo Götzendienst oder wo Gottesdienst ist. Nicht die Zugehörigkeit zu dieser oder jener irdischen Gemeinschaft ist doch wesentlich, sondern nur die Kraft des Glaubens in uns und unser Tun in letzter Verantwortung. Wer weiß denn, wie Gott richtet? Stehen für uns nicht besser unsere eigenen Fehler und Irrwege im Vordergrund als die wirklichen oder vermuteten anderer? Immer wieder wurde in diesem und anderem Zusammenhang gerufen: „Nur über die Bibel führt der wahre Weg ins Leben"; aber steht nicht auch geschrieben: „Der Buchstabe tötet, aber der Geist macht lebendig?" — Darum ging es damals und auch heute.

Le Seur und sonst maßgebliche Persönlichkeiten seiner Gemeinde haben unbestreitbar viel an uns durch Beratung und Hilfe getan und sich unserer oft wesentlich weniger geschämt als manche heutigen Mundgrößen. Schicksalsgefährten und mir selbst war es nicht von ungefähr so manches Mal bei Gottesdiensten in der Schloßkirche in Stuttgart, dem Andachtsort der „Deutschen Christen", wohler als sonstwo. Die meisten Anwesenden wußten dort, wer wir sind und was uns bedrückt. Wer es erleben durfte, vergißt nicht die warmherzige Art, mit der man immer wieder nach dem Gottesdienst heimbegleitet wurde. Ja, wie dankbar waren wir dafür! Viele sogenannten Mitchristen waren doch selbst dazu zu vorsichtig. Oft spielten allerdings dabei gewisse und vielleicht wesentliche Rücksichtnahmen eine Rolle, so daß man auch darüber möglichst wenig sagen sollte.

Und eines anderen Nothelfers sei auch gedacht, des Tübinger evangelischen Theologieprofessors D. Dr. Gerhard Kittel, eines alten Nationalsozialisten, dem Einzelseelsorge bei uns Glaubenspflicht und Herzenssache war. Ich sehe ihn noch immer vor mir, entweder in seiner Wohnung in Tübingen, hier in Stuttgart bei der Hilfsstelle oder — trotz Parteiabzeichens — irgendwo in der Öffentlichkeit mit anderen aus unseren Kreisen oder mir allein. Das Abzeichen hat Kittel auch nie daran gehindert, in großen Gaststätten vor und nach dem Essen sichtbar die Hände zu stillem Gebet zu falten. Nach 1945 wurde er abgeschoben, konnte aber wenigstens seine Studien in der Klosterbücherei von Beuron fortsetzen — ein guter, treuer Mann und Christ.

Einem dritten Mann gilt ebenfalls unser besonderer Dank, meinem alten, vorbildlich frontbewährten Kriegskameraden Oberschulrat Adolf Kimmich. Über drei Jahre lang waren wir beide in unserem Frontregiment freundschaftlich verbunden. Ich denke an ihn besonders als meinen zeitweisen Vorgesetzten bei den Stoßtrupplehrgängen unserer Division und als Führer unserer reitenden Abteilung gegen Kriegsende mit all der harten Bewährung auf dem Rückmarsch aus der Ukraine im Winter 1918/19. Er, ausgerechnet ein wesentlicher und ehrlich sich dazu bekennender Mann der Ludendorff-Bewegung, war in allen Schulfragen, die nur allzuoft eine tiefe Tragik für unsere Kinder in sich bargen, ein unbedingt verläßlich mitsorgender Freund der Hilfsstelle bis zu ihrer Auflösung. Kimmichs Vorgesetzte und Mitarbeiter waren immer wieder erstaunt, mit welchem Freimut er sich ohne Rücksicht auf die eigene Stellung einsetzte.

An dieser Stelle sei mir kurz der Hinweis erlaubt, daß der „Tannenberg-Bund" des Ehepaars Ludendorff den Kampf gegen übersteigerte jüdische Einflüsse wie auch gegen andere „überstaatliche Mächte" völlig verschieden von dem sonst vielfach in Erscheinung

tretenden Judenhaß führte. Man muß dabei die Gesamtpersönlichkeit Ludendorffs richtig und unbeeinflußt werten. Wir dürfen
gerechterweise auch nicht vergessen, daß die Angriffe von allen
Seiten ihre Auswirkung auf ihn haben mußten. Kimmich, als ein
getreuer Gefolgsmann des Generals, hat uns gegenüber dessen
Grundgedanken unbeirrt zur Tat werden lassen.

Natürlich schulden wir auch heute noch anderen Frauen und Männern, die uns sonst ebenfalls ferner standen, für viel Liebe in
dunkelster Schicksalszeit Dank. Ebenso dürfen wir mutige Seelsorger aus beiden Kirchen nicht vergessen. Manch einer hat sogar
sein Leben aufs Spiel gesetzt. Unser Landesbischof, sein Oberkirchenrat, die Pfarrer der Inneren Mission und der Evangelischen
Gesellschaft waren, besonders von 1939 an, prächtige Vorbilder
für wahre Seelsorge an den immer enttäuschter und entwurzelter
werdenden Menschen. Auf katholischer Seite brachen vor allem
Domkapitular Dr. Hinderberger, eine ganz besondere Persönlichkeit, und der heutige Prälat Baumgärtner das oft angsterfüllte
Schweigen.

Das liest sich so leicht, aber damals waren oft auch angeblich „gläu-
bige" Christen am Werk, die offen oder aus dem Hinterhalt gegen
die uns helfenden Kirchenmänner schossen. Ich höre noch heute
einen Mann, der nicht ahnt, wie gut mein Gedänchtnis geblieben
ist, im Treppenhaus der Evangelischen Gesellschaft brüllen: „Euch
wird man das Handwerk legen, Euch Lumpenpack, das dem ge-
tauften Judengesindel hilft!" — Oder Drohungen bei der Caritas,
was geschehen wird, wenn herauskomme, daß dort eine Gemeinschaft wie der unsrigen Geld gegeben werde. Es war wirklich sehr,
sehr schwer für alle, die unentwegt guten Willens waren und ihn
zur Tat werden ließen.

Man mag über meine Mitarbeit beim SD denken, wie man will,
aber auch die Männer dort dürfen nicht vergessen werden. Immer
wieder versuchten sie, nach Möglichkeit für unsere Schutzbefohlenen wesentliches zu tun.

Und dann, nach 1945, setzte ein völliger Gedächtnisschwund gegenüber solchen Helfern ein — von wenigen Ausnahmen abgesehen. Man wollte in seinen Wiedergutmachungsansprüchen nur nicht beeinträchtigt werden. Auch das muß einmal in aller Deutlichkeit gesagt werden. Bei der ersten Spruchkammerverhandlung gegen mich fragte der Vorsitzende, wie schon an anderer Stelle berichtet, mehrere Leute, die als Zeugen zu den Verhandlungen geladen waren: „Wissen Sie plötzlich nichts mehr von dem, das für Sie getan worden ist?"

In diesem Zusammenhang muß einer noch lebenden Frau gedacht werden, die uns, trotz der engen Beziehungen ihrer Familie zu Adolf Hitler, Hilfe für unser Mühen um die Frontsoldaten anzubieten und durchzuführen wagte: Frau Winifred Wagner in Bayreuth. Sie hat Schritte unsererseits bei Feldmarschall von Mackensen und Rudolf Heß vorbereitet und auch sonst ihren Rat nicht versagt. In all den Jahren seither habe ich immer wieder einmal Frau Wagner daran erinnert, daß wir ihre vorbildliche Haltung nie vergessen werden. Nichts hat sie von Weg und Ziel ihres Strebens abgebracht — weder während des Dritten Reiches noch nachher durch das ihr Zugefügte. — „So wirkt sie weiter in schlichter Würde als eine der großen Frauengestalten unseres Jahrhunderts" (so in der Presse zu ihrem 75. Geburtstag 1972).

Von jüdischen Gemeinschaften

Es war selbstverständlich, daß mir als altem Frontsoldaten das Schicksal von Kameraden — ohne Rücksicht, ob zu unserem Betreuungsbereich gehörend oder zu dem der „Jüdischen Gemeinde", mit der wir leider nie so richtig zusammenarbeiten konnten — besonders am Herzen lag. Wir waren uns — das sei nochmals gesagt — der Verpflichtung den zwölftausend Toten gegenüber stets bewußt. Am meisten mußte uns das Schicksal der Schwerkriegsverletzten und unter ihnen zu allererst das der Kriegsblinden, aber auch die vielerorts ohne irgendwie erkenntlichen Widerspruch durchgeführte Entfernung der Namen gefallener Juden aus den Kriegerdenkmälern neben der Fülle anderer Aufgaben bewegen. In Heilbronn hatte man beispielsweise vierundzwanzig Namen beseitigt und versehentlich vier nicht. Der „Reichsbund jüdischer Frontsoldaten" und der „Verband nationaldeutscher Juden" haben sich auch mannhaft, jedoch ebenfalls tief gekränkt und entehrt, eingesetzt.

Und nun etwas über eine Persönlichkeit der anderen Seite. Der Vorsitzende der „Nationaldeutschen Juden", Rechtsanwalt und Notar Dr. Max Naumann, ein frontbewährter bayerischer Major der Reserve, stand dauernd im Brennpunkt schwerer Auseinandersetzungen mit beiden Seiten. Im Hause Winnig haben wir zu dritt manches Mal halbe Nächte lang alles besprochen, was getan werden kann und muß. Natürlich ist es leicht, nachträglich die Ehre all derer in den Schmutz ziehen zu wollen, die — sich als Deutsche fühlend — auch für ihre Schicksalsgenossen mit Hingebung eingesetzt haben. Naumann blieb vieles erspart. Auf Grund von Angriffen jüdischerseits kam er in ein KZ, aus dem ihn aber

Der Verfasser . . .

1911
als Student der Medizin
und Zahnheilkunde.

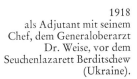

1918
als Adjutant mit seinem
Chef, dem Generaloberarzt
Dr. Weise, vor dem
Seuchenlazarett Berditschew
(Ukraine).

1919
nach der Heimkehr aus dem Felde mit seinen Eltern auf dem Bahnhof in Eßlingen.

1967
bei der Ehrung für fünfzig Jahre geleisteter Dienste in der Sozialversicherung.

Göring auf unsere Bitte hin bald wieder entlassen ließ. Einsam, verarmt, selbst von seiner Familie verlassen, starb er, von schwerem Leiden erlöst, 1939 in Berlin. Jedenfalls war Naumann ein deutscher Mann bester Prägung gewesen.

Führende deutsche Wehrmachtsoffiziere — später zum Teil Wanderprediger über ihre politische Unschuld nach dem Motto: „Wir waren schon immer dagegen und wußten von vornherein, daß Hitler den Untergang Deutschlands bedeutete" — haben leider weitgehend ihre kameradschaftlichen Pflichten Toten und Lebenden gegenüber unritterlich versäumt. So manchem habe ich das während gemeinsamer Internierungshaft noch deutlicher als hier sagen können. Die Widerstandskreise gegen Hitler haben lange, viel zu lange — wenn ihre „Spätprophezeiungen" stimmen — nur geredet, gezögert und nichts getan. Das war, ist und bleibt mir unfaßbar, wenn diese Männer und Frauen wirklich seit Jahr und Tag von der Notwendigkeit einer Beseitigung Hitlers überzeugt waren.

Natürlich ging es ja nicht nur um uns. Doch selbst nach dem Bekanntwerden von Judenmorden war von dort nichts zu erhoffen, wie ich von August Winnig, der auch Beziehungen zum Widerstand hatte, weiß.

Etwas anderes hat mich in diesem Zusammenhang während der Lagerzeit und nachher manches Mal sehr beeindruckt, und das war das offene und aufrichtige Bedauern von SS-Angehörigen über vieles uns gegenüber. Also eine ganz andere Haltung als die der chronisch schuldfreien „Oberdemokraten", die es bis 1933 und nach 1945 mit großen Worten waren und wurden. Aber was taten sie in der Zwischenzeit?

Im Jahre 1938 erzählten mir Gestapo-Beamte bei einer der häufigen Rücksprachen wegen der Angelegenheit meiner Schutzbefohlenen, in Berlin habe bei den zuständigen Stellen ein Direktor Georg Kareski als überzeugter Zionist wiederholt den Vorschlag gemacht, das Tragen eines Judensternes einzuführen. Da mir klar war, zu welchem Unglück in verschiedener Hinsicht eine solche

Maßnahme führen müßte, rief ich ihn sofort in Berlin an, ließ alle beruflichen Verpflichtungen unbeachtet und war bereits am übernächsten Tag zu der mit ihm verabredeten Zeit in seiner Wohnung (übrigens in dem Haus, in dem Friedrich Ebert vor der Übernahme des Reichspräsidentenamtes gewohnt hatte). Da ich Kareski am Fernsprecher den Grund meiner Bitte um eine Unterredung gesagt hatte, war ich schon durch den Ton seiner Antwort auf allerhand gefaßt. Meiner ganzen Art hätte es entsprochen, auf den Tisch des ungeheizten Zimmers, in dem man mich ohne Entschuldigung mehr als eineinhalb Stunden warten ließ, einen Zettel mit herzlichen schwäbischen Grüßen zu legen und wieder heimzufahren. Was sich dann aber bei dem Zwiegespräch an gegensätzlichen Meinungen entwickelte, war so, daß man wirklich nicht wußte, wer wen gerne zuerst erschossen hätte, obwohl wir beide sehr bald menschlich wegen unserer Offenheit Achtung voreinander bekamen. Weiterhin war für mich wesentlich, daß ich schon immer überzeugte und entsprechend handelnde Zionisten hochgeschätzt habe. Kareski hat deshalb auch die Nürnberger Gesetze von 1935 ehrlich bejaht und sah in ihnen einen Weg zu einer klaren Trennung der beiden Völker — bei Berücksichtigung ihres Eigenlebens.

Nach seinen Angaben hat er das Goebbels schon gegen Ende 1935 bestätigt. Was mich damals tief bewegte, war die Überlegung, wie schwer das Tragen eines Judensterns für viele werden würde, die nicht solch vorbehaltlos völkischen Standpunkt teilen könnten. Am 28. Oktober 1939 wurde dann die von Kareski mitempfohlene Maßnahme für das General-Gouvernement befohlen und am 15. September 1941 für das ganze Reich.

Kareski hielt seinen und seiner Freunde Standpunkt ohne Rücksicht auf Andersdenkende für richtig und würdig. Als die Sprache auf die nichtarischen Christen kam, zuckte Kareski die Schultern: „Was haben wir uns um Euch Gojims [jüdische Bezeichnung für die Nichtjuden] zu kümmern?" — Er gab außerdem zu, daß die Sonderbestimmungen für jüdische Frontkämpfer nicht zuletzt auf

Ansuchen jüdischer Kreise beseitigt worden seien. Das ist mir später auch im Württembergischen Innenministerium amtlich bestätigt worden.

Kareski machte ferner keinen Hehl aus den Anstrengungen seiner Kreise, die Mischlinge ersten Grades auf dieselbe Stufe wie Volljuden bringen zu lassen. Ich sprach ihn dann auf seine Meinungen in der Mischehenfrage sowie hinsichtlich einer jüdisch-völkischen Kultur an und hatte rasch die Überzeugung, daß er ganz klar und eindeutig mit anderen Vorzeichen nationalsozialistische Grundauffassungen vertrat. Ich selbst stand dazwischen, allerdings mit allem Für und Wider genauso fest in meiner Grundhaltung. Kareski hat jedenfalls mit Würde und Selbstachtung, genau um die Gefahren wissend wie ich, seine Überzeugung zum Ausdruck gebracht. Selten ist mir so stark zum Bewußtsein gekommen, daß Männer wie Kareski das jüdische Volk durch die Jahrtausende ohne staatliche Selbständigkeit und sprachliche Einheit haben bringen können.

In diesem Zusammenhang wies er auch auf die Bedeutung gesunden Familienlebens bei den Juden während der langen Zeit der Verbannung aus dem angestammten Land hin. Mit mir selbst versuchte er, wie ein dazu Beauftragter, ins Gericht zu gehen. Er war dabei härter als später Spruchkammervorsitzende und amerikanische Verhörer. Unser Gespräch vertiefte sich in Erörterung der Bedeutung von Umwelteinflüssen und Erbgut bei der Charakter- und Meinungsbildung. Daß ich die Überzeugung vom Auserwähltsein in ihrer Auswirkung für sehr gefährlich halte, habe ich dabei nicht verhehlt.

Kareski fragte dann unter anderem, ob ich glaube, daß meine Haltung auf die Nazis einen Eindruck mache. Ich antwortete: „Ich tue, was mir mein Innerstes befiehlt, obwohl ich schon meine Dienststellung verloren habe, ganz zu schweigen davon, wieviel Unrecht mir sonst noch angetan worden ist." Daraufhin meinte Kareski: „Es wird nicht allzu lange dauern und es wird aus sein mit Ihrem Arztsein." Meine Antwort war: „Dann werde ich durch meine enge Verbundenheit mit der deutschen Erde Gärtner. Wie man das wertet, ist für mich unbedeutend."

Tatsächlich war ich dann von 1939 bis 1945 Gärtner und bin heute noch stolz auf meinen Aufstieg vom ärztlichen Direktor zum Gärtnerlehrling. Wenn Kareski, von dessen Schicksal ich nie mehr etwas erfahren habe, gesehen hätte, wie ich getrost und unverzagt habe bleiben können (es war nicht aus eigener Kraft, sondern durch Gnade), wäre ihm vielleicht manches bittere Wort mir gegenüber leid gewesen. Aber er hätte nie verstehen können, daß man in seiner harten Arbeit plötzlich innehalten muß und tief bewegt ist, wenn in der Umgebung das Deutschlandlied ertönt. In den sechs Jahren war mir — das hätte er nach Schaffung des Staates Israel wahrscheinlich noch besser begriffen — das Arbeiten im neuen Beruf, auch wie vorher und nachher beim Wirken als Arzt, aus dem Bewußtsein einer inneren Berufung eine tiefe Befriedigung. Zu gerne hat man damals auf die Seite gesehen, wenn ich, mit einem großen grünen Schurz vorgebunden, den Gemüsekarren durch die Straßen zog. — Ich hatte Herrn Kareski auch daran erinnert, daß in meiner Jugend der Rabbiner Dr. Arthur Kahn (Berlin-Charlottenburg) einen Verein zur Förderung der Bodenkultur ins Leben gerufen hat. Von Rathenau hätte ich einst Einzelheiten erfahren. Kahn habe zu ihm gesagt — und damit seine Meinung bestätigt — daß zwölf Bauern auf deutscher Erde mehr wert seien als hundert Professorren, Ärzte oder Anwälte. Aber alles Mühen sei umsonst gewesen — und uns allen sind die Folgen nur zu bekannt geworden.

Auf Kareski machte das alles keinen Eindruck. Er hatte nur Weg und Ziel seiner zionistischen Bewegung vor sich. Um solche Männer ist ein Hauch von seelischer Größe, aber man fühlt gleichzeitig deutliche Auswirkungen von Herzenshärte bei ihnen, die vielleicht notwendig ist, um den für richtig erachteten Standpunkt vorbehaltlos vertreten zu können. Oft habe ich mir seither über die völkisch Vollbewußten auf deutscher und jüdischer Seite einst und heute, über die Richtigkeit ihrer Grundauffassungen, aber auch über die Grenzen an der Menschlichkeit Gedanken gemacht. Trotz völlig anderer Charakterwerte im Vergleich mit dem Ehrenmann Kareski muß hier an die bekannt zwielichtige Persönlichkeit des Admirals Canaris gedacht werden. Einerseits ist richtig, daß er — was damals nur gerüchteweise bekannt war, mir aber während der Internierung von Dr. Hjalmar Schacht bestätigt wurde — vielen Juden auf verschiedenartigste Weise zu einer Ausreise verholfen hat. Andererseits war er es, der bei Hitler selbst die Einführung des Judensterns mit allen ihm zur Verfügung stehenden Mitteln durchdrückte. Beim SD habe ich erfahren, daß er das gegen den Rat von Goebbels und vielen anderen maßgeblichen Persönlichkeiten der Regierung, Partei, Wehrmacht und Polizei — selbst unter Mißachtung der Weltmeinung — erreichen konnte. Nachträglich kam ich zu der Überzeugung, daß Canaris nach all dem, was ich von ihm gehört und gelesen habe, bei seinem Doppelspiel bis 1944 absichtlich die Abscheu der Welt gegen Deutschland geschürt hat. Jedes Mittel, ohne Rücksicht auf etwa Betroffene, war dem Admiral und seinen Gesinnungsgenossen bei ihrem Tun recht. Kareski und Canaris haben sich in der Frage des Judensterns aus völlig verschiedenen Gründen und auf völlig verschiedenen Wegen eingesetzt. Bei all dem Erschütternden, das man inzwischen über unsere Abwehr erfahren hat, glaube ich an die Richtigkeit einer Äußerung des Admirals, die von der ganzen Unwahrhaftigkeit dieses Mannes kündet: „Man kann in Friedenszeiten die Regierung stürzen, wenn man unzufrieden ist. Aber wenn man es während des Krieges tut, dann verrät man sein eigenes Volk." — Ich frage mich immer wieder, warum Canaris und seine Gesinnungsgenossen ihrem Haß nicht schon früher „schießenden „Ausdruck" gegeben haben? Es ist offenbar doch ein großer Unterschied zwischen List und Tücke einerseits und bewußtem Einsatz mit Gefahr für das eigene Leben.

Aus den Haltungen und Unterhaltungen im Arbeitslager, über das noch berichtet wird, habe ich manche Erkenntnis hinsichtlich der Judenfrage neu gewonenen. Es wurde schon behutsam angedeutet, daß es zwischen den maßgeblichen Stellen der jüdischen Gemeinden und uns, den Angehörigen des Paulusbundes, leider nie irgendwelche näheren Beziehungen gegeben hat — weder örtlich noch beim Bundesvorstand in Berlin. Auf unserer Seite war wirklich viel ehrliches Wollen. Ich erinnere mich an so manche nächtliche Unterredung zwischen ehemaligen jüdischen Frontsoldaten beider Gemeinschaften mit dem Streben nach notwendigem Zusammenhalt angesichts der allen drohenden Gefahren. Wir Gesprächsfreunde — ich darf dieses Wort ruhig gebrauchen — verstanden uns sehr gut, aber sonst war uns gegenüber viel Mißtrauen und Mißachtung. Das war und ist durchaus von der Warte bewußt völkisch und religiös jüdischen Seins begreiflich. Natürlich versuchten Zusammenschlüsse des „Reichsbundes jüdischer Frontsoldaten" und des „Verbandes nationaldeutscher Juden", im Gegensatz zu den zionistischen Gruppen, das Möglichste zur Abwehr oder zur Anpassung — allerdings abseits von uns — zu tun.

Manche Zwiespalte in der Einstellung zu all dem Schweren innerhalb des gesamtjüdischen Kreises wurden mir erst durch jüdisch Versippte und „Mischlinge" im Lager Wolfenbüttel vollends klar, obwohl ich ja eigentlich schon lange genug darüber nachgedacht hatte. Warum ich das hier erwähne? Weil ich auch als Fernerstehender es ungeheuerlich finde, wenn maßgebliche Leute, besonders auch Geistliche, sich nach dreißig Jahren von Israel aus ein vernichtendes Urteil über die einstige Haltung der deutschen Juden ihrem Volk und Glauben gegenüber anmaßen. Sie meinen, das größte Unglück sei von Deutschland ausgegangen, da die deutschen Juden „treulos" gewesen seien. In meinen Augen ist das ein Verbrechen am Andenken derer, die um ihrer Abstammung willen zu sterben hatten. Nein, das größte Unglück war, daß das Weltjudentum und die großen Staaten nicht viel getan haben, um ihre Schwestern und Brüder rechtzeitig zu retten.

Vergangenheits-„Bewältigung"

Aus der Jugendbewegung kommend, habe ich stets ein warmes Herz für jüngere Menschen und all das gehabt, was sie in den Jahrzehnten seit dem Ersten Weltkrieg im wechselvollen Schicksal unseres Volkes wie auch im Wechsel der Generationen zu erleben hatte. Es ist bei uns leider üblich geworden, die Rechte, Pflichten und Fähigkeiten der Jugend zu über- oder unterschätzen oder ihrem Schicksal teilnahmslos gegenüberzustehen. Noch heute bin ich der Überzeugung, daß die Jugend vor wahrer, vorbildlicher Leistung und Bewährung (nicht nur auf wirtschaftlichem Gebiet) ihrer Eltern und Großeltern stets Hochachtung gehabt hat und noch hat.

Im Rahmen eines auf ein ganz bestimmtes Gebiet beschränkten Rückblicks darf aber doch gesagt werden, daß eine echte Bewältigung der Vergangenheit, die in vollem Umfang auch von der gesamten Jugend in einem wirklichen Gleichklang mit den Älteren als glaubwürdig anerkannt werden könnte, noch nicht erfolgt ist.

Nehmen wir einmal aus dem Gesamtbereich die Versuche einer Bewältigung der unglückseligen Entwicklung der völkischen Auseinandersetzungen heraus. Sie waren ja Hauptanlaß zu unseren Überlegungen. Auch da kann es natürlich nicht um eine lückenlose Stellungnahme gehen, denn diese Aufgabe liegt nicht im Bereich einer derartigen rückblickenden Schau. Eine solche muß auf Gesichtsfeld, Sehweite und Sehschärfe des Betrachters beschränkt bleiben. Es gibt ein gewisses Rückblicks-Schrifttum, das recht zwielichtig sein kann und von dem einmal geschrieben wurde: „Die Moral oder Unmoral liegt im Motiv, und wer heute zurückblickt, sagt vielleicht die Wahrheit oder hat sie vergessen oder hat sie (was nicht dasselbe zu sein braucht) verdrängt — oder sucht sich aus, was ihm gefällt." — Ich habe solche und andere Gefahren längst erkannt und daraus nach bestem Wissen — nicht zuletzt für diesen Abschnitt — Folgerungen gezogen.

Seit meiner Haftentlassung im Juni 1948 berührte ich auf vielen zwei- und einsamen Wanderungen immer wieder bei Gesprächen mit Wandersleuten, Bauern, Holzfällern, die von meinem besonderen Schicksal keine Ahnung hatten, absichtlich den völkischen Bereich. Meine Frau und ich wollten ein klares Bild vom Stand der Meinungen haben, um selbst innerlich gefestigt zu werden. Sie war während unserer Trennung durch meine Haft unter den Eindrücken im Bereich ihres evangelischen Gymnasiums gewesen, und ich selbst hatte im Internierungslager — wie schon geschildert — Gelegenheit zu Aussprachen mit amerikanischen Offizieren verschiedener Abstammung gehabt. Noch wichtiger war vielleicht, daß ich im Rahmen meiner ärztlichen Tätigkeit auch mit amerikanischen Unteroffizieren und Mannschaften in Berührung gekommen war.

Zweimal wurde ich zufällig im Lagerstabsgebäude der Amerikaner Zeuge von Auseinandersetzungen zwischen nichtjüdischen und jüdischen Unteroffizieren, bei denen Schimpfworte fielen, die aus dem Wortschatz des einstigen „Stürmers" zu stammen schienen. Der Inhalt sonstiger Gespräche dort hat mir doch sehr zu denken gegeben, weil beide Seiten vor einer Überbewertung der plötzlich und in großem Ausmaß erwachten deutschen Judenfreundschaft warnten. Nur so erfuhr ich überhaupt, was sich außerhalb des Stacheldrahtes entwickelte und von manchen amerikanischen Offizieren mit großem Mißtrauen beobachtet wurde. Ihr Kommentar war: „Alles nur schlechtes Gewissen!" oder „Typische Flucht aus der Verantwortung!"

In den Lagern selbst war von Anfang an die persönliche Schuldfrage für jeden einzelnen von uns ohne großes Gerede von wesentlicher Bedeutung. Bei einiger Aufmerksamkeit konnte man bald recht gut zwischen innerlich Wahrhaftigen und Heuchlern unterscheiden. Schon manches Mal habe ich an den gut ausgedachten Prüfversuch eines aus Leipzig stammenden Ami-Offiziers gedacht, von dem dieser mir selbst erzählte: „Bild vom Hotel Viktoria in Stuttgart, am Fenster eines Eckzimmers Adolf Hitler die vieltausendgroße Menge grüßend. Frage: Waren Sie auch bei dieser oder einer Kundgebung ähnlicher Art dabei?" — Nur von bestimmten Kreisen der Lagerinsassen sei ehrlich geantwortet worden, und im übrigen hätte er im Hinblick auf die Zahl von Veranstaltungen dieser Art gewußt, was man von der befragten Person mit einem „Nein" zu halten habe. Selbstverständlich spielte die Ehrlichkeit über den Anteil an der Schuld unseres Volkes den Juden gegenüber nach unser beider Meinung eine wesentliche Rolle. Diese Befragung hat der Neu-Amerikaner auch außerhalb des Lagers in Gesprächen mit anderen Deutschen immer wieder versucht.

Nun zu unseren Erlebnissen nach meiner 1948 erfolgten Heimkehr, die so anders war, als ich im Internierungslager hatte vermuten können. Ich erinnere mich noch gut an ein Gespräch — etwa im Herbst 1948 — mit einem Bauern auf der Alb in der Gegend von Aalen. Der Mann war kein Drückeberger von allgemeiner und eigener Schuld, aber er legte uns auf gemeinsamem Weg beinahe eine Stunde lang klar, daß ihm trotzdem vieles am Verhalten der Juden insgesamt unbegreiflich sei. Nicht lange danach sagte ein SPD-Mann aus Heidenheim zu uns: „Auch in unserer Partei wächst der Judenhaß wieder. Bei uns in der Siedlung sind rund dreitausend Ostjuden. Eine Minute Atempause für unser Volk, und die sind für immer ganz still." — Meine Frau erwiderte ihm etwa: „Alle Völker kann nur ehrliche Reue retten, aber nicht das ständige Abwägen vermeintlicher und tatsächlicher schlechter Eigenschaften anderer." — Kurz sei nochmals gesagt, daß wir alle Beteuerungen von hohen Stellen über Kollektivschuld und Kollektivscham als gefährliche Ausrede über den persönlichen Schuldanteil erkannten.

Was uns aber auch als Christen, die mit sich ob des Vergangenen ohne großes Reue- und Bußgeheul, aber zutiefst ins Gericht gegangen waren, oft bewegte, war die Verbitterung über die Art vieler Spruchkammerverhandlungen und Prozesse. Natürlich wurde uns immer wieder gesagt: „Und wie war es im Dritten Reich?" Man kann aber doch ebenso ehrlich erwidern: „Wenn Demokraten und Christen von diesseits und jenseits des Ozeans es für richtig halten, nur Gleiches mit Gleichem zu vergelten — das steht zwar schon im Alten Testament — ist es dennoch ein schlechtes Lehrbeispiel." — Übrigens hatte ich über diese Art Entnazifizierung von amerikanischen Offizieren ähnliches gehört. Sie waren froh, diese Verfahren auf die Deutschen abschieben zu können und zeigten kein Verständnis für die deutsche Selbstzerfleischung gerade bei einer zweifellos durch Tun oder Schweigen bestehenden allgemeinen Schuld.

Als ich wieder als Arzt zugelassen war, erfuhr ich auch von einzelnen Patienten, die besonderes Vertrauen zu mir hatten, so manches über ihre Einstellung zu den schwierigen Zeitfragen. Jedenfalls spürten wir ein gut verborgenes, aber deshalb nicht minder oder vielleicht noch mehr gefährliches Anwachsen einer inneren Ablehnung alles Jüdischen hinter einer oft würdelosen Art von „Bußgeist" verbunden mit gerne und oft zur Schau getragener Judenfreundschaft. Nach reiflicher Überlegung entschloß ich mich, mit einem hohen Juristen, der ein wesentlicher Mann der jüdischen Gemeinde war, zu sprechen. Leider! Seine Hauptbemerkung war: „Ach, der Herr Goldmann sieht mal wieder Gespenster!"

Unvergeßlich geblieben ist mir der Unterschied zwischen der von Ehrlichkeit und tapferer Würde geprägten Haltung zur Schuldfrage bei der Mehrzahl meiner Lagerkameraden und dem, was man dann nachher draußen erlebte, besonders wenn die Erinnerungen an 1933 und dann bis 1945 noch wach sind. Ich kam damals aus dem Staunen nicht mehr heraus. Es ist schon richtig: Allzuoft habe ich erkannt, daß politische Sittenlehre sich ausgezeichnet vertragen kann (nicht muß!) mit persönlicher Infamie, Unwahrhaftigkeit und demagogischer Falschmünzerei.

Gerade auch auf Wanderungen konnte man das wachsende Abgestumpftsein gegen jede eigene Verantwortung durch die offenbar beruhigend große Zahl von Prozessen, das Anwachsen der Wiedergutmachungszahlungen und das bewußt unwahre Verleugnen eines jüdischen Schuldteils am Anwachsen des Antijudaismus von 1933 und nach 1945 nur allzugut feststellen. Bei manchen Unterredungen wurde mir klar, daß auch eine urgesunde Ablehnung von übersteigert süßlicher Schöntuerei gegenüber den Juden leider wie eine andere Art von Judenfeindschaft in Erscheinung treten mußte. Bisweilen hatte man zudem den Eindruck, daß manchem das Weiterdenken nach rückwärts und vorwärts sehr peinlich ist. Oft mußte ich bei solchen Begegnungen an meine erste Spruchkammerverhandlung denken. Da bemerkte der Vorsitzende, übrigens ein Ehrenmann, vor dem ich Hochachtung bekam und er offenbar auch vor mir, ich stünde unter Verdacht, auch Antisemit gewesen zu sein. Meine Antwort war: „Das wäre erstens würdelos und zweitens charakterlos. Ich habe stets gewußt, was ich meinen Vorfahren schuldig bin. Aber ich war mir über Schattenseiten des Weltjudentums und über Sonnenseiten des Nationalsozialismus im klaren, ohne mir von beiden ein falsches Bild zu machen. Immer stand vor mir die drohende Zeitenwende durch Vermassung — und ich sah im Nationalsozialismus ein letztes Bollwerk dagegen. Im Vollbewußtsein der Gefahren und möglichen Mißdeutungen, aber auch in Verantwortung bin ich meinen Weg gegangen."

Bei Aussprachen mit völlig unbekannten oder mir fernerstehenden Menschen hatte ich oft Gelegenheit, hinsichtlich der Judenfrage ein klares Wort sagen zu können. Meist hörte ich vorher von der Gegenseite: „Von der Blutschuld haben wir erst später erfahren und jetzt ist genug für sie bezahlt" oder ähnliches. In den Beantwortungen lag mir folgendes besonders am Herzen:

1. Es ist gleichgültig, wie hoch die Zahl der Toten bei der sogenannten Endlösung war. Manche Auseinandersetzung darüber war der Opfer unwürdig. Mord bleibt Mord, aber auch sonst, nicht nur bei den Nationalsozialisten! Deshalb habe ich mich nie davon beeindrucken lassen, ob mit Zahlen übergelogen oder untergelogen wird.

2. Ebenso abzulehnen sind einerseits Versuche, eine Blutschuld durch Geld oder Sachwerte abstottern zu wollen und andererseits Forderungen nach ähnlichen Wiedergutmachungen. Das hat mit der Entschädigung für erlittenes Unrecht bei Einzelpersonen — und dies im weitesten Sinne des Wortes — nichts zu tun.

3. Zunächst muß ich gestehen, daß kaum jemand wirklich begreifen konnte, was ich noch zu sagen hatte und habe. Es gab allerlei schmückende Beiworte dafür; aber sie haben meine Meinung nicht geändert. — Sicher konnte der Staat Israel nach „äußerlichem Recht" im Hinblick auf die vielen aus Deutschland geflohenen Zuwanderer und den sich daraus ergebenden Folgen Ansprüche an die deutschen Nachfolge-Staaten stellen — aber hier schon versagen mein Verstehen und meine Gedanken als „Eigenbrötler". Warum? Weil man Mord nicht mit Geld ausgleichen kann. Einerseits ist es zu einfach, um eine furchtbare Schuld eines jeden von uns — einschließlich der Ober- und Unterpharisäer, also nicht nur im Sinne einer Kollektivschuld — loszuwerden. Andererseits hätte ich schon um der Toten willen kein Geld und keine Waren verlangt oder angenommen von einer Gemeinschaft, die insgesamt Mord mitzuverantworten hat. Wenn jemand eines meiner Kinder oder Enkelkinder töten würde, könnte ich ihm unter Würdigung besonderer Verhältnisse als Christ vergeben — ohne es zu vergessen. Aber niemals, auch nicht in größter eigener Not könnte ich einen Heller von ihm nehmen! — Wäre nicht die ganze Welt — und besonders

unser deutsches Volk — tief beeindruckt gewesen durch eine Erklärung der gesamten Judenheit etwa folgenden Inhalts: „Der Staat Israel kann diplomatische und andere Beziehungen zur Bundesrepublik Deutschland aufnehmen, aber keinerlei Geld- oder Sachwerte zum Ausgleich von Mord annehmen. Das sind wir den Toten schuldig. Wir helfen dem Staat Israel nach bester Möglichkeit selbst; denn auch wir haben viel versäumt, als die Juden in Mitteleuropa in schwerster Gefahr und höchster Not waren!" — So wäre jeder einzelne von uns Deutschen seinem Schuldanteil eindeutig und unausweichlich gegenübergestellt worden.

4. Bei vollem Verstehen für Zorn, Empörung, Wut und Rache, die nun einmal in allen Menschen und Völkern aufflammen können, darf man uns nicht von jüdischer Seite immer wieder einfach als ein „Volk von Mördern" hinstellen. Aus dem vorher Gesagten ist zu entnehmen, daß mir jede Verharmlosung fernliegt. Aber sollte nicht auch ein ungetrübter Blick in die Geschichte und Gegenwart aller Völker vor Übersteigerungen warnen? Es gibt nicht nur ein einziges und einmaliges Volk von Mördern! Auch das Alte Testament läßt uns davon wissen. Und was haben sich die Völker dieser Erde allein seit 1945 einschließlich der Ereignisse im Nahen Osten geleistet? Ich habe oft gesagt, daß sich alle mühen sollten, die eigenen Irrwege und Sünden zuerst zu erkennen. Dann bleibt im kleinen wie im großen Bereich wenig Zeit, um über die Missetaten anderer ständig und hart zu richten.

5. Und das führt zum Nachdenken über die Judenfrage heute bei uns; denn dem konnte man bei vielen Gesprächen nicht ausweichen. Wir haben uns manches Mal gewundert, wie gerade einfache und sittlich nicht so verbildete Menschen offen mit uns sprachen. Einiges, was hierher gehört, wurde schon berührt. Insgesamt ist es er-

neut ein klägliches Bild, das die Mittelschicht der „Sowohl-als-auch-Judenfreunde" in Fortsetzung von Heuchelei unter anderen Vorzeichen bietet. Man kann aber erfreulicherweise beobachten, daß vielleicht unbewußt mehr als früher bei den Aufrichtigen nicht Haß oder Feindschaft, sondern wirkliches Verstehen gegenüber den Juden wesentlich ist. Das beruht vermutlich nicht zuletzt auf der Hochachtung vor der Arttreue in zwei Jahrtausenden der Heimatlosigkeit. Sie ist aber auch die Wurzel des Antigermanismus der Juden, dessen Ursprung man gerne, doch unberechtigt, erst mit dem Nationalsozialismus in Verbindung bringt.

Bei der geringen Zahl von Juden in der Bundesrepublik Deutschland hätte man annehmen können, daß — abgesehen von den Regungen gegen den Staat Israel, vor dessen großen Leistungen man trotzdem überall Hochachtung und Anerkennung hat — die Gemüter sich insgesamt beruhigten. Das ist leider nicht der Fall. Bei der Rückwanderung von Juden nach Deutschland kamen, wie das immer so ist, auch Menschen mit ganz besonderer Andersartigkeit, einer für einen Ausgleich nicht sehr günstigen Berufsausübung und einem, bei unbefangener Beurteilung mit Rücksicht auf die jüngste Vergangenheit verständlichen gesteigerten Selbstbewußtsein ins Land.

Sicher haben die christlich-jüdischen Vereinigungen im Bundesgebiet manches auf beiden Seiten in dankenswerter Weise klären und erklären können, aber ihr Wirkungsbereich ist sehr beschränkt geblieben und an der inneren Wahrhaftigkeit mancher Beteiligten werden immer wieder Zweifel laut. Die Veranstaltungen aus Anlaß der jährlichen „Woche der Brüderlichkeit" waren auch da und dort in ihrer Art — bei sicher bestem Wollen — nicht der richtige Weg zum Ziel. Wir wissen doch alle, wie oft versucht wird, irgendeiner anderen Gruppe den Schwarzen Peter in der Judenfrage zuzuschieben. Man sollte aber die Entwicklung und den Stand der Dinge sehen, wie sie waren und sind, nicht wie man sie selbst aus irgendwelchen Gründen für wahr haben möchte.

Und nochmals, es handelt sich jetzt meist nicht um völkischen Haß alter Prägung, sondern vielmehr um ein Ringen von Volksbewußtsein und Volksselbsterkenntnis nach all der Untreue unter dem Einfluß der Kriegsfolgen. Gefährlich sind nicht die ehrlich und anständig sich gegen Überfremdung aller Art zur Wehr Setzenden, die man so gerne dem „politischen Unternehmertum" oder dem „Fußschweiß der Nation" zuordnet. Mehr Unheil stiften die Schleichhändler und Dunkelmänner im völkischen Bereich und unter ihnen besonders die wohlgetarnten Spießbürger mit ihren Redewendungen, ihrer bequemen Moral (oder besser gesagt: ihrem giftigen Moralin) und ihrer bedauerlicherweise oft christlich verbrämten Erbarmungslosigkeit. Menschen wie ich haben sie von früher Jugend bis ins hohe Alter genau genug kennenlernen müssen. Natürlich darf auch nie vergessen werden, daß die Gruppen der unentwegt warmherzigen Judenfreunde viel Gutes ohne große Worte getan haben.

Wie einst die Grundfragen in diesen Zeiten des Schwankens, der Hilflosigkeit aber auch der Angst und des Hochmuts noch oder wieder aufzufassen sind, konnte man zum Beispiel aus einem Leserbrief eines erneut verbitterten „jüdischen Mischlings ersten Grades" erkennen. Erst kürzlich habe ihm jemand gedroht, er werde schon dafür sorgen, daß die Juden wieder wegkämen.

Man sollte das nicht verniedlichen wollen, sondern lieber klar sehen, daß es sich wiederum um die Spitze eines Eisberges handelt. Auch in neuerer Zeit hat sich ein israelischer Zeitungsberichter mit der heutigen Rolle der Juden in der Bundesrepublik Deutschland beschäftigt und darüber in seinem Heimatland wie auch in den USA mit der Fragestellung berichtet: „Können Juden im neuen Deutschland glücklich sein?" Der hiesige jüdische Pressedienst trat ihm scharf gegenüber.

Es kann nicht meine Aufgabe sein, darüber ausführliche Angaben zu machen. Aber was nun zunächst besprochen werden muß, ist etwas, was mich auf Grund von mancherlei Erfahrung schon lange bedrückt, weil mir das Hereinströmen von Juden aus dem Osten seit 1919 viel Sorge bereitete, ohne daß ich deren Würde antasten will, aber im Wissen um ihre Andersartigkeit dennoch betonen muß. Der Berichter aus Israel hat aus der Sicht von Feststellungen in Frankfurt am Main den Besitz von Bars und anderen eindeutigen Betrieben sowie fragwürdige Beteiligungen am Grundstückshandel seitens ostjüdischer Kreise einer harten Kritik unterzogen. Dazu hat er sicher ein Recht, ja sogar die Pflicht. Offenbar sah er mit klarem Blick eine neue Bedrohung, die keiner Schuld der Betroffenen entspricht. Es ist eben Tatsache, daß sie — wie einst nach dem Ersten Weltkrieg ihre Vorfahren — durch eine verständliche Getto-Haltung zu Sumpfgewächsen auf dem ihnen in jeder Hinsicht fremden deutschen Boden wurden. Natürlich gibt es auch arische Pflanzen mit ähnlichen Giftstoffen. Aber es ist doch ein Unterschied, wie lange eine Art heimisch ist, und daß man sie schon immer bezüglich ihrer Schädlichkeit entsprechend beurteilt. Wer ähnliches bereits einmal miterlebt hat, ist hellhörig und klarsehend geworden. Der Journalist hat mit seiner Feststellung völlig recht! Statt das aber anzuerkennen, wird dem Israeli in der Veröffentlichung einer Entgegnung vorgeworfen, „es hätte ihm nicht entgehen dürfen, daß entgegen seinen Behauptungen die jüdische Gemeinschaft in Deutschland erneut einen ihrer Größe entsprechenden geistigen Beitrag für die gesellschaftliche Entwicklung geleistet habe." Dann folgte eine Aufzählung von jüdischen Männern an maßgeblicher Stelle in Deutschland und Hinweise auf ihre Leistungen. Das berührt eine wichtige Frage, die doch in der Vergangenheit unglücklich genug gelöst worden ist und Anlaß sein muß zur schon einmal herausgestellten Gegenfrage: „Glaubt jemand, daß der Staat Israel irgendwelchen Frauen und Männern, die nicht ganz seines Stammes sind, einen bedeutenden Einfluß auf seine Belange erlauben würde?" — Menschen, die wie ich zwar doppelt „belastet" waren, sind selbstverständlich als Mahner nicht willkommen. Und doch müssen wir — ja, gerade wir — wünschen: Deutsche und Juden mögen nicht aus beiderseits unbewältigten Rückblicken heraus erneut dieselben Irrwege beschreiten.

6. Ein Fragenbereich war nicht nur der Austausch von Meinungen, sondern überhaupt eine schwere seelische Belastung, nämlich die Prozesse wegen begangenen Unrechts während des Dritten Reiches. Selbstverständlich sieht jedermann ein, daß etwas mit aller Schärfe des Gesetzes getan werden mußte. Aber offenbar sind doch weite Kreise — teils offen, teils vorsichtig zurückhaltend — seit den Nürnberger Militärgerichtsverhandlungen und -urteilen sehr mißtrauisch geworden. Die Abstammung mancher maßgeblicher Persönlichkeiten wurde dabei von Anfang an mit diesen Dingen immer wieder irgendwie in Beziehung gebracht.

Auf Wanderschaft haben wir in demselben Sommer völlig unabhängig voneinander zwei uns bekannte Richter getroffen, die beide davon zu sprechen anfingen. Was sie im Hinblick auf die Gerichtsverfahren gegen ehemalige Nationalsozialisten bedrückte, war die Tatsache, daß viele Deutsche wie auch Juden die Schuldfragen völlig aus all den Zusammenhängen gelöst und unter Außerachtlassung anderer, nicht geringerer Schuld werten würden. Gewis-

145

sensmäßig machten den Juristen die angeblich vorbereiteten Falschaussagen von Zeugen, auch unter Eid, mit den daraus entstehenden Folgen und Folgerungen zu schaffen. Selbstverständlich, so meinten sie, seien die sonstigen Angaben vor Gericht von Jahr zu Jahr infolge Gedächtnisschwunds durch zeitlichen Abstand und persönliche Alterung unsicherer geworden und machten so eine gerechte Urteilsfindung sehr schwer.

Der eine der beiden Männer sagte ganz offen, ohne eine Ahnung von meiner Abstammung zu haben oder meine politische Einstellung zu kennen, er und mancher seiner Kollegen hätten den Eindruck, daß auf Druck von jüdischer Seite und als Zugeständnis an diese Kreise — trotz berechtigter Bedenken — immer neue Belastungsunterlagen für weitere „Nazi-Prozesse" beschafft werden müßten. Ich begründete damals ausdrücklich, daß es völlig irrig ist, jetzt in Gerichtsverfahren einen wesentlichen Teil der augenblicklich üblich gewordenen Bekämpfung von Judengegnerschaft zu sehen. Doch gerade das haben der Wiener Simon Wiesenthal und der verstorbene Schöpfer der Ludwigsburger Zentralstelle, der eine bei einem Gespräch mit der schweizerischen Illustrierten „SIE + ER", der andere mir selbst gegenüber gemeint. Beide haben den ganzen Fragenkreis in einer mir unbegreiflichen Vereinfachung falsch gesehen. Offenbar hielten sie dieses Vorgehen für eine reine „Erziehungssache".

Dann wies ich auf eine andere Äußerung Wiesenthals hin, Beweggründe seiner Informanten und Tip-Geber seien meistens Neid und/oder Befriedigung von Haß aus persönlichen Gründen. Wer sich mit der Abwehr des Antijudaismus schon befaßt hat, weiß, daß solche Einstellung nur allzuoft mithereinspielt und auf beiden Seiten möglich ist. Als sich unser Weg von dem des einen Mitwanderers trennte, sagte er zum Abschied: „Es gibt halt Dinge, die in der menschlichen Natur jenseits von Gut und Böse liegen. Gesetze, Polizei und Gerichte helfen da auf lange Sicht nicht weiter, sondern nur Stärkung des Gewissens. Vorbild kann viel bewirken, aber das Ziel ist nur in Demut zu erreichen."

Offizierskameraden

Mehrmals wurde schon die Haltung aktiver Offiziere uns gegenüber während des Dritten Reiches erwähnt. Ich bin froh und
dankbar, daß ich in meinem Leben auch viele charakterstarke unter ihnen habe kennenlernen dürfen, da ich mich mit dem Solda-
tenstand seit eh und je verbunden fühlte. So fragte bei der ersten
Verhandlung gegen mich der Vorsitzende: „Was hätten Sie als
Beruf gewählt, wenn Sie reiner Arier wären, auch Medizin?"
Meine Antwort: „Nein, ich wäre aktiver Pionieroffizier geworden." Seine weitere Frage: „Warum haben Sie bei der ‚Einwohnerwehr' Dienst getan und waren als Sanitätsoffizier bei der ‚Schwarzen Reichswehr'?" Meine Antwort: „Aus innerer Verpflichtung."
Darauf sagte mein stets gerechter Vorsitzender: „Der Betroffene
ist ein ausgeprägter Militarist." Zustimmung meinerseits!
In einem zweiten Brief von mir an Generalfeldmarschall von
Mackensen auf eine Antwort seiner Adjutantur (9. 2. 1937) steht
aber auch klar und deutlich: „Versagung kriegskameradlicher
Treue bringt niemals Segen; denn geopfertes Blut verbindet und
verpflichtet." — „Die Teilnahme am Krieg ist selbstverständlich
nicht ohne weiteres als Verdienst zu werten, sondern es kommt
darauf an, wie der Frontsoldat das erfüllt hat, was ihm zur Pflicht
gemacht wurde." — „ . . . wenn man unsere tatsächlichen soldatischen Leistungen nicht einmal so ehrt und wertet wie die der
schwarzen Kolonialtruppen, die für Deutschland gekämpft haben, und mit deren Rasse man uns sonst immer wieder auf eine
Stufe stellt . . ." — „Ja, müssen wir nicht sogar die alten Kriegs-
pferde um ihr so viel besseres und ehrenvolleres Schicksal beneiden?" — „Es gibt ein Recht der Kriegsbeschädigten bei der

Besetzung von Arbeitsplätzen, aber nicht für uns, nicht einmal für die schwerverwundet Gewesenen. Selbst unseren Kriegsblinden strich man die Vergünstigungen für die Fernsprechgebühren." — „Wir sind aber keine feigen Hunde, die sich stillschweigend mit irgendwelchen Schädlingen auf eine Stufe stellen lassen." — Und dann antwortete ich an die Adjutantur auf deren nochmaliges Schreiben vom 13. 2. 1937: „Die Art der Zurechtweisung am Schluß des Briefes ist einem älteren ehemaligen Offizierskameraden gegenüber nicht angebracht." — „Schuld von Juden soll nicht gemildert werden, aber Kreise des deutschen Volkes haben wahrlich auch ihre Pflichten versäumt bei gleicher Wertung." — Wie im „Stürmer" oder sonstwo hatte die Adjutantur — der Erwiderung nach — anstatt auf den Fragenkreis der Frontsoldaten einzugehen, „den Bolschewismus unter jüdischem Einfluß", „eine Welthaftung der jüdischen Rassenmischkreise", „95 Prozent aller Soldatenräte waren von Juden geführt" und ähnliches vorgebracht. Es ist eine meiner sehr dunklen Erinnerungen, daß nicht nur der altgewordene Feldmarschall, sondern auch jüngere, ihm zugeteilte aktive Offiziere sich selbst so herabgewürdigt haben. Offengestanden widerte es mich dann wirklich an, als später in den Internierungslagern Männer derselben Schicht uns anderen leider vormachten: „Nazis? — wir nie!" Aber alle Beförderungen und Auszeichnungen waren ihnen herzlich willkommen gewesen.

Natürlich gab es auch viele prächtige Offiziere, deren man auch heute noch freudig gedenken kann. Ich werde nie vergessen, wie sich in schwerer Zeit zum Beispiel meine Freunde Oberstarzt Dr. Karl Schabel und Oberst i. G. Adolf Steiger — ohne Rücksicht auf etwaige Folgen — tapfer in voller Uniform mit mir absichtlich, trotz Sträubens meinerseits, auf der belebten Königsstraße und sonstwo gezeigt haben. Ähnliches haben sicher auch andere erleben dürfen.

Damit ich nicht falsch verstanden werde, es geht darum, darauf hinzuweisen, daß gerade aktive Offiziere, wenn auch teilweise überzeugte Nationalsozialisten, sich doch geschlossen vor ehemalige Frontkameraden hätten stellen sollen. Vielleicht kann diese Meinung als überspannt gewertet werden. Von meinen eigenen Offizierskameraden, mit denen ich vom Frühjahr 1915 an bis zum Frühjahr 1919 in demselben Truppenteil und dann bis 1933 freundschaftlich eng verbunden war, habe ich in Jahrzehnten nachher nur zwei wieder gesprochen. Ein einziger, der schon genannte Oberschulrat Adolf Kimmich, hat mir bis zu seinem Tode die Treue gehalten. Im übrigen vergessen, aufgerieben zwischen zwei Völkern!

Aber konnte man wirklich anderes erwarten? Hatte man nicht vielleicht Eigenschaften in einen Personenkreis hineingedacht, die unter einer Tünche gar nie dort vorhanden gewesen waren? Und dann kam die Trauer über die selbst verschuldete Enttäuschung! Dazu noch ganz kurz zwei Beispiele: Ein General der Infanterie sagte im Lager zu mir, er sei allerdings dreimal von Hitler allein empfangen worden, habe aber mit Rücksicht auf seine Familie von seiner Schußwaffe keinen Gebrauch gemacht. Ich fragte dagegen: „Hast Du auch bei Angriffsbefehlen immer an die Familien Deiner Soldaten gedacht?" — Und ein Ritterkreuzträger Oberst i. G. von P. gab an, er habe als Chef der Transportabteilung des OKW im ersten schweren russischen Winter absichtlich die Winterausrüstung teilweise nach Südfrankreich geleitet. Zu anderer Zeit hätte er Einsatztruppen für den Osten kreuz und quer durch Deutschland geführt, um ihr rechtzeitiges Eintreffen an der Front zu verhindern. — Nach solchen „Bekenntnissen" wurde er von den Spruchkammern entlassen! Wieviel Leben und Gesundheit von Soldaten hatte er auf dem Gewissen?

Was man in den Lagern unmittelbar von Offizieren und Akademikern an großspurig selbst vorgebrachter Unschuld, Gegnerschaft, Sabotage und Verrat gehört hat, wurde seither schon oft Anlaß zu einer entsprechenden und deutlichen Zusammenfassung, die ich besser hier nicht noch treffender charakterisiere. — Was würden wohl dieselben Kreise von uns bei einem dem ihren ähnlichen Verhalten sagen? Ich habe das Erlebenmüssen in den Lagern hinsichtlich des eigenen Schicksals gar nicht zu schwer auf mich genommen. Aber das Verhalten einer so erheblichen Zahl von Männern aus den sogenannten besseren Kreisen oder oberen Schichten in den Zeiten der Verantwortung für die Vergangenheit hat mich tief bewegt.

Wir Älteren, die es miterlebt haben, wissen doch, wie stolz sich viele „Neu-Nazis" damals in den Uniformen der Partei und der Wehrmacht oder im Rock des Bürgers zur Führungsschicht unseres Volkes gerechnet haben. Dann durften sie sich aber in der Zeit der Bewährung auch nicht aus Angst selbst zu kläglichen „Persilschein-Rittern von der traurigen Gestalt" erniedrigen. Was uns an Treu- und Lieblosigkeit gerade von gleichzeitig Charakterschwachen und Selbstbewußtseinsstarken angetan wurde und sich bis heute auswirkt, gehörte zum Schwersten, das wir tragen und ertragen mußten. Immer wieder stand in dunklen Stunden das Wort vor mir: „Was wir Not nennen, ist immer Aufgabe — nicht nur Not!" — Das erwähne ich in diesem Zusammenhang, weil ich aus den bitteren Geschehnissen ständig Kraft und Mut gewinnen durfte.

Immer Haltung bewahren

Als Arzt und Betreuender habe ich über die Einstellung mancher Kollegen meinen Schützlingen gegenüber auch genügend Erfahrungen sammeln können. Hier denke ich nicht an die Belastung durch „Wissenschaft ohne Menschlichkeit", jenen Bereich ärztlicher Abwege; aber um so mehr an den „Wärmetod des Gefühls" bei Ärzten, die sich später ungern an die Wechseljahre ihres Charakters und ihrer Gesinnung erinnern lassen wollten. Es war jedenfalls sehr erfreulich, daß Kolleginnen und Kollegen, die schon immer völkisch eingestellt waren, es meist an warmherziger Hilfsbereitschaft und persönlicher Hochachtung nicht fehlen ließen.
All das, was ich vom Studium an mit aufrichtiger Liebe und Begeisterung über die Jahre beruflicher Entwicklung hin bis zur Übernahme der Stellung eines ärztlichen Direktors mit großer Verantwortung auf dem Weg zu einem wahren Arzttum zu leisten versucht hatte, war dann am 1. April 1933 mit einem Schlag null und nichtig. Ich hatte ja die Entwicklung geahnt.
Für mich war an diesem Tag wirklich — trotz aller Ahnungen — eine Welt zusammengebrochen. Nicht um des Gehalts und der sicheren Dienststellung willen, sondern weil ich meinem Amt als einer großen Lebensaufgabe mit ganzer Kraft gerecht zu werden versucht hatte. Dieser 1. April war der einzige Tag in meinem kampferfüllten Dasein, an dem ich zutiefst mit Volk und Vaterland zerfallen war. Man weiß, daß es bei jedem Menschen zu solchen Rückschlägen kommen kann. Dennoch bin ich froh, daß dieser dunkle Tag damals eine Ausnahme bleiben durfte.
Auch auf der Höhe des persönlichen und beruflichen Lebens war

ich nie innerlich unbeschwert froh wie andere Menschen gewesen. Als im Herbst 1932 unsere neue Klinik, die in verschiedener Hinsicht auch ein Stück von mir war, eingeweiht wurde, bedankte sich unser Staatspräsident Dr. Bolz bei mir: „Mögen Sie viele Jahre hier wirken können." Meine Antwort: „Ich weiß, daß ich gesät habe und andere hier ernten werden." — Nach ein paar Monaten waren wir beide mit Schimpf und Schande aus unseren Ämtern gejagt und er etwa elf Jahre später enthauptet worden.

Mit Dr. Bolz habe ich in der Zeit unserer beiderseitigen „Verbannung" öfter gesprochen und mich immer wieder über die mannhafte Haltung dieses tieffrommen Mannes gefreut. Er wußte genau, daß ich politisch ganz anders gesinnt war. Aber die Achtung voreinander blieb davon unberührt. Auf mich hatte schon im Jahrzehnt vor 1933 seine Bescheidenheit neben seinen großen Fähigkeiten einen besonderen Eindruck gemacht. Das konnte ich recht gut beurteilen, da ich ihm mehrmals aus dienstlichen Gründen unter vier Augen zu berichten hatte. Als ich Göring einmal von Bolz erzählt hatte, erwiderte er: „Bolz ist ein grundanständiger Mann. Reden Sie ihm nur zu, daß er sich in Meinungsäußerungen möglichst zurückhält." Getan habe ich es, aber Bolz konnte offenbar aus Überzeugungstreue den Rat Görings nicht befolgen.

Ich erinnere mich noch nach vierzig Jahren daran, wie ich zufällig auf der Planie im Stadtinneren von Stuttgart ging und plötzlich miterleben mußte, daß Bolz im offenen Auto unter dem wildesten Geschrei vieler Hunderter als Verhafteter ins Polizeipräsidium gebracht wurde. Die Beamten verhielten sich offensichtlich gut. Aber die Menge, unter der ich so manche Zeitgenossen kannte, war offenbar großenteils auch im Gesinnungswechsel.

Verschiedentlich wurde schon erwähnt, daß viele Menschen mein Gesamtverhalten nicht verstehen wollten oder konnten. Es war wirklich nicht einfach, mit dem Druck und der Verantwortung von deutscher (also ausdrücklich nicht etwa nur nationalsozialistischer!) wie auch jüdischer Seite fertig zu werden, ohne daran seelisch wie körperlich zu zerbrechen. Dazu kamen die sorgenden Überlegungen um das Schicksal der Familie. Leute, die es teils ehrlich gut mit mir meinten, teils uns forthaben wollten, um keine Verantwortung zu haben oder sich gar zu irgendeiner Hilfe verpflichtet zu fühlen, gaben immer wieder den Rat, eine der Auslandsberufungen anzunehmen. Vielleicht wäre das auf weite Sicht für die Meinigen besser und richtiger gewesen. Sicher ist, daß ich selbst im Ausland an stillem Heimweh zugrunde gegangen wäre. Viel abfällige Worte habe ich darüber in all den Jahren von einst bis jetzt deshalb zu hören bekommen. Alle Entscheidungen traf ich allein, um niemanden mit einer Mitverantwortung zu belasten.

Natürlich mußte der „Schein" charakterloser Unterwürfigkeit lebenslänglich auf mir lasten. Doch hier ging es darum, im Innersten mehr zu sein als zu scheinen. Man mag darüber denken, wie man will, es war auch ein ehrliches Mühen um Klarheit über die Gesamtentwicklung des Nationalsozialismus samt seiner Beurteilung der mich von Jugend auf bewegenden Judenfrage. Dabei wurde ich nie zum Verräter am Andenken an meine Vorfahren oder meiner damals noch lebenden Mutter gegenüber. Jedenfalls wußte ich sehr bald, daß es für mich nur die Entscheidung zwischen Durchhalten mit all seinen Gefahren oder freiwilligem Tod gibt. Und bei mancher ernsten Unterredung sagte ich hinsichtlich meiner in der Tiefe wurzelnden Treue: „Das ist die wahre Liebe, die immer und immer sich gleich bleibt, ob man ihr alles gewährt, ob man ihr alles versagt!"

Die Verantwortung für meine christlich-nichtarischen Schützlinge vergaß ich bei allen Entschlüssen nie. Eines ist bis heute eine harte Belastung für mich, nämlich, daß durch mein stilles Vorbild manche meiner Schicksalsgenossen, die innerlich ähnlich dachten und fühlten, vor allem ehemalige frontbewährte Soldaten, hiergeblieben sind und das mit ihrem Leben büßen mußten.

Es liegt ein tiefes Verhängnis darin, daß viele, die Geld und Beziehungen hatten, sich rasch eine neue Heimstatt suchen konnten, wenn sie hinaus wollten. Was noch da war, bestand aus den vom Ausland Enttäuschten und den der Heimat Getreuen.

In der Schicksalszeit eines Lebens, ja eigentlich immer, wenn man das Gespür für das Wirken der Allmacht wachhält, erfühlt man Geheimnisse von Führung und Fügung auch dann, wenn man mit seinem Wollen und Hoffen am Ende zu sein scheint. Es ist kein leeres Gerede, keine Frömmelei, kein Wichtigtun, wenn hier das stille Heiligtum eines nach viel Freude und Erfolg, aber auch nach viel Irren und Wirren zu Ende gehenden Lebens angedeutet wird. Mein leider schon im Dezember 1933 heimgegangener väterlicher Seelsorger, Dekan Karl Gastpar, hat einmal bei einer Predigt mit einem leichten Lächeln zu meiner Frau und mir gesagt, es gebe offenbar soldatische Menschen, bei denen sogar ihr Glaubensleben in diese Grundart von Lebensauffassung eingeordnet sei. Er kenne einen, bei dem er oft schon das Gefühl gehabt hätte, daß er sich mühe, auf den Willen Gottes mit „zu Befehl!" zu antworten. Als wir nachher gemütlich beieinandersaßen, meinte der gute Onkel Karl: „Du bist halt ein heiliger Kommißkopf", und ich erwiderte fröhlich: „Zu Befehl, Onkel Dekan, aber kein scheinheiliger!"

Das eben Gesagte ist ein guter Übergang zu einem anderen Erlebnisbereich, dem Ende meiner ärztlichen Tätigkeit. In den Jahren von 1933 bis 1938 hatte ich mich als Facharzt unter immer größer werdenden Schwierigkeiten und Herabwürdigungen redlich durchgekämpft, aber von Woche zu Woche bestimmter gewußt, daß auf die Dauer eine Berufsausübung nicht möglich sein würde. Das ist im Zusammenhang mit der Aussprache in Berlin bei Herrn Kareski schon kurz erwähnt worden, ebenso auch mein fester Plan, einfach Gärtner zu werden, wenn es soweit wäre.

Mit Wanderungen (Betreten jeder Gaststätte war verboten), Waldläufen und Alleinturnen versuchte ich, mich körperlich vorzubereiten, nachdem ich mich entschlossen hatte, unter keinen Umständen freiwillig aus dem Leben zu scheiden. Ebenso klar war mir, daß ich die mehrfach angebotene Nothilfe von Hermann Göring, bei aller Dankbarkeit für seine Bereitschaft, nicht annehmen durfte. Ich war willens, meine eindeutig deutsche Haltung so zur Tat werden zu lassen, daß keiner, der mir gegenüber wenigstens guten Willens ist, an ihrer Lauterkeit zweifeln konnte. Nach all den Maßnahmen im November 1938 kamen dann auch die Ärztegesetze, und ich wußte, daß mit dem 31. Januar 1939 das endet, was mir wesentlicher Lebensinhalt geworden war. Selbst von der Gestapo war mir nahegelegt worden, als Träger der „Württembergischen Goldenen Militärverdienst-Medaille" ein Gesuch um Ausnahme zu machen. Meine Antwort war: „Ich will keine Sondergenehmigung, ich gehe meinen Weg, so wie es mir mein Gewissen vorschreibt." Tränen meiner Patienten flossen; ich selbst habe bis zum Schluß versucht, das Beste für sie zu leisten. Manches Mal war ich aber sogar auch heimlich froh, daß nun die offenen und versteckten Demütigungen, denen man sich in der ärztlichen Berufsausübung ständig ausgesetzt sah, ein Ende hatten. Wie viele nach 1945 so lautstarke „Demokraten" haben sich damals an mir vergangen, und ich dachte nie an Vergeltung. Schon immer hatte ich mich in meinem Beruf als Lehensmann Gottes gefühlt, als Walter und Betreuer eines auf Zeit überlassenen, wertvollen Gutes, für das man am Ende voll verantwortlich Rechenschaft abzulegen hat. Aus solcher Einstellung heraus wertete ich mein Können und Wissen in dankbarer Demut, nie als eigenes Verdienst.

Nun begann damals zwangsweise ein selbst einen starken Mann in seiner menschlichen Würde tief erschütterndes Spiel, nämlich die Suche um eine Stelle als „Gartenbauarbeiter". Die Begründung der Abweisungen waren bei aller Verschiedenartigkeit so, daß ich noch heute, nach Jahrzehnten, bitter daran denke. Und auch da brachten gerade alte Nationalsozialisten unter den Gärtnern menschlich Hochachtung und Hilfsbereitschaft zum Ausdruck. Offenbar hat meine Antwort auf die gesetzlichen Anordnungen sie sehr beeindruckt. Einige wußten um meine Beziehungen zu Göring und waren sehr erstaunt, daß ich stur an meinen Vorsätzen festhielt. Ein Gärtnereibesitzer erbarmte sich dann doch und half dem armen Teufel bei seinem Aufstieg vom Arzt-sein zum Gartenbau. Wenn sich auch menschlich manches anders entwickelt hat, als es sich der Gärtnermeister samt seiner Familie und ich gedacht hatten, bin ich ihnen doch für das Entgegen-kommen in höchster Not dankbar geblieben. Jedenfalls habe ich in den zweieinhalb Jahren der Tätigkeit in einem vorbildlich ge-führten Gemüsebaubetrieb sehr viel gelernt. Wesentlich war, daß ich mit dem festen Willen, nie wieder Arzt zu werden, eine oft harte Arbeit, die mir erfreulicherweise körperlich gar nichts aus-machte, begann. Als Ziel stand vor mir der Anbau von Heilpflan-zen auf Grund der Überzeugung, daß es wohl nicht viele Men-schen gibt, die für diese wichtige Aufgabe eine ärztliche und gärt-nerische Vollausbildung haben.

Ob ich in der Gärtnerei schuftete oder den Handwagen mit Ge-müse irgendwohin durch die Straßen zog, ich war trotz all der Sorgen und Nöte ungebrochen stolz. Kurz nach meiner Amtsein-setzung als Gartenknecht bekam ich den Auftrag — da alle an-deren auf den Markt mußten —, einem alten Straßenbahner, der vorbeikomme, umsonst Tomatensetzlinge für sein Gärtle zu ge-ben. Das geschah, der Mann sah mich prüfend an: „Do hosch fuffzig Pfennig, die g'höra Dir, Du kannsch se au braucha." — So ändern sich die Zeiten, das war mein erstverdientes Geld in der Gärtnerei. Oft sagte ich später frohgemut: „Operieren können viele, aber das, was ich jetzt leiste, kann nicht jeder." Und es hat doch auch so manchen gegeben, der mir die Anerkennung meines guten Wollens nicht versagte. Im übrigen stand vor mir das Wort, besonders nachdem ich auch das Pflügen mit Pferden gelernt hatte: „Wer seine Hand an den Pflug legt und schaut zurück, der ist nicht geschickt zum Reich Gottes." — Heute wie einst singt die „Bündische Jugend" die Verse von Will Vesper:

> „Leg an den Pflug die Hand,
> schwer ist der erste Schritt,
> es wandert übers Land
> der Rabe Sorge mit.

Sieh du nicht links, nicht rechts,
zieh deine Furche grad;
tu Pflicht des treuen Knechts,
wirf in den Grund die Saat.

Sie fällt in Gottes Huld.
Laß du den Raben schrei'n.
Für ihn die Ungeduld,
du lerne stille sein!"

So bin ich still geworden am Pflug. Doch hätte ich ein Übermensch
sein müssen, wenn in mir nicht hin und wieder auch die Gefahr
des Verzweifelns gewesen wäre. Daneben war noch die Umsorgung der nichtarischen Christen eine immer schwerer werdende
Pflicht. Ihre vorbehaltlose Erfüllung wurde mir dann später allerdings schlecht gelohnt; denn man glaubte, dadurch möglichst
viel Wiedergutmachung der verschiedensten Art erhalten zu können.

Am 15. September 1941 trat ich als Gärtner in den umfangreichen
Gartenbaubetrieb eines Stuttgarter Krankenhauses ein. Die ärztlichen Leiter, darunter ein höherer SS-Führer, waren hochanständig zu mir und traten mir mit viel Warmherzigkeit gegenüber.
Die übrige Ärzteschaft, die ich teilweise von „besseren Zeiten" her
kannte, und der Verwaltungsdirektor ließen mich immer wieder
durch ihr Verhalten und ihre Anordnungen wissen, ein welch
minderwertiges Geschöpf ich geworden war, dem gegenüber man
alle Regeln des Anstands und der Anerkennung tatsächlicher Leistungen beiseite lassen konnte. Das machte mich aber nur noch
selbstsicherer. Was viel wichtiger war, lag auf beruflichem Gebiet.

Im ersten Jahr konnte ich mir dort Grundkenntnisse und -erkenntnisse der biologisch-dynamischen Wirtschaftsweise erwerben,
die leider dann aus Gründen geringerer Ertragsfähigkeit — trotz
gesundheitlichen Nutzens für die Patienten — fallengelassen wurde. Meine Frau hielt damals besonders stark an der Überzeugung

fest, daß ich einmal wieder Arzt werden würde. Ich sagte ihr immer: „Schau doch meine abgeschafften harten Hände an, damit kann ich nicht mehr operieren — und will es auch gar nicht." Aber sie blieb fest in ihrer Hoffnung und war beruhigt, als ein leider bald darauf bei einem Fliegerangriff verschütteter Astrologe, den ich früher einmal lange Zeit behandelt hatte, mit beeindruckender Sicherheit ankündigte: „Frühestens in vier, spätestens in sieben Jahren sind Sie wieder Arzt." Das war im Jahre 1942. Ich sagte: „Nein, ich will Gärtner bleiben und Heilpflanzen anbauen. Davon kann mich niemand abbringen." Er beschied aber: „Es kommt eine Stunde, in der Sie gezwungen werden, auf viele Jahre in Ihren alten Beruf zurückzukehren."

Jedenfalls hatten sich während der Krankenhausarbeit — das vergesse ich nie — der Gartenmeister samt seiner Frau meiner in bester Weise angenommen. Die anderen „Oberen" hatten nicht einmal meine Teilnahme am Mittagstisch des Personals erlaubt: „Er soll mit den Fremdarbeitern im Vorraum des Gewächshauses essen." Und überall wurde verkündet: „G. darf nicht als Doktor angeredet werden." Die Folge war, daß meine Berufsgenossen in der Gärtnerei bei jeder passenden und unpassenden Gelegenheit auf möglichst weite Entfernung „Herr Doktor Doktor!" riefen.

Vor einer Weihnachtsfeier (1941) ließ mich der Verwaltungsdirektor kommen: „Leute Ihrer Art können natürlich nicht dabeisein — da . . .", und er legte ein Fünfmarkstück hin. Ich nahm es, warf es auf seinen Schreibtisch und schlug dann ohne Gruß die Tür von draußen zu. — Als „oberdemokratischer Zeuge" sagte derselbe Mann 1947 vor der Spruchkammer: „G. brachte einmal zwei große Körbe mit Spinat, die wegen der Hitze unbedingt hatten geerntet werden müssen und bat, man möge sie doch unter Änderung des Speiseplans baldigst verwenden. Das lehnte ich ab, worauf G. anregte, den Spinat in einem benachbarten Reihenhaus an Familien mit vielen Kindern zu verteilen. Als auch das versagt wurde, rief G., es sei für ihn ,als nationalsozialistisch denkenden Menschen' nicht zu verantworten, daß man in solcher Notzeit wertvolles Gemüse verderben lasse." Das Gemüse ist tatsächlich zugrunde gegangen, und die Spruchkammer stellte ohne Berücksichtigung dieser Tatsache nur einzig und allein befriedigt fest, daß der Betroffene sich selbst als Nationalsozialisten bezeichnet habe. Vom Gemüse war nicht mehr die Rede, weil ja der Zeuge nach seiner Aussage „immer dagegen gewesen" war und deshalb recht behalten mußte.

Was solche Herrschaften getan haben, ist natürlich damals wie heute richtig. Für mich selbst war der Begriff einer wahren Volksgemeinschaft im besten Sinne des Wortes nie leeres Gerede gewesen, sondern der Ansporn zu entsprechendem Tun und Leisten. Und dadurch war besonders dem Gärtner und Arzt das auch sonst dort öfter vorgekommene Verderbenlassen von Frischgemüse während des Krieges ein unfaßbares Verhalten.

Im Jahre 1943 nahm ich Abschied vom Krankenhaus und begann mit meiner Tätigkeit im Heilpflanzenanbau bei Reutlingen. Die Arbeit war dort allerdings mit großen Schwierigkeiten verbunden und konnte nur bei gegenseitigem Verständnis geleistet werden; denn die weite Entfernung zwischen Arbeitsplatz und Wohnung, zeitraubender Fliegerangriffe, meiner Tätigkeit bei der Inneren Mission und dazu an drei Wochentagen noch nächtlicher Stollenbau brachte doch eine sehr große Belastung mit sich. Aber obwohl in dieser Gärtnerfamilie ein herzlich-rauher Ton herrschte, erfuhr ich nie eine Kränkung. Dagegen war viel ehrliche Sorge um mich und beste berufliche Förderung. Im Dorf kamen mir Anhänger oder Gegner des Nationalsozialismus stets warmherzig entgegen. Noch heute habe ich eine herzliche Erinnerung an all das, was dort an mir und für mich getan worden ist.

Nach dreißig Jahren habe ich erstmals wieder in zwei, damals für meine Kinder bestimmten Lebensbüchern mit viel Versen, aber auch besonders zu Beginn mit durch Vaterlandsliebe geprägten Stellungnahmen zu den verschiedensten brennenden Fragen persönlicher und allgemeiner Wesentlichkeit gelesen. Als ich das ältere aufschlug, fand ich auf der ersten Seite die Worte: „Wohl aber ist ihm in Arbeit und Kampf, in Irrtümern und Fehlern, in Lebens- und Seelennot jenes höchste Glück zuteil geworden, das nur die Persönlichkeit ausmacht." Und davor standen die Verse:

> Wenn ich einmal gestorben bin,
> vergeßt, was ich gelitten,
> denn es war meines Lebens Sinn,
> daß ehrlich ich gestritten.
>
> Seid stark, weinet und klaget nicht,
> wenn ich still heimgegangen
> durch Nacht der Welt zum ew'gen Licht
> aufrecht und ohne Bangen.

Im NS-Arbeitslager

Wie schon berichtet, war ich 1943 aus der SD-Mitarbeit wegen
ganz klar umrissener Fragen an den Abschnitts-Führer über angebliche Morde an Juden ausgeschieden. Zunächst hielt ich, im
Hinblick auf das sehr anständige und mich auch gerecht wertende
Verhalten der örtlichen SD-Leitung, diese für beide Seiten sehr
schwierig gewordene Angelegenheit für erledigt. Aber von wohl-
meinender Seite wurde mir dringend nahegelegt, mich in ein aus
Mischlingen und jüdisch Versippten zu bildendes Arbeitslager ein-
weisen zu lassen.

Zunächst war von Stellungsbau in den Vogesen die Rede, aber
als wir am 21. November 1944 morgens um 5.00 Uhr von Bietig-
heim in einem Sonderwagen abfuhren, erkannten wir bald eine
andere Richtung und wurden schließlich in Wolfenbüttel zum
Wasserleitungsbau bei Oker ausgeladen. Die ganze Belegschaft
fand Unterkunft in einem älteren Vorbahnhof und einer neben-
stehenden Baracke.

Nach zwei Tagen wurde ich nach Braunschweig zur dortigen Ge-
stapo-Dienststelle beordert, und da eröffnete man mir, daß von
einer SS-Bewachung des Lagers selbst, der Belegschaft auf der
Fahrt zur und von der Arbeit sowie während deren Ausübung im
Einvernehmen mit dem SD-Abschnitt Stuttgart abgesehen werde,
wenn ich die volle Haftung für alles und alle übernehmen würde.
Wie einfältig, vertrauensvoll und hilfsbereit war ich mit der Zustimmung, wieviel Sorgen habe ich mir damit aufgeladen, und wie
groß war der Undank. Was hier als Feststellung wichtig ist, sind
nicht Klagen: Der große Unterschied in der gesamten Lebensauffassung dieser Männer im Alter zwischen 18 und 60 Jahren war
bemerkenswert. Ich möchte jedes auf- oder abwertende Wort ver-

meiden und nur die Verschiedenartigkeit betonen, durch die mir
vieles des umfassenden Fragenkreises „zwischen zwei Völkern"
bedeutend klarer, manches aber auch ebenso noch rätselhafter geworden ist. Die Einstellungen zum deutschen Volk, zum Judentum rassisch wie religiös, zum christlichen Glauben und anderem
mehr, auch zu unserem für die Wasserversorgung der Gegend
wichtigen Arbeitsauftrag gingen weitgehendst auseinander. Selbstverständlich spielte auch die Haltung zum abzusehenden Zusammenbruch des Nationalsozialismus, zu Sabotage und Verrat, zu
den furchtbar sich abzeichnenden Kriegsfolgen eine große Rolle.
Dabei darf man die Verschickung und Ermordung von Juden
nicht vergessen, die für alle ohne Ausnahme, einschließlich meiner selbst, eine schwerste Belastung waren. Dazu kamen die hinter jedem einzelnen liegenden Erlebnisse.
Eines darf ich von mir sagen, daß ich auch unter diesen gerade
für mich besonders schwierigen Verhältnissen offen zu meiner
Gesamtgesinnung gestanden bin. Nur ein einziger Kamerad hat
sich später mutig vor der Spruchkammer für mich eingesetzt. Ich
war damals bewußt in neue große Gefahren hineingegangen, als
ich der Lagergemeinschaft gegenüber ehrlich über mich war. Dieses Erleben brachte mir eine Bestätigung der Richtigkeit meiner
Forderung, daß sich nicht erst in Notzeiten, sondern vom wirklichen Bewußtwerden an jeder Judenstämmling über Weg und
Ziel seines Lebens klar werden sollte. Ich hätte die Wirkung einer
plötzlichen Kunde von siegreicher Wendung für Hitler im Kriegsgeschehen auf die Lagerkameraden sehen mögen! Und so war
man mir gegenüber fast ohne jedes Mitgefühl, als Ende Dezember
1944 die Nachricht kam, daß mein Schwiegersohn gefallen sei.
Er war Theologe und Gebirgsjägeroffizier.
Es muß aber auch gesagt werden, daß sich ein Großteil der Lager-
leute bei der Arbeit vorbildlich eingesetzt hat. Und es darf das
Dutzend tapferer Männer nicht vergessen werden, das bei einem
Tieffliegerangriff auf den Bahnhof von Vienenburg, ohne an sich
zu denken, das Menschenmöglichste bei der Bergung von Verwun-

deten und ihrer ersten Versorgung leisteten. Der Kreisleiter von Goslar dankte uns noch auf dem Schienengelände mit herzlichen Worten und hat von da an das Lager unter seinen besonderen Schutz gestellt. Das waren keine leeren Worte, denn ich habe ihn damals dann als Obmann mehrmals mit Erfolg um Hilfe gebeten. Auch die Gestapo in Braunschweig war von der Bewährung sehr beeindruckt, und manche harte Anordnung wurde sofort gemildert. Für meine innere Reife waren die Erfahrung dieser fünf Monate wesentlich. Dabei vergaß ich aber auch nie, mir Gedanken über das zu machen, was ich wohl richtig und bei dieser schwierigen Führungsaufgabe falsch gemacht habe.

Auf dem Heimweg — nach dem Zusammenbruch — nahm ich unter dem Schutz meiner Rotkreuz-Armbinde und meines Polizeiausweises drei Kameraden mit. Teils zuerst zu Fuß, später mit der Bahn kamen wir in abenteuerlicher Fahrt über Halle, Leipzig, das Fichtelgebirge, Regensburg, Ulm unter Fliegerangriffen und sonstigen Mühsalen heim; aber keiner von den dreien hat sich je wieder um mich gekümmert, obwohl sie sich in jeder Hinsicht völlig meiner Fürsorge anvertraut hatten — das war eigentlich nicht anders als während der vorherigen Lagerzeit. Offengestanden hätte ich mich gehütet, die Haftung für alle Mithäftlinge zu übernehmen, wenn nicht Gewissensüberlegungen zwingend gewesen wären, mich vorbehaltlos und unter Einsatz von Freiheit und vielleicht Leben in den Dienst aller zu stellen. Ich habe das getan, obwohl mir klar war, daß höchstens einzelne der neuen Kameraden meine Einstellung teilen oder auch nur begreifen konnten oder wollten.

Es bedeutete Freude, mich bei der oft schweren Arbeit in Wind und Wetter mit meinen durch sechs Jahre Gartenarbeit entsprechend stark gewordenen körperlichen Kräften für die Unterstützung und Hilfe von Schwächeren und den Anforderungen nicht so Gewachsenen einsetzen zu können. Was mich heute immer wieder einmal bewegt, ist das bittere Gefühl, daß man mich auch da wie eine Zitrone ausgepreßt, den Saft getrunken und die Schale auf den

164

„braunen Müllhaufen" geworfen hat. Natürlich war man froh, ohne SS-Bewachung leben zu dürfen und einen Mann zu haben, den man überall hinschicken konnte: zu Ärzten, zum Kreisleiter, zur Polizei, Ortsgruppenleitung, Krankenhausverwaltung, Baufirma und sonstigen Stellen. Nachträglich ist mir klargeworden, daß man meiner andersartigen Einstellung zu wesentlichen Lebensfragen eine zunächst heimliche und später dann, als alles vorbei war, offene Verachtung entgegengebracht hat. Jedenfalls habe ich mich für meine Kameraden in schwerer Zeit freudig eingesetzt.

Es kann sein, daß ein Nein bei der ersten Unterredung mit der Gestapo in Braunschweig richtiger gewesen wäre. Aber das Ja-Wort wurde von mir auch aus Gründen letzter Verantwortungsbereitschaft gegeben. Daß ein Festhalten an meiner Grundgesinnung trotz des Wissens um Judenmorde als Charakterlosigkeit gewertet werden konnte, wußte ich damals wie heute. Aber halten wir nicht auch — trotz all der Irrwege der Kirchen — am Glauben fest? Diese und ähnliche Gedanken brechen bei meinen Überlegungen immer wieder durch.

Und doch möchte ich auch diese Zeit im Arbeitslager nicht missen; denn ich faßte eben diese Arbeit und das Erlebnis von Wolfenbüttel, Braunschweig, Bad Harzburg und Goslar samt dem ständigen Blick auf den mir vorher unbekannten Harz unbeirrt anders auf als andere. Im Dezember 1944 schickte ich meiner Frau die folgenden Verse, die vielleicht am besten Kunde geben von dem, wie ich fühlte und dachte:

> Der Pickel klirrt im Harzgestein
> fernab am Waldesrand,
> und alles gilt nur dir allein,
> mein deutsches Vaterland.

> Und tief gräbt sich die Schippe ein
> geführt von harter Hand,
> ob Eiseswind, ob Sonnenschein,
> im Herzen loht ein Brand.

Die Augen schauen tapfer drein,
wenn Sorgen nicht gebannt:
Deutschland muß leben, es allein,
und steht in Gottes Hand.

Diese und ein paar andere Verse lagen nach meiner Haftentlassung 1948 auf dem Tisch im fernen Stüblein meiner mehrmals in Stuttgart ausgebombten Mutter. Sie nahm still meine Hände: „Bub, auf deinem Grabstein müßte stehen: Der ist in tiefster Seele treu, der die Heimat liebt wie du." — Das hat viel von dem ausgeglichen, was man mir gegenüber tun zu müssen für richtig gehalten hatte.

Meine Einstellung zum Nationalsozialismus

Immer wieder hat mich schon damals wie noch immer das Ja zum Nationalsozialismus mit ehrlicher Verantwortung bewegt. Mit Recht kann die Frage gestellt werden: „Wie konnte man bei dieser Abstammung mit allen Zusammenhängen und bei klarer Erkenntnis sonstiger Schattenseiten in der Verwirklichung des Nationalsozialismus bis zum Schluß mitdurchhalten?"

Selbstverständlich habe ich mir in den vier Jahrzehnten oft und viel, bei Tag und Nacht, darüber Gedanken gemacht. Vielleicht ist es richtig, den Fragenkreis bis zum Kriegsgebinn 1939 und nachher getrennt zu werten. Ich weiß, daß das, was mich zutiefst Volk und Vaterland gegenüber bewegte, bereits im Ersten Weltkrieg von manch jüdischer wie deutscher Seite nicht so verstanden worden ist, wie es wirklich war. Bei ruhigem Nachdenken über noch frühere Lebenszeiten erkennt man, wie nicht etwa ein inneres Gespaltensein, das mir erfreulicherweise immer erspart geblieben ist, aber die ständige Abwehr nach zwei Seiten hin meine ganze Entwicklung mitgeprägt hat. Am besten kann man sie mit einem Gratweg zwischen den Abgründen des Antijudaismus und des Antigermanismus vergleichen.

Gerade jetzt, da meine Lebenswanderung langsam zu Ende geht, sehe ich bei einem Rückblick vieles noch deutlicher, klarer. Wenn ich dann an all das Erleben, das Überlegen, das Lesen vielen Schrifttums, die schriftlichen wie mündlichen Aussprachen mit den verschiedenartigst eingestellten Menschen und manches andere zurückdenke, muß ich mich eigentlich wundern, wie wenig all das im Grunde genommen mich in meinen Urmeinungen verändert hat. Mit aller Deutlichkeit möchte ich daher sagen, daß es beinahe an Verbrechen grenzt, völkisch bedingte Eigenarten und ihre innere gegenseitige Ablehnung nicht als etwas Naturgegebenes anzuerkennen. Bücher gibt es ja genug darüber, aber leider zu viele mit einseitiger Betrachtungsweise. Ich wiederhole das an dieser Stelle ganz absichtlich; denn meine Einstellung zum Nationalsozialismus kann man auf beiden Seiten nicht aus dem Teufelskreis mehr oder weniger gut getarnter Mißachtung verstehen. Alle Betonung religiösen Glaubens ist hier wie dort in solchem Zusammenhang ohne Achtung und Verstehen, ohne Recht und Gerechtigkeit. Und bei aller Anerkennung der Bedeutung von Erbgut muß gesagt werden, daß es auch wesentliche Umwelteinflüsse gibt.

Unser verehrter Professor Otfried Müller in Tübingen hat einst immer wieder vom „Bau- und Fahrplan eines Menschen" gesprochen. Daran habe ich im Hinblick auf mich selbst oft gedacht. Mit meinem Deutschsein (nicht Deutschseinwollen!) kam ich über die Frontbewährung in die Entscheidung über Versailles hinein und nach ihr erstmals in die Gedankengänge des Nationalsozialismus. Hier kann natürlich ein Vorwurf einsetzen, nämlich, daß es unverantwortlich war, aus den ersten völkischen Forderungen nicht sofort Folgerungen gezogen zu haben. Ich hatte wenig innere Beziehungen zu der Demokratie der Weimarer Republik gefunden und vieles auf jüdischer Seite auch damals nicht verstehen können. Vielleicht ist es gut, wenn ich offen sage, daß ich — im Gegensatz zu zahlreichen anderen Besitzern des Buches „Mein Kampf" — es schon frühzeitig wirklich gelesen habe.

Es ist einfach, darüber erhaben zu urteilen, schwieriger, sich in all das hineinzudenken, was einen Menschen auf seiner Gratwanderung beim Blick in die Abgründe bewegt hat. Ich habe mich niemandem aufgedrängt, dennoch war ich begeisterter aktiver Turner und Mitbetreuer der Turnerjugend. Aber selbst das war trotz aller Zurückhaltung ein Grund mehr, mich von jüdischer Seite beruflich und gesellschaftlich meine andere Einstellung hart fühlen zu lassen. Allerdings hat mich das nicht sonderlich beeindruckt. Und deshalb Einzelheiten hier zu erzählen, wäre nicht richtig.

Mir ist es unerklärlich geblieben, daß man die heraufziehenden Gewitter — auf seiten der Juden — trotz aller Warnungen kaum sehen wollte. Ich kann mich noch gut daran erinnern, wie man im Jahre 1931 die Ärzteschaft dazu drängte, einen nach Aussehen und Wesen selten eindeutig jüdischen Kollegen zu ihrem Vorsitzenden zu wählen. Dies geschah mit knapper Mehrheit und dann der Folge, daß mehrmals bei Todesfällen und Gedenktagen seine Anwesenheit als unerwünscht bezeichnet worden ist. Eine furchtbare, selbstverschuldete Demütigung, die aber nicht einmal zu einem vorzeitigen Rücktritt Anlaß gab. Dies nur als kleines Beispiel für so manches andere.

Zu gleicher Zeit waren natürlich die Nationalsozialisten auch von einem ihrer Grundhaltung entsprechenden Auftreten. Es ist aber nun einmal ein Unterschied zwischen einem Urvolk (dabei sind die Völkerwanderungen nicht vergessen) und völkisch oft andersartigen Spätlingen, auch wenn manche ihrer Stammbäume bis ins Mittelalter im Urland verfolgt werden können.

In der Zeit von 1925 an schaute ich durch meine Dienststelle im Rahmen der Sozialversicherung viel in mir sonst vermutlich fremd gebliebene Bereiche des öffentlichen Lebens und habe dadurch mit manchen maßgeblichen Persönlichkeiten Fühlung bekommen. Ausdrücklich sei betont, daß ich bei ihnen auch nur das bei uns allen gleich vorhandene Maß von menschlich Allzumenschlichem habe feststellen können. Wenn ich mit der Demokratie trotzdem nicht im Innern fertig geworden bin, lag dies — das habe ich immer wieder im Laufe der Jahrzehnte gesagt — am Zeitgeschehen, das heißt, an der ganzen Entwicklung nach dem Ersten Weltkrieg. Auch Nationalsozialisten gegenüber machte ich aus meiner Überzeugung kein Geheimnis, daß viel guter Wille und auch beeindruckende Leistungen in der Weimarer Zeit zu erkennen waren. Offenbar gehört es zu den menschlichen Schwächen, am Gegnerischen und Vergangenen nie auch das Gute sehen und werten zu wollen. Das deutsche Volk hat offenbar leider eine besondere Neigung, in die erwähnten Richtungen Schmutz werfen zu müssen.

Nun zurück zur Weimarer Zeit. Wenn ich mich in Stunden der Verantwortung frage, wie man eigentlich am besten zusammenfassen könnte, was mich damals außer den Folgen von Versailles besonders bewegte, dachte ich jedesmal an die politische Hilflosigkeit und die innere Zersplitterung des Vaterlandes sowie den starken jüdischen Einfluß im Geschehen der Republik. Die drei Fragenkreise gingen mit mir in tiefer Sorge um. Dabei schienen mir wesentlichst: Eine straffe Führung des Staates und seiner Organe im Sinne echten und schlichten Preußentums; ein Aufbau des Staates auf vaterländischer Grundlage mit Absicherung gegen Fremdeinflüsse; und dann eine Änderung in der Grundauffassung von Sozialismus als sittlicher Lebensform, nicht als Wirtschaftssozialismus oder Massenweltanschauung mit wirtschaftlichen Zielen. Damit aber ja kein Zweifel entsteht, betone ich ausdrücklich, daß ich mich nicht als wirklichkeitsfremder Schwärmer mit dem Sozialismus beschäftigte.

Abgesehen von meinen schon erwähnten beruflichen Aufgaben war von Bedeutung, daß mein Vater ein wirtschaftlich nicht besonders erfolgreicher, aber ein in menschlicher Hinsicht für seine Mitarbeiter sicher trefflicher Arbeitgeber war. So wuchs ich von Jugend auf — ohne es eigentlich zu merken — in solche Fragen hinein. Und das war für mich auch als Arzt und zeitweiligem Klinikleiter von großer Bedeutung.

Die Leistungen und Verdienste der Gewerkschaften auf dem Wege „vom Proletariat zum Arbeitertum" habe ich nie verkannt, auch nicht die der Sozialdemokratie, mit denen sich schon mein Vater als Arbeitgebervorsitzender im Schlichtungsausschuß Stuttgart der Metallindustrie über alles Trennende hinweg sehr gut verstanden hatte. Dazu kam der Gedankenaustausch mit meinem späteren Schwiegervater, einem Schriftsetzer, der insgesamt 70 Jahre in der Gewerkschaft und 65 Jahre in der SPD gewesen war.

Auf all das habe ich hingewiesen, weil nicht etwa — wie das seit Jahrzehnten üblich ist — mein Weg zu einer nationalsozialistischen Einstellung entschuldigt, sondern nur aufgezeigt werden soll,

170

daß ich mir alles genau zu überlegen versucht habe. Im Grunde genommen hätte ich im sicheren Wissen um mein bevorstehendes schweres Schicksal von Anfang an ohne große Überlegungen ein schärfster Hitlergegner sein müssen. Ich kann mich noch sehr gut an viele Leute erinnern, die, um mich zu beruhigen, sagten: „Ach, das mit dem Hitler wird auch nicht so heiß gegessen wie es gekocht wird!"; und, obwohl mir klar war, daß ich den Brei würde sehr heiß essen müssen, konnte ich dennoch die Folgen nicht verhindern. Als der Brei fertig gekocht war, kannten mich diese Leute nicht einmal mehr auf der Straße, kugelten sich statt dessen beinahe den rechten Arm beim „Deutschen Gruß" aus, und wenn der „Koch" kam, brüllten sie wie wilde Stiere!

Aber nach 1945? — Ich will denen mit einer wirklich aufrichtigen Gesinnungsänderung aus Gewissensgründen ihren echten Wert lassen; aber was ich ablehne, ist am besten diesem kleinen Vers zu entnehmen:

„Die über Nacht sich umgestellt,
die sich zu jedem Staat bekennen,
das sind die Praktiker der Welt —
man könnte sie auch Lumpen nennen!"

Es gibt heute noch genug Leute, die ihren Weg zum National-sozialismus nur als Folgeerscheinung der seelischen Belastung nach dem verlorenen Ersten Weltkrieg und der wirtschaftlichen Not sehen, und sicher ist das zum Teil richtig. Selbstverständlich wäre mir ein leichteres Leben beschieden gewesen, wenn ich mich ebenfalls auf diesen Bereich einer Begründung zurückgezogen hätte. Für mich war aber die Verbindung von Nationalem mit Sozialem zu einer bestimmenden Lebensfrage geworden. Durch das Vorbild meines Vaters und vom Frühbeginn meines medizinischen Studiums an beschäftigte ich mich immer wieder mit beiden Wesensrichtungen — nicht schwärmerisch, sondern auf dem Boden der Wirklichkeit. Ich habe nie eine Neigung zum Hurra-Patriotismus gehabt, doch um so inniger ein tiefes Verwachsensein mit der engeren und weiteren Heimat, deren Erwandern, nicht Durchfahren, mir bis ins hohe Alter Herzenssache geblieben ist.

Vielleicht konnte das auch manches Mal übersteigert wirken; es war aber höchstens die Folge eines ständigen, heimlichen Unsicherheitsgefühls durch die Abstammung, an die man letztlich auch schon vor 1914 immer wieder sanft oder auch unsanft erinnert wurde. Wenn man will, kann man einem Nebenmenschen alles mißdeuten; aber erfreulicherweise haben mich die dazu fähigen Zeitgenossen nie beeindruckt.

Deutschland war für mich nicht nur vaterländischer Wertbegriff, sondern auch hartfordernde Wirklichkeit in Frieden und Krieg. Den Sozialismus habe ich schon im Elternhaus nicht als oberflächliche Leutseligkeit Mitarbeitern gegenüber kennengelernt, sondern als warmherzige Wertschätzung ihrer Persönlichkeiten und ihres Wirkens. Bald nach der Reifeprüfung wurde ich mehrmals für drei Monate Krankenpflegelehrling im heimischen Spital. Da erkannte selbst ich junger Kerl schon die geheime Verflechtung von echtem Sozialismus und wahrem Arzttum. Ich erzählte im Laufe eines langen Arztlebens immer wieder davon, daß ich mir gerade in der ersten Zeit solch lernenden Tuns versprochen habe, niemals auch nur den geringsten Unterschied zwischen dem einfachsten Kassenpatienten und dem besten Privatpatienten zu machen. Gerade dieses für mich lebenswichtige Gelöbnis habe ich ganz gehalten. Es lag mir als bescheidener Beitrag zu einem Sozialismus der Tat ständig sehr am Herzen.

Warum ein deutscher Sozialismus? Ich habe viele menschlich prächtige, ehrlich sendungsbewußte Marxisten kennengelernt, aber dennoch ihre Lehre ablehnen müssen. Sie betont nicht die Gemeinschaft, sondern leitet zum Denken in Klassen und macht durch den geforderten Kampf eine echte Gemeinschaft unmöglich. Und in einem deutschen Sozialismus erhoffte ich als Ausgang und Ziel nicht das Wohl des einzelnen um des einzelnen wegen, sondern eine wirkliche Volksgemeinschaft mit der Wertung des einzelnen nach seinem Streben und Leisten für sie.

172

Wie schon betont, war ich nie blind oder taub den sicher auch stets großen Fehlern und Mängeln des Nationalsozialismus gegenüber. Wie viele andere auch sah ich trotzdem in seiner Machtübernahme die Rettung aus der großen Not des Volkes und des Staates. Deshalb sei hier in aller Deutlichkeit etwas gesagt, das die deutschen amtlichen Stellen nach 1945 völlig außer acht ließen; aber die amerikanischen nicht — trotz wesentlicher Besetzung mit Offizieren, die als Juden aus Deutschland ausgewandert waren: Es ist bei der Beurteilung eines Mannes meiner Art doch wichtig, ob er lange vor 1933 sich um des Ganzen willen zu einer nationalsozialistischen Grundeinstellung durchgerungen hat oder ob Einzelpersönlichkeiten wie auch Gruppen und Verbände sich in plötzlich nach dem 30. Januar 1933 veränderten „Erkenntnissen" mit Briefen und Eingaben an Hitler oder eine andere nationalsozialistische Stelle gewendet haben. Natürlich waren darunter durchaus verständliche, oft erschütternde SOS-Rufe, um zu retten, was vielleicht noch zu retten war. Nur Menschen übelster innerer Prägung ohne Unterschied der Abstammung konnten und können sich abfällig äußern, wenn gerade dabei der Stil der Zeit auch in solchen Schriftstücken zum Ausdruck kam. Hermann Göring war ebenfalls dieser Auffassung und fand für die erhaben Verurteilenden schmückende Beiworte aus dem Sprachgebrauch soldatischen Ursprungs. Übel ist es nur, wenn der Gedächtnisschlag die Absender solcher Notrufe plötzlich 1945 getroffen hat und sie sich seither hocherhaben über Sünder wie mich fühlen.

Ein Schreiben ist mir samt der Verfasserin und ihren nachträglichen Fußtritten für mich als Beispiel in besonderer Erinnerung. Hitler erhielt sicher nicht viele solch untertänigste Huldigungsbriefe mit der Bitte um Aufnahme des „in seiner Art einmaligen Sprößlings" in die Hitler-Jugend. Im „Vierten Reich" ist dieser dann als Mischling rasch aufgestiegen, und so war die damalige Ablehnung durch Hitler wenigstens ausgeglichen.

Eine Tatsache habe ich lange nicht für wahr halten können, nämlich, daß Hitler von der internationalen Hochfinanz bei seinem

Aufstieg, also auch mit Geld aus jüdischer Hand, entscheidend unterstützt worden ist. Erstmals sprach ich im Lager Dr. Schacht darauf an im Zusammenhang mit dem Schicksal eines gemeinsamen, mir bis heute sehr lieben Lagerkameraden.

Dieser Mann war früher in der Leitung einer jüdischen Firmengruppe und hatte zur Abschirmung seiner Arbeitgeber in deren Auftrag, aber unter seinem Namen, der Partei und ihren Gliederungen größere Summen überwiesen. Das wurde bei der Nachprüfung von Spendenlisten im Jahre 1946 entdeckt. Unser Freund kam ins Gefängnis und dann ins Lager, hatte schwere finanzielle Einbußen und „Teufels Dank" von der inzwischen wohl heil im Ausland lebenden Sippschaft, die keinen Finger für ihn krümmte.

Schacht hatte natürlich ein viel umfangreicheres Wissen über solche und ähnliche Fälle im In- und Ausland. Es ist sehr bedauerlich, daß auch im Schrifttum verhältnismäßig wenig darüber zu erfahren ist. Das Erlebenmüssen unseres Kameraden ist sicher kein Einzelfall gewesen.

Um andererseits meine eigene Willensbildung vor und nach 1933 besser erklären zu können, sei aus einem 1934 vom orthodoxen Rabbiner Elie Munk der Gemeinde Ansbach an Hitler geschriebenen Brief entnommen: „Ich lehne die Lehren des Marxismus vom jüdischen Standpunkt aus ab und bekenne mich zum Nationalsozialismus, natürlich ohne seine antisemitische Komponente. Ohne den Antisemitismus würde der Nationalsozialismus in den überlieferungstreuen Juden seine treuesten Anhänger finden." — Es ist schade, daß ich diesen und andere Briefe noch nicht zur Zeit der Untersuchungen gegen mich kannte. Aber es ist doch auch für diesen Rückblick wichtig, denn hier wird der wesentliche Vorwurf gegen mich angesprochen: Dort Nationalsozialismus ja, aber nur ohne Antijudaismus; bei mir Nationalsozialismus ohne Vorbehalt.

Gewiß birgt der Unterschied sehr schwere Fragen in sich, die auch schon berührt worden sind. Ist es nicht zu einfach, all das heute nur noch verschleiert durch das Verbrechen des Massenmordes nicht mehr klar sehen zu wollen? Der fromme Mann aus Ansbach bestätigt einwandfrei, daß man ohne Rücksicht auf Abstammung ein treuester Anhänger des Nationalsozialismus sein kann. Er macht aus durchaus anerkennenswerten Gründen einen Vorbehalt; ich habe um Deutschlands willen keinen gemacht. Ist mein Standpunkt zu verantworten oder nicht?

Nach 1945 hat man in der berechtigten Erregung über die Morde in jeder Ablehnung der Juden teils ein Verbrechen, teils eine Art von Geistesstörung gesehen. Aber inzwischen war ja Zeit genug, sich auf die Wahrheit zu besinnen. Doch leider ist das vielfach unterlassen worden; denn sonst hätte — wie schon berichtet — ein Jerusalemer Oberrabinner nicht kürzlich den deutschen Juden von einst in übler Weise Treulosigkeit vorwerfen können. Gerade in der Zeit dieser Niederschrift hat ein deutschfeindlicher Israeli, Hahlom Goldmann, unsere Bundesflagge öffentlich verbrannt. Er wurde freigesprochen, obwohl er erklärt hatte: „Bonns heutige Regierung repräsentiert auch die deutschen Mörder." Das las ich unter der Überschrift „Goldmanns Dank" in der Zeitung. Hoffentlich erkennt man, daß es auch eines anderen Goldmanns anderen Dank gibt!

Mein Herr Namensbruder veranlaßt mich wegen seiner Unverfrorenheit in Tat und Wort etwas deutlicher als vorgesehen zu werden:

1. Daß Mord Mord ist und bleibt, wurde auch von mir mehrmals deutlich genug betont.

2. Ebenso klar habe ich gesagt, daß ich (als Staat Israel) nie Geld von den „verfluchten deutschen Mördern" gefordert und haufenweise angenommen hätte. Diesem Staat stand eine kollektive Wiedergutmachung nach Recht und Gerechtigkeit gar nicht zu. Sie wurde nur durch die zionistische Leitung des jüdischen Weltkongresses unter der Führung von Dr. Nahum Goldmann erreicht, den ich von Dienstgesprächen, die er als preußischer Oberregie-

rungsrat und ich als zuständiger Fachberater zu führen hatten, in guter Erinnerung behielt.

3. Der Oberrabbiner und Hahlom G. sind auf dem besten Wege, eine erneut anwachsende Judenfeindlichkeit anzuheizen. Das deutsche Volk hat ehrlich Reue gezeigt, aber es läßt nicht — ohne Unterschied der politischen Einstellung — als Antwort auf viel besten Willen seine Bundesfahne schänden und sich noch nach Jahrzehnten zum Mördervolk herabwürdigen. Solche Israelis treiben ein gefährliches Spiel, denn was insbesondere zwischen 1918 und 1933 in Deutschland getan worden ist, kommt auch wieder mehr und mehr zum Bewußtsein der gesamten Bevölkerung. Walther Rathenau hat schon 1897 in seiner Schrift „Höre Israel" gewarnt. Offenbar haben die beiden — leider maßgeblichen Herren — völlig vergessen, daß es auch eine unbestreitbare jüdische Mitschuld an der raschen Entwicklung des Nationalsozialismus und eine noch furchtbarere Schuld des Weltjudentums durch völliges und gewissenlos bewußtes Versagen bei den vielfachen Möglichkeiten einer Rettung fast aller deutschen Juden gab.

4. Eine Zusatzfrage: Wieviel palästinensische Frauen, Männer und Kinder sind in den letzten 25 Jahren eines gewaltsamen Todes durch israelische Einwirkung gestorben? (Siehe Ziffer 1. dieser Zusammenstellung). — Im „Faust I. Teil" steht beim Hexen-Einmal-Eins:
„Es war die Art zu allen Zeiten
durch Drei und Eins, und Eins und Drei
Irrtum statt Wahrheit zu verbreiten."

5. Cheskel Zwi Klötzel (Hamburg) hat vor 50 Jahren in der Zeitschrift „Janus" (2. Jahrgang, S. 57 ff.) geschrieben: „Man nennt uns eine Gefahr des Deutschtums. Gewiß sind wir das, so sicher wie das Deutschtum eine Gefahr für das Judentum ist."

Nach dieser Unterbrechung, die sicher nicht unnütz war, zurück zur Kernfrage der Entscheidung des Ansbacher Rabbiners und der von Menschen meiner Art. Eines ist richtig, daß, wenn ich irgendwie zweckgebunden oder vorteilsuchend zu handeln versucht hätte, mein doch außerordentlich schwieriger und lebensbestimmender Entschluß eines „Ja" nicht möglich gewesen wäre. Da ich darüber nie stillschwieg, bekam ich natürlich allerhand zu hören, zuerst meist: „Nur die dümmsten Kälber ..."

Auch jetzt, nach so langer Zeit, ist mir, sooft ich daran denke, gegenwärtig, daß in mir nicht nüchterne Überlegung gewaltet hat, sondern alles aus der Tiefe des Seins heraus geschah. Das Schicksal hat mir ja Gelegenheit genug gegeben, selbst nachzuprüfen, ob Weg und Ziel zu verantworten waren. Das ist für mich stets wesentlicher gewesen als das nach 1945 von Bußpredigern beiderlei Geschlechts beim selbstgerechten Abbruch ihres meist zwölfjährigen Schweigens Vorgebrachte. Tat und Vorbild zählen, aber nicht Vorsicht, Zurückhaltung, Angst und Feigheit!
Selbstverständlich hatte auch ich schon in den ersten Jahren nach der Machtübernahme hin und wieder Angst, Sorgen, Zweifel und manches Mal Wut und Empörung in mir zu überwinden. Ich war halt noch nie ein ausgeklügelt Buch, sondern auch nur ein Mensch mit seinem Widerspruch, der sich aber redlich um Wahrheit und Klarheit in sich gemüht hat.
Hart und unerbittlich wurde ich vor die Notwendigkeit der Bewährung gestellt. Das Leben und die Freiheit eines jeden Volkes haben göttlichen Sinn, des deutschen wie des jüdischen. Dafür haben sich jeweils alle dort einzusetzen, wo sie sich auf Gedeih und Verderb verbunden fühlen. Es ist aber ein sinnloses und niederträchtiges Gerede, wenn irgendein Volk sich anmaßt, ein anderes Volk, das andersartig ist, als Ganzes für schlecht oder irgendwie minderwertig zu erklären. Dasselbe gilt übrigens auch innerhalb eines Volkes beim Wechsel einer Regierungsform. Ich sage das hier ganz bewußt und hoffentlich auch unmißverständlich!

Selbstverständlich wird mir bei passenden und meist unpassenden Gelegenheiten wohl bis zu meinem Lebensende vorgehalten: „Du hast einem Verbrecher geglaubt!" — Darauf kann ich nur erwidern: „Jawohl, dafür bin ich verantwortlich. — Ich habe allerdings von Lagerkameraden, die Hitler einst nahestanden, bei ganz ehrlichen Aussprachen erfahren dürfen, daß vieles doch völlig anders war als man seit 1945 darzustellen für richtig hält." — Meist folgen nach solchen Vorwürfen Auseinandersetzungen über — nach meiner Meinung — wertvolle Gedanken von einst, von denen manche zum Nutzen unseres Volkes und Staates als Vorbild oder Anregung auch nach 1945 hätten erkannt werden können.

Es ist natürlich wertlos, darüber zu streiten. Wir Älteren haben ja mehrmals erleben müssen, daß man völlig unbegründet das Gute und Bedeutende eines vergangenen Zeitabschnittes nicht einfach übersehen kann oder aus durchsichtigen politischen Gründen nicht beachten will. Das alles segelt dann unter der Flagge „Bewältigung der jeweiligen Vergangenheit", ein Begriff, mit dem schon viel Unfug — trotz grundsätzlicher Berechtigung — angerichtet worden ist.

Wenn man über die Zeit bis 1938 spricht, werde ich immer wieder gefragt — was ja schon mehrfach berührt wurde —, weshalb ich trotz des Erkennens mancher erheblich falscher Wege und der beinahe von Monat zu Monat schärfer werdenden Durchführung der Gesetze unbeirrt durchgehalten habe. Aus allem hier Gesagten wird man hoffentlich erkennen, daß das gar nicht möglich gewesen wäre, wenn ich nicht vieles für unbedingt richtig gehalten hätte. Es ist jedem Beurteiler überlassen, mich nach Belieben einzureihen. Aber mir ist bis heute unklar, weshalb man bei größtenteils sicher bestem Wollen während der Weimarer Zeit das heraufziehende Sturmwetter nicht rechtzeitig beim eigenen Tun und Lassen entscheidend berücksichtigt hat. Es wurde aber ohne Unterschied der Partei, der jeweiligen Regierung, der Konfession, der Rasse „weitergewurschtelt" unter Preisgabe wertvoller Gelegenheiten zu einem erfolgreichen Eingreifen. Wer heute ehrlich über die Vergangenheit nicht nur oberflächlich schwätzen, sondern verantwortungsbewußt reden will, muß doch gestehen, daß unbegreiflich ist, wie man gerade in der Judenfrage nichts von Bedeutung getan hat. Von dieser arischen wie nichtarischen Mitschuld will bis heute niemand etwas wissen. Alles unverantwortlich Versäumte wird dann Hitler und den Seinen zur Last gelegt.

Die Nationalsozialisten haben von der ersten Veröffentlichung 1920 an offen geredet und geschrieben. Wie verhältnismäßig leicht hätte man ihnen den Wind — auch in völkischer Hinsicht (dies nur als Beispiel) — aus den Segeln nehmen können. Es wäre besser für alle Beteiligten gewesen, nicht vergessen zu haben, daß schon vor 1914 besonders von jüdischer Seite ein Vorgehen gegen die aus Rußland und Polen eingewanderten Juden gefordert worden ist, also lange vor der Zeit des Nationalsozialismus. Daß Bayern den Gedanken 1920 wieder aufgegriffen hat, wurde schon erwähnt.

Nochmals sei darauf hingewiesen, daß mir jede menschliche Herabwürdigung der Ostjuden fernliegt. Viele von ihnen strebten nach den Judenverfolgungen in Rußland und Polen froh einer neuen, freieren Heimat zu. Es ist schwer zu verantworten, nachträglich so zu tun, als habe sie das deutsche Volk — einschließlich derer, die in der Andersartigkeit dieser Ostflüchtlinge von Anfang an eine Gefahr für die Ankommenden und Aufnehmenden sahen — „verabscheut". Mindestens sollte hinzugefügt werden, daß ein gewisser Teil dieser „Neubürger" in der nun erreichten Freiheit einfach zu selbstsicher und überheblich in verschiedenster Beziehung war. Diese Feststellung muß um der Wahrheit willen getroffen werden. Nur so kann man begreifen, daß man im Reich in immer stärkerem Ausmaß sich gegen die Überfremdung auf wesentlichen Gebieten des öffentlichen Lebens beinahe zwangsweise zur Wehr setzen mußte.

Viel Mühen um Abwehr war vergeblich, weil weite Kreise auf allen Seiten der Beteiligten die Tatsachen nicht sahen oder nicht sehen wollten. Ich bin übrigens der Überzeugung, daß Göring, bei dem ich nie den Eindruck von Unaufrichtigkeit gehabt habe, und auch Hitler nur eine Auswanderung oder — falls dies nicht erreicht werden könnte — eine Aussiedlung der Juden nach dem Osten im Auge gehabt haben. Nach bestem Gewissen habe ich bei einer Reihe von Verhören den Deutschen und Amerikanern gegenüber gesagt, daß Hitler und Göring eine endgültige Lösung der Judenfrage, aber keine Vernichtung erreichen wollten. Das ist auch heute noch meine Meinung.

In der Weimarer Republik

Zunächst noch ein Wort über die alte Reichswehr, der ich selbst zeitweise angehört habe und zu der ich auch nachher immer Beziehungen hatte. An ihrer nationalen (nicht nationalistischen) Grundhaltung war nie zu zweifeln. Insgesamt hatte ich stets den besten Eindruck von ihrer Einsatzbereitschaft und Pflichttreue. Sicher bestanden dort auch nationalsozialistische Neigungen wie bei meinem ehemaligen Chef, dem Generaloberstabsarzt und späteren Sanitäts-Chef der SA, Dr. Hocheisen. Aber das hat ihn nicht abgehalten, mich zu seinem stellvertretenden Adjutanten zu machen und mir lange die Treue zu halten. Den späteren Generaladjutanten Hitlers, General Schmundt, der am 20. Juli 1944 ums Leben gekommen ist, hatte ich auch bei der Reichswehr kennengelernt, und er hat mich ebenfalls nie vergessen. Insgesamt war ich immer wieder über den Grad an Allgemeinbildung bei Offizieren und Unteroffizieren erstaunt — dies natürlich ohne falsche Verallgemeinerung.

Man hat damals und später die Reichswehr als „Staat im Staate" bezeichnet. Sicher war sie eine in sich geschlossene Wehrschaft mit einem hohen Grad an innerem Gleichklang, der sehr wohl auch den Staat maßgeblich in einer Stunde der Entscheidung hätte beeinflussen können. Nicht umsonst erinnerte die Regierung bei der Beratung des Republikschutzgesetzes im Reichstag (März 1930) daran, daß der Kapp-Putsch 1922 nur an der Abwehr der Arbeiter und Beamten gescheitert sei. Andere zuverlässige verfassungsmäßige Machtmittel habe es damals so gut wie keine gegeben. „Heute allerdings verfügt die Regierung über eine Reichswehr mit vorzüglicher Disziplin und eine Schutzpolizei, die jeden Anschlag auf die Reichsverfassung im Keim ersticken könnten", betonte damals Minister Severing.

Schon einmal habe ich meine Überzeugung angedeutet, daß die Reichswehr einerseits und der Gewerkschaftsbund andererseits durch militärisches Eingreifen und einen Generalstreik im letzten Augenblick vieles hätten verhindern können. Oft wurde ich gefragt, ob ich glaubte, daß die nationalsozialistischen Kräfte in der Reichswehr nicht mitgemacht hätten. — Nein, sicher wäre die Reichswehr nicht gespalten worden. Aber ebenso richtig ist, daß sie bei einem Erfolg bestimmt nicht zu dem geschwiegen hätte, was die damaligen Soldaten der Reichswehr sehr belastet hat. So habe ich nie gezweifelt, daß nach einem ausschlaggebenden und erfolgreichen Anteil der Truppen an einem Kampf gegen Hitler vieles trotz des Zusammengehens mit den Gewerkschaften von ihnen verändert worden wäre.

Inwieweit man einen Gleichklang zwischen Preußentum und Sozialismus hätte erreichen können, vermag ich nicht zu beurteilen. Wer die Entwicklung der Widerstandsbewegung genau beobachtet hat, wird die Überwindung der Schwierigkeiten, die durch Herkunft, Berufung, Beruf und politischer Meinungsbildung — trotz vordergründiger gemeinsamer Zielsetzung — bestanden, nicht für möglich halten. Schon der nicht geklärte Unterschied zwischen Kämpfern und Schwätzern, Hoch- und Landesverrätern, der noch heute aus — meiner Meinung nach — sehr durchsichtigen Gründen besteht und offenbar bestehen bleiben soll, macht das deutlich. Jedenfalls wäre auch ohne Hitler der jüdische Einfluß auf das öffentliche Leben in allerdings gerechtem Ausmaß beschränkt worden.

Das führt zu mir selbst zurück, weil mich lange genug das Wundern und Sorgen nicht mehr zur Ruhe kommen ließen. Ich habe zwar nicht sehr viel von Politik verstanden, aber dennoch sah ich den Schiffbruch der Weimarer Republik klar vor mir. Darüber sprach ich bei jeder Gelegenheit mit August Winnig. Als ich einmal von Kurt Schumacher zu einer Reichstagssitzung und zum

Mittagessen eingeladen war, sagte dieser lächelnd, denn wir waren uns menschlich sehr zugetan: „Sie sind halt politisch ein Kind", als ich von dem mich Umtreibenden berichtet hatte.

Wer sich und anderen nichts vormachen will, mußte und muß sich als Älterer noch daran erinnern, wie es wirklich mit dem tatsächlichen Versagen der ständig wechselnden Regierungen war, die vor Hitler die deutschen Geschicke in der Hand hatten. Das ist zu einer gerechten Beurteilung auch gerade meines Weges unbedingt notwendig, obwohl die Zahl der Lakaien unter den jeweils Maßgeblichen leider bei uns sehr groß war und ist. Bebel hat schon gesagt, wir Deutschen hätten eine „Bedientenseele", und das gilt für viele — nicht nur früher.

Es ist sinnlos und ungehörig, die Irrwege der vorhitlerischen Regierungen mit einer kränkenden Abwertung der Persönlichkeiten und mit Zweifeln an deren Wollen zu verbinden. Sicher wurden damals wesentliche Probleme auf wirtschaftlichem, sozialem und politischem Gebiet nicht gemeistert. Und wie haben gerade politische Demütigungen von seiten der Siegermächte, Arbeitslosigkeit und anderes unser Volk bedrückt! Daß das dann gar nicht so abwegig war, wenn so viele Menschen überzeugt auf Hitler hofften, sollte man bedenken, ehe man so leichtfertig urteilt.

Aus eigenster bitterer Erfahrung weiß ich, wie wenige es richtig werten, wenn man trotz der Opfer, die man selbst um des Ganzen willen zu bringen hatte, sich bewußt zu einem „Dennoch" in seiner Entscheidung durchgerungen hat. Natürlich ist es für Außenstehende schwer, Charakterlosigkeit irgendwelchen Grades und aus irgendwelcher Absicht von sauberer, starker Gesinnung zu trennen. Das habe ich auch meinen Feinden und Gegnern stets zugute gehalten. Aber insgesamt durfte ich von ihnen lernen, wie man es nicht machen sollte. Und warum vergißt man eigentlich, daß erst, als die Not aufs höchste gestiegen war, Hitler seine überraschenden Wahlerfolge von 12 Reichstagsmandaten auf 107 im September 1930 und dann auf 230 im Juli 1932 erlebte? Ich war damals sowenig wie später engstirnig und mit Scheuklappen versehen, doch hatte ich das Vertrauen auf die Mehrzahl der Regierungs- und Reichstagspolitiker verloren — nicht meinetwegen, sondern um Deutschlands willen.

Das Kabinett von Papen, das am 1. Juni 1932 an die Stelle des Kabinetts Brüning trat, konnte doch wirklich nur noch ein Übergang sein, da es keinen festen Rückhalt im Reichstag mehr hatte, der natürlich nach den Wahlen noch geringer war. Wer es erlebt hat und sein Gedächtnis behalten durfte, weiß noch um die Sorgen in der damaligen Politik, die nach der Wahl von 1930 beinahe zwangsläufig immer kraftloser wurde. Dabei hatte doch die sozialistische „Eiserne Front" im Januar 1932 offen mit dem Bürgerkrieg gedroht, falls Hitler legal oder illegal an die Macht komme. Ich habe hier nicht über die Auffassung anderer zu berichten, sondern über die meinige. Aber auch nach so langer Zeit kann ich nicht begreifen, wie man so etwas ankündigt und nachher nicht durchsteht.

Im Internierungslager hat mir der inzwischen verstorbene Dr. Schacht erzählt, daß der schon erwähnte Minister Severing in einem Buch über „Franz von Papen" bezüglich der Lage 1932 — völlig anders als 1930! — behauptet hat, die Reichswehr sei 1932 zu schwach zu einem Kampf mit sicherer Aussicht auf Erfolg gegen die SA und SS gewesen. Als ich das hörte, hat mich schon das „mit sicherer Aussicht" erschüttert. Wie kann ein Mann, der vor der Geschichte viel Mitverantwortung für die Entwicklung trägt, mit solcher Begründung etwas derartiges sagen? Dabei vergaß er auch, einmal darzulegen, warum die Gewerkschaften — wie schon erwähnt — die zweifellos innerhalb der Reichswehr bestehende Bereitschaft zum Losschlagen nicht mit einem Generalstreik unterstützt haben! Ganz mit Recht waren doch alle Regierungen der Weimarer Zeit für die Schaffung sowie den Auf- und Ausbau einer bescheidenen Abwehrmacht eingetreten. Man wußte höheren Ortes genau, daß längst vor 1933 der Versailler Vertrag in Rüstungsfragen verletzt worden ist. Meine jahrelange Zugehörigkeit zur „Schwarzen Reichswehr" war doch dafür auch ein

184

Beweis. Und dann stellt man nachträglich einer wertvollen Truppe ein solches Armutszeugnis aus!

Und derselbe Herr Severing hat im Nürnberger Prozeß ausgesagt, ihm sei schon am 30. Januar 1933 klar gewesen, daß die Herrschaft Hitlers den Krieg bedeute. Wieso streckte man dann still und leise vor diesem Hitler die Waffen, verweigerte 1934 eine Beteiligung an den Attentatsvorbereitungen, bezog aber im Dritten Reich sein Ruhegehalt und vieles andere mehr? Das ist ein Beispiel, das bei ruhigem Nachdenken mehr sagt als alles Gerede sonst.

Ich habe einst beim SD eine Liste gesehen, in der alle Ehrensolde und Ruhegehälter für ehemalige entscheidende politische Gegner des Nationalsozialismus einzeln aufgeführt waren; und zwar war für jeden Empfänger eine ganze Seite mit allen wichtigen Angaben bestimmt. Man hat doch so viel Vergangenes mit vorbildlichem Fleiß aufgehellt, warum — so muß man fragen — werden solche Akten nicht veröffentlicht? Mir hat zeitweise unter der Flagge „Gewinnsucht" die Spruchkammer vorgehalten, ich hätte vorübergehend beim SD zwanzig (!) Mark im Monat Fahrgeldentschädigung bekommen. Dieser Vorwurf, der kein Unrecht, sondern Unsinn war, hatte allerdings dann auch nur kurze Lebensdauer.

Führerprinzip und Verantwortung

Ob hier oder an anderer Stelle, dem Fragenkreis um Hitler darf man nicht ausweichen. Vor allem gilt das für die völkische Gesetzgebung und ihre Folgen sowie für die Kriegsschuld. Zunächst eine ganz persönliche Meinung: Im Gegensatz zu der Mehrheit der damaligen und heutigen Zeitgenossen habe ich immer die Auffassung vertreten, daß Hitler und Göring nicht feige irgendwelche etwaige Schuld auf andere abzuschütteln versucht haben. Offengestanden bin ich dem Gerede von den „Adölfles" und ihrer Verantwortung, für die natürlich der „oberste Adolf" und die anderen Männer an der Spitze nicht geradezustehen hätten, oft und hart entgegengetreten. Jeder, der Ja zum Führerprinzip sagt, muß für sich selbst zuerst die Folgerungen daraus ziehen.

Wir alten Frontsoldaten hatten schon vom Ersten Weltkrieg her ein feines Gespür für Verantwortungsbereitschaft bei unseren Vorgesetzten, unseren Kameraden und uns selbst (hier besonders, wenn wir in den Gefahrenbereich des Versagens kamen)! Ich bin nie ein Freund von dem gewesen, was heute als Allerweltsheilmittel angepriesen wird: der „Team"-Arbeit. Sie war unter deutschem Namen schon immer üblich, allerdings mit der Grundverantwortung einer leitenden Persönlichkeit. Vermutlich ist es noch jetzt so, aber „antiautoritär" ist an der Oberfläche Trumpf.

Man kann über Hitler und Göring denken, wie man will, anerkennen muß man jedoch, daß sie zu ihrer Verantwortung gestanden sind. Von der Judenfrage und Hitler ist schon viel geschrieben worden, zum Teil mit Überlegung aus vielerlei Gründen Unwahres. Es geht hier nicht um eine Rückwärtsbetrachtung von der Zeit der furchtbaren Morde und nachher an, sondern um eine wieder gerecht und anständig sein wollende Ergänzung mit einem Blick auf den ganzen Zeitabschnitt. Wer nach Wahrheit sucht, muß sich doch fragen, warum und wodurch das Geschehen unter Hitler möglich war.

Kein Mensch verübelt den Juden die Bewahrung ihrer Volkheit durch zwei Jahrtausende hindurch; man kann sie nur bewundern und beneiden. Die Deutschen waren sich ihres völkischen Bestandes im Laufe der Jahrhunderte oft nicht so bewußt. In einem Aufsatz zum Gedenken an Martin Buber bei seinem Tod 1965 steht ein Wort von ihm: „Das Blut ist die tiefste Machtschicht der Seele." Darauf baut sich doch alles Völkische auf — auch für Juden und Deutsche, und birgt folglich bei allen Völkern etwas Edles, Adeliges in sich. Es gibt auf der ganzen Welt unter allen Völkern wie unter Einzelmenschen Zuneigung und Liebe, die außerhalb jeder Befehlsgewalt stehen, aber auch Duldung mit oder ohne Achtung, Ablehnung und Haß.

Und nun kommen wir zu etwas Wichtigem hinsichtlich Hitler, der seine ersten tiefeinwirkenden Begegnungen mit Juden in Wien hatte. Man sollte nicht einfach sagen, das sei gleichgültig. Das ist es eben nicht.

Von meiner Studienzeit in Berlin an habe ich mich auf Grund persönlicher Eindrücke und der vieler anderer mit diesen Fragen befaßt. Eine Reihe von wirklich ernst zu nehmenden glaubwürdigen Menschen hat mir bei Gesprächen gesagt, die Gegenüberstellung mit der Judenfrage in bestimmten Städten und Gemeinschaften verschiedenster Art hätten sie zu Judengegnern gemacht. Vielleicht bekundet eine an sich unbedeutende spätere Erinnerung mehr als große Worte davon.

Im Spätherbst 1931 war ich auf Anordnung meiner vorgesetzten Dienststelle vier Wochen in einem Austausch als Gast an der zuständigen Fachabteilung eines großen Berliner Krankenhauses tätig. Der leitende Arzt, mit dem ich befreundet war, lud mich in den ersten Tagen in den Speisesaal der Ärzte ein. Von den Jahren 1911/12 her war ich bezüglich der hohen Zahl jüdischer Mitstudenten schon an einiges gewöhnt, aber was ich in dem Kasino schon nach kurzer Zeit festgestellt hatte, mußte mich wirklich tief bewegen. Um diese Zeit waren bereits 52 Prozent aller Berliner Ärzte Juden.

In ehrlicher Besorgnis suchte ich meinen Cannstatter Landsmann Dr. Fritz Elsas (damals Bürgermeister von Berlin, später als Widerstandskämpfer hingerichtet) im Rathaus auf und sprach lange mit ihm. Das war für uns gar nicht einfach, denn schließlich waren wir ja auch Akademiker geworden und standen beide an verantwortlicher Stelle, also mitschuldig an dem, was uns bedrückte. Aber wir sahen das völlig verschieden. Elsas, übrigens ein kluger und grundanständiger Mann, war Vollblutdemokrat und hoffte auf eine noch irgendwie annehmbare Lösung ohne nationalsozialistische Machtergreifung. Im Gegensatz dazu war ich schon damals der festen Überzeugung, daß sich alles anders entwickeln werde und daß ich dennoch ein aufrichtiges Ja dazu sagen müsse, weil ich keinen anderen, für das Volksganze richtigeren Weg sah. Daß wir beide dabei wahrscheinlich unsere Stellung verlieren würden, verhehlte ich nicht. Nach dem 30. Januar 1933 haben wir uns schriftlich besprochen, und bald darauf waren wir tatsächlich in Acht und Bann.

Ob es uns paßt oder nicht, Hitler und sein Tun müssen in seiner Zeit unter seinen Lebensumständen gesehen werden. Das wollen viele Menschen nicht. Professor Hans-Joachim Schoeps aus Erlangen („Jude von Geburt, Preuße aus Leidenschaft") schrieb 1934: „So konnte es denn zu jener selbstgefälligen Abwehr des Antisemitismus kommen, die sich selber von allen Vorwürfen reinwusch, den Antisemitismus aber für eine Dummheit nicht genügend aufgeklärter Menschen hinstellte und den Argwohn des deutschen Volkes gegen den zersetzenden Einfluß entwurzelter Juden mit dem Hinweis auf die hohen jüdischen Leistungen für die deutsche Kultur zu kompensieren versuchte." — 1946 kam Schoeps schon wieder aus Schweden zurück und wurde nach Erlangen berufen. Seine konservative, rechtspolitische Auffassung und ein tapferes Bekennen dazu haben ihm von verschiedener

Seite schwerste Angriffe gebracht und so seinem Ansehen erheblich geschadet. Auch Schoeps ein Mann zwischen zwei Völkern!

Es ist ein nicht zu verantwortendes Unterfangen, den ganzen Fragenkreis des Antigermanismus, der für unsereinen schon von Jugend auf eine schwere Belastung war, im Zusammenhang mit dem von Schoeps angedeuteten Verhalten einfach totzuschweigen und vom „Führer aller Untermenschen" zu reden. Glaubt irgend jemand, daß man im Staat Israel auch nur den zehnten Teil dessen hinnehmen würde, was einst gegen das deutsche Volk vermessen gesagt und getan wurde? Es geht hier gar nicht um eine charakterlose Verteidigung Hitlers, der nie den Versuch gemacht hat, sich um irgendeine Verantwortung zu drücken.

Zwei wichtige Fragen spielen hier herein. Die eine ist die nach der schweren gesundheitlichen Störung Hitlers, die andere gilt dem Wissen Hitlers um die Judenmorde. Ich hatte im Laufe der Jahre Gelegenheit genug, mit Menschen, die mehr wußten als ich, offen über Hitler zu reden und mir so ein Urteil zu bilden. Dabei habe ich eines festgestellt: außer Dr. Schacht hat kein einziger sonst dem Toten schlecht nachgeredet nach Art von Schirach, Speer und wenigen anderen späteren „Publizisten", obwohl eine Reihe der befragten Kameraden mancherlei Schwierigkeiten mit Hitler oder durch ihn hinter sich hatte. Mein Eindruck ob solch anständiger Gesinnung, die heute nicht nur Mangel- sondern Mangelstware geworden ist, hat sich in all den Jahren nicht verändert.

Das, was die Männer in der Sache völlig unabhängig voneinander mir als Arzt oder freundschaftlich berichteten, ging auf die Überzeugung hinaus, daß Hitler zweifellos nicht die Durchführung einer Vernichtung befohlen hat. Alle glaubten an Aussiedlungsabsichten, nachdem — wie schon berichtet — nirgends in der Welt Bereitschaft zu wesentlicher Hilfe festzustellen gewesen war. Beim SD hat man etwa gegen Ende 1942 die Zahl der ausgewanderten Juden auf höchstens ein Viertel ihres früheren Bestandes geschätzt.

Was mich bezüglich der allgemein als reine Mordvorbereitung gewerteten Wannsee-Konferenz (20. Januar 1942) besonders stutzig machte, war später der Hinweis eines Verwandten des ehemaligen Staatssekretärs im Auswärtigen Amt, von Weizsäcker, den meine Frau und ich auf dem kleinen Soldatenfriedhof bei Schloß Solitude in der Nähe von Stuttgart trafen. (Freiherr von Weizsäcker ist dort wie andere Angehörige seiner Familie begraben.) In einem Gespräch erfuhren wir, daß von Weizsäcker, übrigens ein wesentlicher Mann des Widerstandes, die Ergebnisse der Konferenz gekannt habe, aber in ihm sei kein Verdacht auf eine beabsichtigte Vernichtung der Juden aufgekommen.

Zweifellos liegt die Hauptverantwortung dafür sicher bei Himmler. Aber nach meiner Ansicht, die ich auch einst in meinem Dienstbereich als ärztlicher Direktor vertreten habe, hat der Vorgesetzte für alles einzustehen, was seine Mitarbeiter tun oder nicht tun, gleichgültig ob fahrlässig oder verbrecherisch. Und deshalb ist es gerade im Bereich nationalsozialistischen Führungsgrundsatzes selbstverständlich, daß der Führer eines Volkes für ein von einem seiner engsten Vertrauten angeordnetes Verbrechen mithaftbar ist.

Meine Annahme, daß Himmler den Befehl zum Massenmord gegeben hat, beruht auf Äußerungen von SD-Kameraden in den Nachkriegslagern, nach denen Himmler im Herbst 1944 erst auf starkes Drängen des SD hin die Beendigung des Mordens angeordnet habe. Es wurde ja schon berichtet, daß ich 1943 von einer angeblichen „Verseifung von Juden" gehört und die mir richtig und notwendig erscheinenden Folgerungen daraus gezogen habe.

Obwohl wir natürlich erst später Einzelheiten über den Umfang dieser Maßnahmen erfahren haben, waren wir doch aufrichtig über die „Erlösung" einer jahrzehntelang unter ihrer Geisteskrankheit schwerst leidenden Schwester meiner Frau dankbar. Wie oft mußten wir schon Empörung über solch einen Standpunkt hören! Aber ich hatte mehrfach Gelegenheit, ihn auch in größerem Kreis unserer Kirchengemeinde offen zu vertreten. Gewiß kann man die schon erwähnte „Wissenschaft ohne Menschlichkeit" als ungeheuerlich und vor Gott nicht zu vertretendes Verbrechen verdammen. Darüber wäre leicht ein dickes Buch zu schreiben; aber dann müßte dort auch die Antwort auf die Frage stehen: „Warum gibt es keine Revolution der gesamten Christenheit gegen den Krieg?"

Natürlich trägt Hitler die volle Verantwortung für alle Maßnahmen einschließlich des Vorgehens gegen Geisteskranke, die er im übrigen in „Mein Kampf" schon erwähnt hat. Man muß also trennen zwischen dem, was gegen Juden und dem, was gegen unheilbar Geisteskranke geschehen ist. Allerdings kann man auch da sagen: Mord ist Mord. — Ganz allgemein wäre es recht gut gewesen, wenn beizeiten möglichst viele Menschen Hitlers Buch genau gelesen hätten. Die Obergescheiten haben es allenfalls in ihre Bücherschränke gestellt und ohne Ahnung vom Inhalt „der Spur nach" gelästert. Das hat sich dann sehr gerächt; aber die Nichtleser waren natürlich — wie immer — ohne Schuld.

Wenn es auch zu verstehen ist, daß viele Menschen unter einer Diktatur um ihrer Unversehrtheit willen lieber über ihre Kenntnisse und Erkenntnisse schweigen, so sollte man aber in der späteren Sicherheit nicht so maßlos über die Vergangenheit schwindeln. Ich weiß noch, wie mir so manche Leute etwas anvertrauten, um mir dann nach 1948 zu erzählen, sie hätten nie etwas geahnt. Diese Herrschaften können froh sein, daß über sie nicht auch so zu Gericht gesessen wurde wie über mich, der wenigstens die Kraft haben durfte, sich beim „Fähnlein der sieben Aufrechten" einreihen zu können.

Über die Frage nach dem Gesundheitszustand Hitlers ist schon viel geschrieben worden. Ich bin in der Beurteilung weder zuständig noch unbefangen. Nie konnte ich vergessen, was mir zwei Lagerkameraden, die beide einst Hitler sehr nahe gestanden hatten, berichteten. Das von ihnen Gesagte ist für mich besonders wertvoll, vor allem, weil es mich davor bewahrte, die Gesamtpersönlichkeit Hitlers mit all ihrem Licht und Schatten falsch zu sehen. Nachdem es gefahrlos war, von 1945 an, gehörte es in der neudeutschen Gesellschaft zum guten Ton, mit Abscheu und Spott Hitler und alles, was sich zu ihm bekannte, abzutun.

Meine beiden Freunde hatten mir natürlich auch von dem langsam fortschreitenden Zerfall Hitlers in körperlicher und geistiger Hinsicht erzählt, und das mußte mich natürlich sehr bewegen. Aber ich ahnte zur Zeit der Gespräche nicht, wie bald ich zu einer Aussage darüber gezwungen würde. Nach Beendigung eines längeren Verhörs über meine irgendwie bekannt gewordenen Beziehungen zu Göring sagte ein amerikanischer Hauptmann: „Sie machen einen ganz vernünftigen Eindruck, deshalb einige Fragen":

1. „Was hätten Sie damals getan, wenn Sie von Göring ungute Eindrücke gehabt hätten?" — Meine Antwort: „Ihnen zuletzt davon etwas gesagt."

2. „Was halten Sie von der Zukunft, also der Aufrechterhaltung der Internierungslager?" — Meine Antwort: „Nicht viel Gutes, vor allem fehlen eindrucksvolle Beispiele für das, was Sie unter ‚Demokratie' verstehen und von dem wir zumeist nicht viel Ahnung haben nach Kaiserreich, Parteienstaat und Diktatur."

3. „Wie stehen Sie heute zu Adolf Hitler?" — Meine Antwort: „Ich antworte Ihnen mit dem Titel eines Buches von Lombroso ‚Genie und Irrsinn'. Ich habe mit mehreren ehemaligen Reichsministern darüber gesprochen, zuletzt mit Graf Schwerin-Krosigk, der kürzlich hier bei einem großen Vortrag vor der Lagergemeinde gesagt hat, daß der ebenfalls im Lager anwesende Leibarzt Hitlers, Professor Morell, diesen im Auftrag der Sowjets planmäßig mit Strychnin vergiftet habe. Morell liegt zur Zeit als Patient im Lagerhospital, in dem ich eine Abteilung leite. Wir haben schon vor dem Vortrag Morell für keinen Ehrenmann gehalten und nur eine Notbehandlung bei ihm durchgeführt. Inzwischen bekam ich von daheim auf

meine Bitte mit Erlaubnis des Lagerkommandanten ein
wissenschaftliches Buch über solche Vergiftungen. Was
dort als Zeichen der Strychnin-Vergiftung beschrieben
steht, entspricht haarscharf dem Zustand des Führers in
den letzten Jahren. Ich stelle Ihnen das Buch zur Verfügung. Zwei Kameraden, die es wissen können, haben
mir außerdem gesagt, sie würden nicht glauben, daß der
völlige Zerfall Hitlers auf der Spätfolge einer Syphillis
beruhe. Ebenso sei das Gerede vom Teppichbeißen ein
Märchen. Bisher habe ich mich stets vor jeder einseitigen
Verherrlichung oder Verteufelung Hitlers zu hüten gewußt."

4. „Also, der langen Rede kurzer Sinn ist, daß Sie ‚Ihren
Führer' auch heute noch für ein Genie halten?" — Meine
Antwort: „Jawohl, Herr Hauptmann, unter Berücksichtigung dessen, was ich von dem Verbrechen Morells und
seinen furchtbaren Folgen gesagt habe."

5. „Alle Hochachtung, das war anständig und tapfer. Kann
ich mich in der nächsten Woche von Ihnen wegen einer
Kiefererkrankung operieren lassen? Ich habe volles Vertrauen zu Ihnen." — Meine Antwort: „Gerne, Herr
Hauptmann!"

Wir haben uns dann als Patient und Arzt gut verstanden und offen vieles besprochen — abseits von dem Tatbestand: hier ein Vertreter der Besatzungsmacht, dort ein Häftling.
Es gibt natürlich viele Menschen, die mich teils für geistig arm
oder gestört oder mit charakterlichen Leiden behaftet halten, weil
ich „so etwas" überhaupt gedacht habe und auch noch darüber
berichte. Aber seien wir doch ehrlich und nicht wie die nachher
oberklugen Pharisäer von der Zunft derer, die rückschauend, thea-
terspielend, mit einer durch „Persilscheine" gereinigten weißen
Weste ihr einstiges „Hosianna-Gebrüll" mit einem orkanartigen
„Kreuziget" übertönen wollen! Es geht hier auch nicht darum,

von der Entlastung Hitlers durch ausländische Geschichtsforscher zu berichten oder ähnlichem. Ich will nicht die Leistungen in der Außen- und Innenpolitik bis 1939 aufzählen, aber ich muß gestehen, daß ich, trotz des persönlichen Schicksals und obwohl ich mich wegen anderer wie auch meinetwegen oft dagegen aufbäumte, einen Teil der völkisch bedingten Maßnahmen als unvermeidlich um Deutschlands willen anerkennen mußte.

Im Laufe späterer Gespräche habe ich das dann auch zu amerikanischen Verhörern (meist jüdischer Abstammung) gesagt. Wir waren uns einig, daß die schweren Verbrechen der tatsächlichen Ermordung nur unter der immer stärker werdenden Auswirkung der Morellschen Schandtaten möglich wurden; denn bei einem einigermaßen guten gesundheitlichen Zustand Hitlers hätte Himmler das Unheil nicht gewagt. Nach vielen Jahren ist mir mein einstiger Standpunkt durch all das Miterlebenmüssen von kriegerischen, völkischen und rassischen Auseinandersetzungen in der Welt, nicht zuletzt auch nach einem genauen Verfolgen der Gesamtentwicklung des Staates Israel noch klarer geworden.

Ich habe seit dem Dritten Reich immer wieder darüber nachgedacht, welche Bedeutung für ein Volk und seine Entwicklung innenpolitische Maßnahmen haben können, wie sie unter Hitler zustande kamen. Wie viele spielen heute die Empörten, wenn man ihnen zutraut, sie hätten einmal anerkannt, daß Hitler unser Vaterland hochgebracht und zu einem Bollwerk gegen den Bolschewismus gemacht hat. Übrigens haben sich nach meinen Erfahrungen unverbildete Menschen weit mehr ein klares Empfinden, einen ungetrübten Blick und eine anständige Gesinnung erhalten. Dies vielleicht, weil der Bauer, der Arbeiter und der Handwerker sich nie so ihrer tatsächlichen Würde bewußt sein konnten wie zu Hitlers Zeiten.

Wer denkt nicht oft bei mancherlei Geschehen in gegenwärtiger Zeit an vieles aus der Vergangenheit zurück? Selbst einst wilde Gegner des Nationalsozialismus rufen (als Beispiel) leider vergeblich nach einem Wiederaufleben der Erbgesundheitsgesetze, deren Fehlen sich schon furchtbar ausgewirkt hat. Dabei sind diese „Nazi-Gesetze" lediglich verbesserte „Ami-Gesetze"! Ähnlich war es doch auch mit dem Umweltschutz, der plötzlich nach unübersehbaren Schäden wieder ganz groß geschrieben wird. Muß es eigentlich erst wieder so weit kommen?

Genie und Irrsinn

Das Wort „Genie" kam durch mich zunächst durch den Namen des Buches von Lombroso in die Aussprache oder besser gesagt in das Verhör hinein. Aber trotzdem bin ich zu diesem Wort gestanden, das doch schöpferische Geisteskraft mit Höchstleistungen zum Ausdruck bringen will. Mit gutem Gewissen konnte ich deshalb die Frage des Amerikaners bejahen. Natürlich darf man diese Meinung verdammen. Vielleicht läßt sie sich an einer anderen Persönlichkeit näher erklären.

Ich habe zum Beispiel den großen Chirurgen Ferdinand Sauerbruch immer, trotz allerlei menschlicher Vorbehalte, für ein Genie gehalten, dessen Leben leider durch Altersveränderungen auch in einem körperlichen und seelischen Krankheitsgeschehen mit mancherlei Folgen auf dem Gebiet seines weiter von ihm erzwungenen ärztlichen Tuns endete. Dabei bin ich der Meinung, daß geniale Persönlichkeiten noch mehr als andere eine gewisse Krankheitsbereitschaft in der angedeuteten Richtung haben. In jüngeren Jahren war ich Augen- und Ohrenzeuge eines Krachs, den Sauerbruch mit meinem Erlanger Chef angefangen hatte. Dabei lernte man das Allzumenschliche besonders bei Sauerbruch genau kennen. Aber doch waren mir Vorträge von ihm immer wieder ein unvergeßliches Erlebnis, und oft greife ich auch heute noch nach seiner Lebensgeschichte. Als ich Sauerbruch auf einem deutschen Naturforscher- und Ärztetag einmal über Grundfragen wahren Arzttums sprechen hörte, war ich mir der großen Stunde bewußt. Und das, obwohl ich schon damals um seine Fehler und Schwächen genau Bescheid wußte. Bei Hitler und Sauerbruch — vielleicht wie bei jedem echten Genie — war ein gewisses Sendungsbewußtsein, das sie gerade zu ihren großen Leistungen befähigte, unverkennbar festzustellen. Vielleicht kann mich jetzt auch ein Fernerstehender, wenn er mir nicht — wie so manche liebwerte Zeitgenossen — bös' will, besser verstehen, weshalb ich von der Kennzeichnung „Genie" nicht abgewichen bin. Nebenbei gesagt, ich konnte auch aus anderen Gründen nicht anders handeln.

Was aber beim Schicksal Hitlers besonders bedrückt, ist die Überzeugung von der Wahrheit dessen, was ich im Lager gehört hatte. Dazu kam noch der schlechte persönliche Eindruck, den Morell auf uns gemacht hatte. Längere Zeit hindurch konnte ich ihn täglich zweimal auf mich wirken lassen. Ein von mir ärztlich betreuter Kamerad lag in demselben Zimmer wie er. Daran, daß Morell Hitler vergiftet hatte, um ihn sich hörig oder von seinen Maßnahmen völlig abhängig zu machen, war und ist bei mir kein Zweifel. Mit Sicherheit sollte erreicht werden, daß Hitler handlungsunfähig für große und richtige Entscheidungen werden sollte. Bis heute kann ich nicht begreifen, daß niemand von den Männern um Hitler aus der Erkenntnis des verhängnisvollen Wirkens dieses Menschen den einzig richtigen Schluß gezogen hat. Morell hat doch selbst gestanden, neun Jahre — also von 1936 an — sein Unwesen an Hitlers Gesundheit getrieben zu haben. Den Amerikanern gegenüber hat er einunddreißig angebliche „Heil"-mittel zugegeben. Merkte man nichts, wollte man nichts merken oder was hat sonst die pflichtgemäßen Folgerungen verhindert?

Ich habe im Lager wie auch später oft gesagt, daß Menschenkenntnis meine schwache Seite ist, aber sie sei immer noch stark im Vergleich zum völligen Mangel daran bei Hitler. Als ich Morell erstmals sah, also ehe ich von seiner vernichtenden „Behandlung" Hitlers wußte, fühlte ich mich vom Eindruck seines Gesichts sofort abgestoßen. Das ist keine nachträgliche Einbildung, denn ich erzählte bald nachher mehrmals meinen Freunden davon, weil mich dessen Erscheinung irgendwie aufgewühlt hatte.

In der Freiheit erfuhr ich dann immer mehr über ihn, vor allem auch von den Machenschaften mit dem berüchtigten Rußland-

Läusepulver und später von dem Schwindel über seine Erfolge bei einer angeblich erstmals erfolgreichen Penicillin-Herstellung im Reich. Inzwischen habe ich manches Mal über all das gesprochen und dabei wurde mir nicht selten mitleidiges Lächeln zuteil.

Wenn man sich lange Zeit immer wieder aus irgendeinem dringenden und zwingenden Anlaß der Person Hitlers gegenübergestellt fühlte, kommt man mit seinen Gedanken ganz von selbst oft darauf zurück. Allerdings fühle ich mich dabei völlig unbeeinflußt von Hitlerlob und Hitlerhetze. Jedenfalls wird heute schon wieder von Menschen, die unabhängig von öffentlichen Dienststellen aller Art sind und nichts zu befürchten haben, immer öfter manches an unserer jüngsten Vergangenheit als gut und nachahmenswert anerkannt. Ob das Verblendete oder Hellhörige sind, wird sich in Zukunft erweisen. Was im Dritten Reich und aus seinem Zusammenbruch sehr klar zu erkennen war, kann uns jetzt in unserem Wohlstandsgetriebe mit seinem zeitweiligen Mißbrauch der Demokratie eine furchtbare Warnung sein. Immer wieder spreche ich den mir Nahestehenden gegenüber von meiner festen Überzeugung, daß unser Volk nur durch irgendeinen neuen schweren Schicksalsschlag vom Absturz oder Absinken in einen inneren Zerfall auf den verschiedensten Lebensgebieten aufzuhalten ist.

Empfundenes Vaterland

Selbstverständlich mußte gerade einen Mann „zwischen den beiden Völkern" die Entwicklung schon zum ersten Kriege hin, der Krieg selbst und seine nachträgliche Beurteilung immer wieder bewegen. Wer nach viereinhalb Jahren Frontdienst die Verhandlungen in Versailles innerlich miterlebte und von ihren Ergebnissen schwerst umgetrieben wurde, dachte in all den Jahren oft ganz von selbst daran zurück. Das Gerede von einer Alleinschuld unsererseits war mir bereits damals zuwider, und den Zwangsfrieden nach unserer Niederlage habe ich immer als niederträchtige Entwürdigung unseres Volkes empfunden.

Unvergeßlich ist mir vom Sommer nach der Heimkehr, wie ich von unserer Bleibe im Schwarzwald an jedem zweiten Tag allein in aller Frühe auf den Schliffkopf wanderte und von dort eine halbe Stunde hinübersah zum Rhein, zum Straßburger Münster bis zu den Vogesen. Hier saß ich auf der Bank vor dem großen Findling, dem Ehrenmal des Württembergischen Schneelaufbundes, in den eingemeißelt ist: „An unseres Vaterlandes Grenze, auf hoher Warte, die gen Westen sieht, steht dieses Ehrenmal der Toten als felsgewordenes Heldenlied". Damals waren „Vaterland", „Heldenlied" noch Begriffe aus der Schatzkammer unseres Lebens, die nicht als alte Schmuckstücke verstaubten, sondern in unser Sein und Tun hineinstrahlten. Bei mir ist es durch alle Stürme hindurch bis ins Alter so geblieben.

Seit meiner Studentenzeit war für mich diese einsame Hochmoorebene, deren Ruhe jetzt von einer neuen Straße her oft beeinträchtigt ist, immer wieder einmal eine Art Fliehburg, um dort zu mir selbst zurückzufinden. 1920 bewegte mich nicht nur

Versailles, sondern auch vorahnende Sorge um die Entwicklung der völkischen Fragen. Sie hatten mich im Sommer 1917 schon einmal zur Flucht auf den Schliffkopf gebracht. Damals war ich nach vierzehn Monaten endlich einmal wieder von der Ostfront auf Urlaub. Schon dort hatten mich bei aller Ehrfurcht vor den gefallenen jüdischen Kameraden und der Verbundenheit mit denen in vorderster Stellung schwere Gedanken wegen der vielen Etappen- und Heimatkrieger beschlichen. Den Fragenkreis des Antigermanismus und seine oft verständliche Ursache in Blut, Glaube und Abwehr habe ich damals noch nicht richtig beurteilt. Aber durch die uns im Osten doch sehr berührenden Vorgänge in Rußland, nicht zuletzt auch durch Gespräche mit zwei jüdischen Kriegsgefangenen, die einige Tage auf unserem Verbandsplatz lagen, sowie durch vorherige briefliche Andeutungen meiner Mutter kam ich doch mit bangen Gedanken heim.

An einem Sonntag war ich in kleinem Kreis mit drei jungen Herren zusammen, deren Gesamthaltung als „Salonbolschewismus" am besten zu bezeichnen ist. Der eine, aus bestem jüdischen Haus, war bei hervorragender Gesundheit, aber angeblich ständig garnisondienstfähig als Abnahme-Unteroffizier in der Heimat tätig gewesen. Er versuchte, mich mit schlecht verstecktem Spott zu fragen, warum ich eigentlich ständig an der Front sei; ich hätte doch längst in ein Sonderlazarett meines Fachs kommen können. Ich war durch dieses für einen Frontsoldaten widerliches Gerede, wozu noch meine Abneigung gegen seine sonstige Einstellung kam, in innerer Alarmbereitschaft. Meine Antwort kam deshalb auch kurz und bündig: „Aus Pflicht!" — Darauf fragte er in entsprechendem Tonfall: „Was heißt denn hier schon Pflicht?" Ich sagte: „Das ist die Antwort der Front!" und gab ihm eine Ohrfeige bester soldatischer Art. — Abgesehen davon, daß es natürlich ein Bruch der Gastfreundschaft war, was mir aber nicht viel zu schaffen machte, bedrückte mich diese Gesinnung furchtbar und ließ mich nicht zur Ruhe kommen.

Meine Mutter kannte mich sehr genau und sagte: „Bub, pack'
den Rucksack und wand're auf deinen Schliffkopf." Stundenlang
saß ich dann dort oben, und vom Hartmannsweiler Kopf, in
dessen Gegend ich in den ersten Kriegsmonaten als Soldat gewesen war, mahnte ständig dumpfer Kanonendonner. Übrigens,
mein „Ohrfeigen-Freund" wurde ein zeitweise berühmter
Mann.

Jedenfalls hat mir der Schliffkopf 1917, besonders dann im Winter 1920, neue Kraft geschenkt. Es war nach der Heimkehr aus
dem Feld, als mich ein mir gerade von ihm völlig unbegrei-
fliches Wort Walther Rathenaus umtrieb. Er hatte es vor dem
Zusammenbruch 1918, als er noch im Dienst des Kaisers stand,
aufgeschrieben. Leider behielt er es nicht für sich, und nachher
wurde es — aus dem Zusammenhang gerissen — weiten Kreisen
bekannt: „Die Weltgeschichte hätte ihren Sinn verloren, wenn
der Kaiser nach diesem Kriege als Sieger durchs Brandenburger
Tor ritte." Das war des trefflichen Mannes nicht würdig. Über
meine völlig andere Auffassung vom Fahneneid habe ich schon
berichtet.

Zur Sonnenwende 1921 im Sommer hielten wir — so etwa ein
Dutzend Gleichgesinnter — zum Abschluß der Wochen im
Schliffkopfbereich eine Feier ganz im Zeichen gegen Versailles
ab. Als die Flammen erloschen waren, gelobten wir uns die
Treue zum „Dennoch". Natürlich wird man heute „hoffnungs-
lose Schwärmer" oder ähnliches sagen — aber das macht nichts!
Wir haben ehrlich um Weg und Ziel gerungen. Und immer wieder stand ich vor dem „zum Fels gewordenen Heldenlied". Jedenfalls wurde mir in der Einsamkeit der geliebten Wälder, Hö-
hen und Täler mehr innere Klarheit geschenkt als im Alltags-
getriebe der Großstadt.

Unsere Jugend weiß nicht mehr viel vom einstigen Gewaltfrie-
den und seinen Auswirkungen, die bis zum Zweiten Weltkrieg
reichten — und noch heute nachwirken, auch wenn sie über-
deckt scheinen. Aber sie muß es unbedingt wissen, wenn sie

überhaupt verstehen will, wie alles kam. Deshalb sei auch dazu etwas aus meiner Erinnerung gesagt.

Der „Völkerbund" hat einst nichts von Bedeutung geleistet, geschweige denn der neuen deutschen Republik geholfen. Wir, die dabei waren, haben nicht vergessen oder sollten es nicht, wie langsam aber stetig der Selbsterhaltungstrieb sich in unserem Volke regte. Ohne dieses Gefühl wären doch nicht so viele Offiziere freiwillig und heimlich wieder zu Übungen bei der Reichswehr gegangen. Wir hätten in unserem Urlaub auch anderes tun können. Aus dieser Zeit ein persönliches Erlebnis am Rande.

Die Alliierten Militär-Missionen (eine davon war in Stuttgart) hatten die Aufgabe, die Durchführung wichtiger und unwichtiger Bestimmungen des Versailler Vertrages zu überwachen. Das geschah, wie ich schon wußte, zunächst ziemlich ungeschickt, weil viel zu viel geredet wurde. Eines Tages kam einer der führenden Männer mit seinem Kind in meine ärztliche Behandlung und kurze Zeit danach auch sein Adjutant. Es war — fern von allem politischen Geschehen — ein gutes Patient-Arzt-Verhältnis geworden.

Wir hatten damals schon in der Turnerschaft allerlei Heeresgut zur Überbrückung der gefährlichen Zeit übernommen. Feldküchen standen auf den Spielplätzen, Pontons dienten als Begrenzung der Schwimmbäder im Neckar, und so manches andere hatte einen „Zwischenzweck" und fand seine Verwendung. Ich selbst kam gerade von einer Übung bei der Reichswehr zurück, als mich einer dieser Offizierspatienten fragte, ob ich glaube, daß es wieder Reserveoffiziere gäbe. Natürlich nahm ich an, er wisse Bescheid über meine „Ausflüge", dennoch nahm ich aber doch zu der Notlüge „Nein, wie kommen Sie denn darauf?" Zuflucht. Er erzählte mir dann vertrauensvoll von dem Verdacht der Kommission und fügte hinzu, wenn es so wäre, hätte ich doch sicher davon erfahren. Beim Abschied, es war an einem Freitag, wünschte ich ihm ein gutes Wochenende, und er meinte darauf: „Morgen nachmittag müssen bei Fellbach 10 000 Gewehre verbrannt werden, da muß ich leider hin." — Ich war nun in einem schweren inneren Widerstreit zwischen ärztlicher und vaterländischer Pflicht. Ich entschied mich aber zu einem Anruf beim Abwehroffizier der Reichswehr, mit dem ich befreundet war. So wurde der große Scheiterhaufen der Gewehre — es waren gegen den Befehl die neueren gegen uralte vertauscht worden — „versehentlich" eine Stunde vor dem Eintreffen der Militärmission schon mit Benzin überschüttet und angezündet. Glücklicherweise erkannten diese fremden Offiziere während ihres Hierseins, daß sich vieles am Versailler Vertrag verheerend im Verhalten unseres Volkes auswirken müsse.

Außerdem konnte ich bei mancher Unterhaltung mit ihnen feststellen, daß auch sie sehr besorgt waren über den unguten Einfluß eines Teils der alt- und neujüdischen Bevölkerung, wobei gerade sie manchmal bei Vergleichen recht deutlich von den damaligen russischen Verhältnissen sprachen. Ich war erstaunt, wie genau sie das Geschäftsgebaren und Gesamtauftreten gewisser jüdischer Kreise beobachteten. Hoffentlich traut man den fremden Offizieren und mir keine unverantwortliche Verallgemeinerung zu. Auch hatten die ersteren ein sehr gutes Gefühl für den Irrsinn, von einer Alleinschuld Deutschlands zu reden.
Sie beschäftigten sich außerdem — veranlaßt durch ihre Aufgaben — viel mit den eigentlichen Ursachen des Krieges. Und etwas ist mir besonders im Gedächtnis geblieben: sie hatten vor dem abgedankten Kaiser trotz all seiner Fehler und Schwächen mehr Hochachtung als viele Deutsche, deren Würdelosigkeit im Unglück sie nicht sehr schätzten.
Die heutige Jugend hat bei Überlegungen über die Schuld am Zweiten Weltkrieg auch kein Wissen davon, was Hunger, Arbeitslosigkeit für sechseinhalb Millionen und all den sonstigen Folgen des wirtschaftlichen Niedergangs bis 1933 bedeutete. Republik und Demokratie waren erreicht worden, aber ihr Ge-

triebe kam nicht in Ordnung. Leider konnte das mit dem Parteienhader, Kanzler- und Ministerwechsel und anderen Leitungsstörungen auch gar nicht möglich sein. Welche Werte wurden zerredet und unnütz zerstreikt! Ständig stritten sich zwei bis drei Dutzend Parteien. Dazu der Geldwahnsinn der Siegermächte an der Goldfessel der USA. Und überall traten viel zu viele Juden in den Vordergrund. All das läßt man heute bewußt unbeachtet und zieht zur Ablenkung in Wort und Schrift über angebliche „Propheten des Nationalismus" her.

Was ist zum Beispiel aus der versprochenen Abrüstung der Siegermächte geworden? So könnte man noch eine Reihe von Fragen über unübersehbare Verkettungen von Ursachen und Wirkungen zwischen den beiden Weltkriegen stellen. Ich habe bis heute die Überzeugung, daß eine wohlwollende gerechte Überprüfung des Versailler Vertrages ein großes Hindernis für den Aufstieg Hitlers gewesen wäre.

Nie begreifen konnte ich auch die völlige Gleichgültigkeit der Judenheit an der wachsenden Hitlerbewegung wie allgemein das Abgestumpftsein gegenüber der bolschewistischen Gefahr. In vielen schlafarmen Nächten habe ich über all das gegrübelt und kam zu der Gewißheit, daß bei einem Mann wie mir bestes Lebensgut zerbrechen muß, wenn nicht ein Wunder geschieht, weil ein Krieg unvermeidlich wird. Höher als alles andere stand für mich immer wieder das Schicksal unseres deutschen Volkes. War das innere Größe oder Verblendung? Jedenfalls darf man nachträglich aus keinem Grund so tun, als ob mit Hitler ein Zeitalter abgeschlossen wäre und ein neues begonnen hätte. Die Zeitenwende war weder 1933 noch 1945!

Über die Ursachen des Zweiten Weltkrieges ist viel, mehr oder weniger Kluges und Richtiges, geschrieben worden. Hier geht es aber nur um die damalige innere Entwicklung eines Menschen, der sich angesprochen fühlte und um seine sicher oft falsche, manchmal nach seiner Meinung aber nur richtige Sicht und Erfühlung. Das soll keine Geschichtsschreibung sein. — Aber auch das ist keine, wenn dieses von einem jungen Historiker oder besser, sich Historiker nennenden jungen Herrn, der bei der Aussprache über einen Bericht von mir sagte: „Machen Sie uns doch nicht vor, daß unter Hitler irgend etwas Gutes und Nachahmenswertes geschaffen worden ist und daß die Juden irgendeine Schuld an ihrem Unglück trifft", so abgetan werden kann. Bei der Antwort begann ich mit dem Hinweis, daß er und andere sich nicht beruhigen sollen mit dem Ruf: „Nur Geduld, nur Geduld, Hitler ist an allem Schuld!" Im übrigen könne er Hitler menschlich oder politisch bewerten, wie er wolle. Ich sei überzeugt, daß echte, gewissenhafte Geschichtsforscher sich noch lange wie bei Napoleon mit Hitlers Gesamtpersönlichkeit samt Erfolgen und Versagen anders als er beschäftigen würden. An das mußte ich auch 1973 denken, als die Erinnerung an den 40. Jahrestag der Machtübernahme wieder wach wurde.

Um des Ganzen willen nach all der Not und Unrast war ich einst froh darüber. Aber nur ein Übermensch hätte in meiner Lage nicht auch bange Sorge gehabt. Manche meiner Schicksalsgenossen haben sofort anders geschaltet, und von einem hörte ich einige Tage nach dem 30. Januar 1933: „Den bringen die Juden in aller Welt bald wieder weg, wenn er uns gegenüber etwas wagt." — Das Echo kam schon bald aus New York mit dem Ruf vom heiligen Krieg gegen Hitler.

Es kann hier nicht meine Aufgabe sein, auf historische Einzelheiten einzugehen. Kluge Leute, die wie Herr Severing schon von 1933 oder Generale von 1936 an gewußt haben, daß Hitler das Unglück Deutschlands wird, sollten sich lieber schämen als sich großzutun. Das sei auch denen ins Stammbuch geschrieben, die in der Judenfrage lange Zeit begeistert mitgeschrieen haben — angeblich immer mit der Faust in der Tasche! — und nachher nichts gewußt haben wollen. Und wie kläglich ist es, so zu tun, als ob es eine Schande sei, zu bekennen, daß doch uns allen auch vieles an den Leistungen im Dritten Reich einen tiefen Eindruck gemacht hat.

Das wurde absichtlich erwähnt, weil es insgesamt mit veränderten Vorzeichen auch auf die Kriegsschuldfrage übertragen werden kann. Weder von meinen Freunden in der Reichswehr noch später von Göring habe ich je einmal ein Wort gehört, das einen Verdacht auf Kriegsvorbereitungen aufkommen ließ. Im Gegenteil, Göring sagte zu mir auf eine Frage, das Reich habe Interesse an einer starken Abwehrkraft, aber sonst keinen Anlaß, an Krieg zu denken, man habe im Innern genug Aufgaben zu lösen. Allerdings, so sagte er weiter, befürchte er eine immer größere offene und versteckte Welthetze der Juden, deren Folgen nicht abzusehen seien. Er hielt deshalb eine völkische Klärung für unumgänglich. Von seinem Plan, den ich ja schon kannte, erwartete er sich viel, um alles in rechte Bahnen zu bringen. Er meinte die angestrebte und lange aber vergeblich versuchte Großauswanderung. Ich bin noch heute der festen Überzeugung, die auch Winnig mit seiner noch viel besseren Einsicht in wesentliche Vorgänge hatte, daß Hitler und Göring einen Krieg wirklich vermeiden wollten. Aus mancher Bemerkung des letzteren war zu entnehmen, daß er sich hauptsächlich Sorgen um den friedlichen Aufbau der Wirtschaft machte und nicht Vorbereitungen zum Kriege traf.

Der „Röhm-Putsch"

Nun soll in möglichster Kürze von einem Tag gesprochen werden, über dessen Vergessen oder Verschweigen ich mir schon
viele Gedanken gemacht habe. Ich weiß noch sehr gut, wie ich
innerlich aufgewühlt war, als ich am 30. Juni 1934 auf dem
Schloßplatz in Stuttgart ein Extrablatt von der Kunde über den
angeblichen Röhm-Putsch und seine Niederschlagung las. In
späteren Jahren habe ich, der ja immer zu etwaiger Mitschuld
gestanden ist, nicht begriffen, daß viel vom 20. Juli 1944, aber
von dem andern Tag überhaupt kaum mehr geredet wird.

Als ich damals die Königsstraße hinaufging, traf ich den von
mir seit langem hochgeschätzten jüdischen Rechtsanwalt Albert
Mainzer, ein ehemals anerkannter Frontoffizier, der wegen
einer besonderen Tat einmal im Heeresbericht namentlich erwähnt worden war — ein lieber, kluger, bescheidener Mann.
Mit ihm hatte ich während vieler Jahre immer wieder über all
die drohenden Gefahren gesprochen, und er wußte auch genau
um das innere Ringen wegen meiner bejahenden Einstellung
dem Nationalsozialismus gegenüber. So konnte ich gerade ihm
ganz offen sagen, was mich an diesem Junitag zutiefst bewegte.
Leider kam er trotz höchster Kriegsauszeichnungen und einer
offenbar zu spät angekommenen Bitte von mir an Göring in
Theresienstadt ums Leben. In mir leben noch immer Gedanken
an die Stunde, als Mainzer kam, um mir Lebewohl wegen seiner
Verschickung zu sagen. Da ich das damals noch für das kleinste
Übel hielt und auch Hoffnung auf ein Eingreifen Görings hatte,
der so manches Mal Helfer in Not gewesen war, konnte ich
Mainzer nicht ohne Trost ziehen lassen. Wenn ich mich an die-
sen Abschied erinnere, sehe ich den guten Mann mit seinem von

ihm und seiner Frau so geliebten Hundle vor mir. Es war Mainzer ein besonderes Anliegen, mich daran zu erinnern, daß ich doch ihn und seine Kreise seit etwa 1925 immer gewarnt und leider so furchtbar recht behalten hätte. Bei diesem letzten Gespräch dachten wir auch daran, wie wir den Demokraten und den Sozialdemokraten ihre oft falsche — teils überhebliche, teils wenig zielbewußte — Kampfvorstellungen dem immer stärker werdenden Nationalsozialismus gegenüber vorgehalten haben. Mainzer wußte, das der von uns beiden geschätzte, hochbegabte Dr. Kurt Schumacher bis zu seiner Verhaftung für meine Meinung auch nur ein mitleidiges Lächeln ob solcher Einfalt gezeigt hatte. Jedenfalls habe ich das Andenken an Albert Mainzer stets dankbar in Ehren gehalten. Das hat mich nicht zuletzt auch verpflichtet, beim SD wegen der zunächst mutmaßlichen Ermordungen nicht zu schweigen.

Man darf sich rückblickend nicht der Verantwortung entziehen wollen. Gerade deshalb nicht, weil sie mich wegen des 30. Juni 1934 und der Folgezeit vor die Frage gestellt hat und nach dem, was damals in mir vorgegangen ist. Jedenfalls war es nicht so, daß ich bei aller Bejahung nationalsozialistischer Gedanken das schwere Ereignis einfach hingenommen hätte. Zunächst glaubte ich tatsächlich an einen wirklichen Putschversuch und war der Meinung, alle Opfer seien irgendwie mit der Röhmgruppe in Verbindung gewesen. Von Reichswehroffizieren hatte ich schon früher gehört, daß Hitler vor Röhm als Gesamtpersönlichkeit eindringlich gewarnt worden war, als er ihn aus Südamerika zurückholte.

Irgendwie vermutete ich einen Zusammenstoß mit der Reichswehr, da ich von erheblichen Spannungen zwischen ihr und der SA wußte, denn die Reichswehr war früher — davon wurde schon berichtet — bereit gewesen, mit den Gewerkschaften zusammen die Machtübernahme Hitlers zu verhindern. Das war sicher — nachträglich gesehen — auch ein Anlaß für die Mitermordung des Generals von Schleicher.

Es kann nicht meine Aufgabe sein, hier Einzelheiten zu schildern, die größtenteils ohnehin bekannt sind. Aber es ist zu einfach nach Jahr und Tag nur zu fragen: „Weshalb hast du damals . . . ?" Man darf dabei nicht vergessen, wie froh auch wir darüber waren, daß die stetig fortschreitende Überwindung der Arbeitslosigkeit und der durch sie groß gewordenen Gefahr eines völligen Zusammenbruchs gelang. Selbstverständlich bedrückte mich trotzdem die Lage meiner Schützlinge und meiner Kinder wegen der Lösung völkischer Belange.

Eine ständige Sorge wurden nun auch die ersten Maßnahmen Hitlers auf die erfolgte und schon erwähnte Erklärung eines heiligen Krieges der Judenheit gegen ihn. Man darf also jetzt nicht so tun, als ob nur Hitler ein Bösewicht gewesen sei, und die Juden in Deutschland wie draußen in der Welt alles recht gemacht hätten. Dazu kamen, das sollte man nicht vergessen, nach dem 30. Juni 1934 das unerwartete Verhalten aller Großmächte einschließlich des Heiligen Stuhls und die vielfache Zustimmung im Volk. Kein sach- und fachkundiger Rechtsgelehrter regte sich damals. Die Reichswehr, deren Generaloberst von Blomberg ich von meiner Zugehörigkeit zu ihr und seiner Tätigkeit in unserem Wehrkreis her dienstlich und gesellschaftlich gut kannte und schätzte, stand auch Gewehr bei Fuß. Natürlich taucht nachträglich immer wieder die Frage auf, warum nichts gegen Hitler und die Partei nach dem 30. Juni 1934 geschehen ist. Am einfachsten ist der Hinweis hier auf die Macht, teils dort auf die Angst und Feigheit. In gewisser Weise kann man das auch jetzt nicht bestreiten.

Aber seien wir doch ehrlich, besonders unserer Jugend gegenüber. War nicht so manches vor Hitler erschreckend den heutigen Zuständen ähnlich? Ist nicht jetzt in vielen deutschen Menschen offen und noch mehr heimlich die Sehnsucht nach mehr innerstaatlicher Festigkeit wach, die gar nicht parteigebunden sein muß? Unsicherheit verschiedenster Art bei jung und alt, Zerfall der Volksgesundheit, eiskalte Gleichgültigkeit in weiten Bereichen menschlichen Zusammenlebens und so manches andere lasteten in den zwanziger Jahren auf uns — und jetzt leider auch wieder. Trotz des eigenen Schicksals erinnere ich mich noch gut daran, daß das Gefühl eines kraftvollen Eingreifens in viel bedrohliches Geschehen damals eine wesentliche seelische Entlastung bedeutete. Man darf das doch ruhig auch sagen, besonders wenn heute mit beneidenswerter Erhabenheit festgestellt wird, daß man nach dem 30. Juni dem „Hakenkreuz-Wahnsinn" hätte Einhalt bieten sollen.

Es hat mir noch niemand eine rechte Antwort auf die Frage geben können, was dann wohl aus Deutschland geworden wäre. Und warum haben alle möglichen Klugwisser in Zivil und Uniform, die 1934 angeblich schon den Anfang des Unterganges ahnten, jahrelang Beförderungen, Auszeichnungen und sonst ihnen Bekömmliches hingenommen, zu den Judenverfolgungen aber geschwiegen und nichts getan? Höchstens wurde in Widerstandskreisen durch viel Gerede ohne Tat Zeit vergeudet, und viele haben ihr nazigegnerisches Herz sehr spät entflammen lassen. Auch wenn ich den 30. Juni 1934 als dunklen Tag in der deutschen Geschichte ansehe, habe ich nie mit Redensarten wie „wo viel Licht, ist auch viel Schatten" oder „wo gehobelt wird, da fallen Späne" irgend etwas zu beschönigen versucht. Den verallgemeinernden Vorwurf „Verbrechen! — Verbrecher!" — ohne Berücksichtigung der gesamten damaligen Verhältnisse und Zustände — mußte ich allerdings mit voller Überlegung ablehnen. In- und ausländische Spätpharisäer hätten besser sofort mutig gehandelt. Man muß mit demselben Recht sagen, daß es ein Verbrechen ist, all das Ungute vor dem 30. Januar 1933 und das Gute nachher zu vergessen.

Als ich einmal Gelegenheit hatte, mit einem amerikanischen Offizier darüber zu sprechen, erlaubte ich mir die Frage nach den 600 000 Toten des Bürgerkrieges, der 1865 zur Einigung der USA führte. Eines war für mich, der sich unentwegt mit dem deutschen Volk verbunden fühlte, gerade 1934 Gewißheit ge-

210

worden, daß zur weiteren Entwicklung der völkischen Auseinandersetzung das Ausland genauso schweigen würde, wie man es im Inland tat. Wenn man oft seither den 30. Juni 1934 mit seinen etwa 1300 Opfern mit der Kennzeichnung „Parteiblutbad" als so eine Art von innerparteilichem Vorgang abtun wollte, war das eine sehr gefährliche Einstellung.

Natürlich wurde ich oft gefragt, warum ich nicht spätestens nach diesem Juni-Tag aus Deutschland verschwunden sei, sondern mich trotzdem in meiner Treue „charakterlos" gebunden gefühlt hätte. Meine Antwort war stets kurz und bündig: „Es gibt auch das ‚Dennoch der Treue'."

In viel Sorge war ich 1934 um August Winnig, der ja Gregor Strasser längere Zeit nahegestanden war, und um Dr. Kurt Schumacher im Lager Dachau. Trotz mancher Bedenken dachte ich aber auch an die Besserung der Gesamtlage seit 1933 und an die Möglichkeit, daß berechtigt aus besonderen Gründen hatte durchgegriffen werden müssen. Vor allem beruhigte mich die Haltung der Reichswehr, zu deren Offizieren ich damals noch ein vorbehaltloses Vertrauen hatte, so daß ich wirklich einen Akt der Staatsnotwehr und die Erschießungen als rechtens vermuten konnte. Ein Verfahren vor dem Staatsgerichtshof wäre sicher besser gewesen als Maßnahmen abseits des Verfassungsrechts. Aber wer weiß das schon?

Widerstand oder Verrat?

Von etwa 1934 an wurde mir von den verschiedensten Seiten zugeflüstert, daß aus Haß gegen Hitler namhafte politische Persönlichkeiten und hohe Offiziere Auslandsverbindungen angeknüpft hätten. Wahrscheinlich glaubte man, gerade ich müßte mich über solche Kunde besonders freuen. Um so erstaunter war und ist man über meine Antwort, daß ich stets jeden abgelehnt hätte, der mit Fremd- oder später Feindhilfe etwas erreichen wollte. Selbstverständlich konnte man darüber anders denken. Das muß der einzelne nach seinem Gewissen entscheiden. Ich bekam manches harte Wort wegen meines Standpunktes zu hören. Jedenfalls traue ich mir zu, daß — wenn ich der festen Überzeugung von schwerster Gefahr für Deutschland durch Hitler gewesen wäre — ich Mittel und Wege gefunden hätte, ihn zusammen mit seinen engsten Mitarbeitern unter Einsatz des eigenen Lebens unschädlich zu machen. — Gewiß hat es Zeitabschnitte gegeben, während derer aus mancherlei Gründen ein gewaltsamer Eingriff in die Geschichte besser unterblieben wäre; aber das dürfte nach meiner Auffassung keine Rechtfertigung für so langes Zögern sein.

Es war später im Internierungslager wirklich tiefbewegend, ausgerechnet hohe Offiziere, Beamte und auch besonders Diplomaten in der ganzen Armseligkeit ihrer Gesinnung und Haltung erkennen zu müssen, insbesondere wenn man daran dachte, welche Vorteile sie eingeheimst hatten!

Was schon früher gesagt ist, darf hier wiederholt werden: Ich habe von keinem der ehemaligen Reichsminister, Staatssekretäre, Führer der SS, SA und des Arbeitsdienstes ein einziges abfälliges Wort über Hitler gehört. Diese Feststellung möge nicht falsch verstanden werden. Diese Männer waren weder dumm noch blind oder taub, und sie hatten sicher vieles richtig wertend erkannt. Selbst bei Gesprächen über Grundfragen unserer eigenen Mitschuld wurde bewußt von den Fehlern und Schattenseiten Hitlers geschwiegen. Nur von seinen gesundheitlichen Störungen und deren Ursachen haben wir gesprochen.

Selbstverständlich kann man die Haltung dieser „Oberbelasteten" anders auffassen als zum Beispiel ich. Das ändert dort und hier nichts. Mich hat sie als Zeichen einer anständigen Gesinnung beeindruckt und sich auf mich ausgewirkt. Eine Ausnahme war Schacht, der von seiner später veröffentlichten „Abrechnung mit Hitler" vieles bei Gesprächen vorausberichtete. Besonders herzlich denke ich oft an den früheren Reichspostminister Dr. Ohnesorge, der selbst Patient im Lagerhospital war und mir während einer schweren Erkrankung im Winter 1945/46 wochenlang die Hälfte seines Essens schenkte. Genauso denke ich an den Reichsarbeitsführer Hierl, diesen selten trefflichen Mann, mit dem ich später in Stuttgart auch noch in Verbindung stehen durfte. In guter Erinnerung ist mir unser erstes Gespräch, bei dem wir uns unter anderem mit der Persönlichkeit Ludendorffs befaßten, den wir beide — trotz mancher anderen Einstellung zu ihm — aufrichtig verehrten. Hierl, der als ehemaliger Reichswehroffizier die Entwicklung des Dritten Reiches und hauptsächlich auch der Wehrmacht genau kannte, hat mich über vieles mir bis dahin noch Unbekannte aufgeklärt. Hierl und ich waren der Überzeugung, daß der Zweite Weltkrieg nicht vorgeplant und auch die Aufrüstung bei dessen Beginn nicht abgeschlossen war.

Meinen persönlichen Eindruck von der Haltung vieler Widerständler, daß sie Hitler gar nicht aus sachlichen, sondern aus Gründen seiner Herkunft ablehnten („diesen Emporkömmling haben wir noch nie leiden können"), bestätigte Hierl. Vor allem lag mir viel daran, ihm klarzumachen, wie ich als damals „Geächteter der Nation" sicher völlig unbeeinflußt die Entwicklung in der Wehrmacht beobachtet hatte, was durch die Ereignisse nachher weitgehend bestätigt wurde.

An der Tapferkeit vieler Generale vor dem Feind habe ich nie gezweifelt, aber um so mehr an ihrem Bürgermut. Jedenfalls war und ist es würdelos, das Versagen von Offizieren in dieser Hinsicht auch als Schuld Hitlers werten zu wollen. Und wenn schon, haben sie, die nachher von „Kriegswahnsinn" sprachen, nicht die Verpflichtung auf Grund ihrer soldatischen Überlieferung gehabt — ohne Rücksicht auf sich selbst — den „halbgebildeten Eindringling" rechtzeitig auszuschalten, da sie ja schon längst den furchtbaren Schaden durch ihn angeblich erkannt hatten? Im übrigen hat es viele Offiziere gegeben, denen Fahneneid und Deutschland über allem standen, die dann aber nicht wie ein Teil ihrer hohen Vorgesetzten im Lager herablassend und verächtlich höhnten: „Ja, Ihr Nazis!"

In diesem Zusammenhang sagte ich Hierl und anderen gewesenen Ministern immer wieder, daß vielleicht eine spätere Zeit erst richtig erkennt, was Hitler vor der Zerrüttung seiner Gesundheit als Verpflichtung vorausgesehen hat, aber durch den Krieg und seinen Ausgang nicht erfüllen konnte; den Widerstand gegen all das, was uns, Europa und die Welt, heute bedroht. Ich bin auch jetzt noch der Überzeugung, daß er lange Zeit gar nicht an Krieg gedacht hat, weil andere große Aufgaben vor ihm lagen und ihn erfüllten.

Da meine Mutter und ich manches Mal traumhafte Sichten und Vorahnungen hatten, die tatsächlich eintrafen, war ich seit 1939 der Meinung, daß Hitler damals ähnlich erkannte: eine unheimliche Waffenbedrohung Deutschlands durch die uns feindlichen Mächte. Schon lange vor dem Dritten Reich hatte auf mir das Gefühl nur eines Waffenstillstandes gelastet; denn Friedensbringer waren die Pariser Verträge nicht. Gerade deshalb auch meine Zugehörigkeit zur „Schwarzen Reichswehr". Und — das verstand Hierl besonders gut — waren für mich Turnen, Sorge für die Turnerjugend, Teilnahme an sportärztlichen Lehrgängen im Grunde nichts anderes als die Erfüllung eines inneren Befehls, der neben der Erkenntnis von dringenden Notwendigkeiten für die Volksgesundheit auf einer Ahnung von kriegerischen Auseinandersetzungen beruhte.

Wenn man am Spätabend seines Lebens Rückschau hält, kann es nur ein ehrlicher Bericht sein. Aber es muß bei aller Gefahr einer Mißdeutung gesagt werden, daß ich von 1933 an, als in den ersten Monaten nach der Machtübernahme schon die jüdischen Sprecher den heiligen Krieg gegen Deutschland ankündigten, einen weltweiten Waffengang mit dem Ziel der Vernichtung für unvermeidlich ansah. Deshalb auch mein Verständnis für die damalige Wiederaufrüstung, die heute vielfach völlig falsch als nur auf Massenmord gezielt beurteilt wird.

Wie schwer die innere Lage mit all dem Verrat schon seit 1936 war, erfuhr ich später von meinem getreuen Kameraden Dr. Ohnesorge. Seit dem erwähnten Jahr konnte keine Vollsitzung des Reichskabinetts mehr abgehalten werden, da über alle vertraulichen Gespräche vom Mittag bereits in den Abendsendungen des englischen Rundfunks genau und richtig berichtet wurde. Übrigens hat sich bekanntlich ein Ministerialdirektor des Auswärtigen Amtes später vor einer Spruchkammer dessen gerühmt und wurde dadurch als unbelastet gefeiert.

Ich war schon damals — und sagte das auch Göring — immer mehr von der Sorge wegen eines neuen Großkrieges erfüllt. Eine gute Bekannte wollte mich etwa im Jahre 1938 mit dem Hinweis trösten, die Juden würden bestimmt alles tun, um Hitler zu beseitigen und Deutschland auf die Knie zu zwingen, dann sei meine Lebenslage auch wieder besser. Ich erwiderte ihr: „Um diesen Preis nicht!" — Und darauf sie: „Gibt es wohl noch mehr solcher Narren wie Sie?" — Dies sei nur nebenbei erwähnt, wenn mir auch das Gespräch nach 1945 als schwere Belastung bitter bekommen ist.

Die Kriegsschuld und die Verschwörung

Es liegt mir daran, dazu beizutragen, daß das Gerede von der Alleinschuld Hitlers und Deutschlands am Ausbruch des Krieges aufhört. Darüber haben wir viele Lagergespräche geführt. Hierl gab vor allem der Sowjetunion die Schuld. Bei den Nürnberger Prozessen hat man in blindem Haß zweifellos falsch beund geurteilt. Erfreulicherweise ist das inzwischen weltweit so erkannt worden.

Göring war seiner ganzen Art nach frei von kaltblütiger Kriegsplanung, und Hitler hätte den Polen gegenüber ganz andere Bedingungen gestellt, wenn er die ihm angelasteten Vorhaben unbedingt hätte verwirklichen wollen. Aber wahrscheinlich ist durch das Verhalten der Großmächte in der kritischen Augustzeit 1939 deren vermutlich erst für 1940 oder 1941 vorgesehenes Eingreifen klarer denn zuvor als lebensbedrohliche Gefahr in Erscheinung getreten. Wir sollten uns ganz ehrlich verdeutlichen, welche Vorwürfe man Hitler bei einem weiteren Zuwarten gemacht haben würde, wenn die andere Seite mit ganzer Macht ein oder zwei Jahre später einen Überraschungskrieg vom Zaun gebrochen hätte!

Hierl hat übrigens 1941 Hitler offen — aus seiner Sicht als alter Generalstäbler — seine Sorgen um den möglichen Ausgang des Krieges gesagt. Leider sind seine Befürchtungen Wirklichkeit geworden. Sein trotzdem so mannhaftes Mitdurchhalten hat mich auch viel später noch tief beeindruckt. Ich konnte verstehen, daß ein Mann wie er einen Anschlag auf Hitlers Leben verurteilen mußte. Bei aller Achtung vor der Gesinnung eines Teils der Verschwörer lehnte er wie ich ihr Vorgehen aus innerster Überzeugung ab.

Im Lager vermutete man überdies, daß nicht zuletzt der „plebe-jische Volkstribun" von den „Patriziern" nach jahrelangem Zögern hätte umgebracht werden sollen. Und nochmals, ich habe keinerlei Verständnis dafür — bis heute nicht! — daß man eine Aktenmappe mit einer Bombe hinstellt und dann wieder verschwindet. Wenn sich der Täter unmittelbar neben Hitler mit seiner Mappe aufgehalten hätte, dann wären die weiteren Opfer im Bunker eher zu verantworten gewesen. Die Mehrzahl der Männer aus der Führungsspitze des Dritten Reiches, die mit mir im Lager interniert war, hat mit aufrechtem Gesamtver-halten in der Frage der Mitschuld wesentlich anders gewirkt. Ich selbst hatte Gelegenheit genug, als Kamerad, Arzt, Hilfsseel-sorger und Mitkranker diese Männer genau kennenzulernen. Übrigens dachten manche amerikanischen Offiziere über den 20. Juli ähnlich.

Die Mitwisser

„Ja, sind denn das nicht die mutmaßlichen Mörder der Juden, von denen du da gut sprichst?" könnte man mich mit Recht fragen. — Es war beinahe selbstverständlich, daß in den Lagern und Gefängnissen gerade von Kameraden, die in bestem Wollen mit sich selbst ins Gericht gingen und sich über ihre Mitverantwortung Gedanken machten, besonders Aussprachen auch mit mir gesucht wurden. Wir haben es uns mit der Wahrheitsfindung wirklich nicht leicht gemacht. Das böse Spiel mit sechs Millionen Toter wurde jedoch von uns allen als würdelos und überflüssig abgelehnt. Andererseits waren auch die einst maßgeblichen Männer — und das nicht etwa, um sich aus einem Schuldbereich herauszubringen — der Überzeugung, daß unter „Endlösung" nie Ausrottung, sondern erzwungene Auswanderung zu verstehen gewesen ist und auch so verstanden wurde. Zunächst war — wie bekannt — an eine Verschickung nach Madagaskar gedacht, weil alle Großmächte nur in beschränktem Umfang Juden aufnehmen wollten; erst später — sozusagen als Maßnahme im Kriege — an eine solche in Arbeitslager im Osten. Wer dann die Vernichtung wirklich befohlen hat, konnte auch von diesem Kreis Wissender nicht geklärt werden. Jedenfalls ist das bis heute auch noch nicht einwandfrei klar. Sicher ist nur, daß Himmler im Herbst 1944 weiteren Mord verboten hat, so daß man bestenfalls daraus schließen kann, er müsse ihn auch angeordnet haben. Seit der Lagerzeit habe ich noch von keinem Beweis über eine andere Auslegung gehört.
Alles was über die Zahl der Mittäter damals und heute gesagt und geschrieben worden ist, beruht nur auf Vermutungen. In einem Punkt hatte ich auf Grund meiner Erlebnisse eine eige-

ne Meinung. Das ist die Frage, ob tatsächlich im deutschen Volk so wenig Leute etwas Sicheres gewußt oder von dem Furchtbaren zumindest gehört hatten. Zweifellos waren viele durch das Kriegsgeschehen an der Front und in der Heimat anderweitig voll ausgelastet und auch abgestumpft gegen fremdes Leid. Wenn ich durch die Mitarbeit bei der Betreuung der nichtarischen Christen auch von Verschickungen und der damit verbundenen entsetzlichen Not sicher mehr erfuhr als Fernerstehende, war ich doch oft erstaunt über das Wissen in weiten Bevölkerungskreisen, wobei allerdings niemand an eine Vernichtung dachte. Gewiß hat das Abhören von Feindsendern hierbei eine Rolle gespielt.

Bei mir entwickelte sich vor allem ein furchtbarer Haß gegen das Ausland und die Weltjudenheit, weil ich nun seit 1933 ständig miterlebt hatte, wie vergeblich alles Bitten und Betteln um umfangreiche und wirkungsvolle Hilfe in der sich immer deutlicher abzeichnenden Gefahr war. Und selbst die ansonsten von mir so geliebten Schweizer haben in dieser Sache ihr Brusttuch erheblich befleckt. Darüber hinaus muß aber hier noch etwas mit aller Deutlichkeit gesagt werden, auch wenn es uns, die nichtarischen Christen, nicht unmittelbar betrifft; denn die Organisationen der deutschen Juden wollten offensichtlich mit uns nie zu tun haben: Es ist eine Unverfrorenheit sondergleichen von seiten der einst im Ausland gewesenen Juden, den Frauen und Männern an den Spitzen dieser Organisationen nachträglich Vorwürfe wegen ihres Verhaltens im Reich nach 1933 zu machen. Die meisten zeigten auch in schwierigster und aussichtsloser Lage vorbildliche Tapferkeit und Würde. Diejenigen aber, die damals nicht im Lande waren, sollten lieber an ihr eigenes folgenschweres Versäumen denken. — Auch das mußte einmal gesagt werden!

Aber nun zurück zu dem Mitwissen im deutschen Volk, das bis heute von allen Seiten bestritten wird. Wie schon berichtet, hatte ich selbst von Gegnern des Nationalsozialismus gehört, daß angeblich aus toten Juden Seife hergestellt werden würde. Beim SD hatte ich mich offen danach erkundigt. Seit 1943 war ich sehr hellhörig für Mitteilungen über die Vernichtung von Juden geworden. Immer wieder hatte ich von den verschiedensten Seiten darüber etwas erfahren. Nachher sah es dann so aus, als ob ich der einzige Mensch neben meinen ehemaligen SD-Kameraden gewesen sei, der manches gewußt und noch mehr geahnt hatte.

In solchen Zusammenhängen taucht zwangsläufig immer wieder die Frage an mich auf: „Warum sind Sie dann dennoch treu geblieben?" — Eine solche Treue kann niemals eine Frage der Vernunft sein, sowenig sich mein Glaube rein verstandesmäßig nach dem Verhalten der Kirche, Pfarrer und Mitchristen richtet. Man hat mir ja, wie bekannt, manchmal übersteigertes Deutschbewußtsein vorgeworfen, ebenso auch zu betontes Christsein. Nehmen wir ruhig einmal an, das sei so gewesen, oder vielleicht ist es noch so? Ich weiß es nicht, aber ich weiß, daß mein Glaube und die innige Verbundenheit mit Volk und Vaterland in Glück und Not, in Freud und Leid eine Gottesgabe waren und sind, für die ich täglich dankbar bin.

Ich hatte immer ein schweres Schicksal zu tragen und versucht, es nicht zu schleppen. Aber ich habe nie einen Zwang auf mich ausüben lassen, auch nicht, als ich Mitwisser solchen Mordens wurde. Hier stand ich nun in der Tat zwischen beiden Völkern; denn ich hatte mitzuleiden mit den Blutopfern an den Kampffronten und in den Todeslagern. — Offengestanden war es mir aber gleichgültig, wie meine Haltung von anderen Menschen beurteilt wurde. Aus der Tiefe des Seins erreichte es mich wie ein Befehl, möglichst viel verhindern und mildern zu sollen — aber auch verantwortungsbewußt etwaige Schuld mitzutragen. Man muß den Mut zur Wahrheit haben und nicht verlegen durch Vorschützen von Erinnerungslücken schweigen. Nur das kann ein gutes Erbe für unsere Jugend sein, die in sich oft schwer um Vergangenes und Gegenwärtiges ringt.

Immer wieder hört und liest man von der angeblichen Stille, die sich über die „Judenfrage" in der Bundesrepublik auftut. — Zunächst muß man — das kann nicht oft und deutlich genug gesagt werden — die Entwicklung nicht zeitlich rückwärts von den Verbrechen einer kleinen Schar Grausamer oder Triebenthemmter her, sondern in ihrem zeitlichen Werdegang werten. Es gibt keine deutsche Alleinschuld am Zweiten Weltkrieg und keine solche an dem furchtbaren Weg vieler Juden in die Hände ihrer Mörder. Die unmittelbaren Zeugen des Gesamtgeschehens sterben bald vollends aus, und deshalb sollten sie sich rasch überlegen, ob und was sie noch zu den Darstellungen mancher sogenannter Geschichtsforscher und Meinungsmacher vorzubringen haben.

Es geht dabei nicht um „Persilscheine" für den Nationalsozialismus, sondern um bescheidene Beiträge zu dem für uns alle so schweren Suchen nach Wahrheit und Ehrlichkeit. Dabei hat man die Pflicht zu überdenken, was wirklich war!

Schuld und Schicksal

Vor vielen Jahren las ich ein mich besonders bewegendes Wort von Friedrich Ludwig Jahn: „Den Deutschen kann nur durch Deutsche geholfen werden, fremde Völker bringen uns immer tiefer ins Verderben." — Und im Frühjahr 1912 fand ich in der damals sehr geschätzten Zeitschrift „Kunstwart" den Aufsatz eines Moritz Goldstein, der mir jungen Kandidaten der Medizin nach vielen sorgenerfüllenden Eindrücken in zwei Berlin-Semestern eine neue schwere seelische Belastung mit folgenden Sätzen brachte: „Wir Juden verwalten den geistigen Besitz eines Volkes, das uns die Berechtigung und die Fähigkeit dazu abspricht. Diese in solcher scharfen Formulierung ungeheuerliche Tatsache, die Juden ebenso wie Nichtjuden das Blut aufregen muß, fordert unerbittlich zu Maßregeln auf. Dieser Konflikt muß auf irgendeine Weise gelöst werden. Niemand bezweifelt im Ernst die Macht, die die Juden in der Presse besitzen."

Also Schicksal und Schuld, Unrecht des Antijudaismus auch durch jüdisches Mitverschulden. Mit Irrtum, Wahn und Lüge führt aber kein Weg aus dem Teufelskreis heraus zu wertbeständiger Achtung voreinander über alles von Natur aus Trennende hinweg, dessen mahnende Grenzen immer beiderseits beachtet werden müssen. Jahn und Goldstein seien ergänzt durch Shakespeare: „Ich tu' das Üble, schrei' dann selbst zuerst — das Unheil, das ich selber angerichtet, leg' ich dem andern dann zur Last."

Während der Niederschrift dieses Rückblicks hatte ich Gelegenheit, mit vertrauenswürdigen Menschen über solche Überlegungen zu sprechen. Dabei erfuhr ich nicht etwa von „Betroffenen" wesentliche Einzelheiten über ein zunehmendes Ausmaß von offenen und verborgenen Spannungen zwischen Juden und ihren Wirtsvölkern in England, den USA und Kanada. Die Gewährsleute dafür waren ganz unabhängig voneinander von banger Sorge erfüllt. Eine sehr ernst zu nehmende Frau wies dann noch auf viel Unbekanntes in dem Verhältnis der Israelis zu den Arabern hin. Mögen all die Befürchtungen, die mir gegenüber geäußert wurden und wie sie ähnlich von Jugend auf immer wieder schwer auf mir lasteten, nicht noch einmal zu furchtbarem Erleben sonstwo in der Welt oder bei uns führen. Ehrlich besorgt habe ich schon in der ersten Spruchkammerverhandlung 1947 darüber gesprochen. Und immer wieder denke ich in solchen Zusammenhängen an die Schlußworte eines offenen Briefes, den Walther Rathenau am 10. November 1918 an einen ausschlaggebenden Berater des Präsidenten Wilson geschrieben hat: „Die Menschheit trägt gemeinsame Verantwortung. Jeder Mensch ist für das Schicksal jedes Menschen verantwortlich, für das Schicksal jeder Nation."

Es wäre auch hierbei Pflicht, an das zu denken, was man anderen Menschen, die ebenfalls in ihrer Bindung an Volk und Glauben fest geblieben sind, mit weltweiter Hetze und zehntausend Prozessen angetan hat. Das soll beiderseits keine willkürliche Gesamtentlastung bedeuten. Es ist so leicht, bei Juden wie Nationalsozialisten nachher überheblich zu verurteilen, was in der jeweiligen Lage getan worden ist. Nicht von ungefähr steht geschrieben: „Richtet nicht, auf daß ihr nicht gerichtet werdet." — Es ist so leicht, nachher Steine zu werfen und zu brüllen: „Ich hätte ..." oder „Ich hätte nicht ..."

Das erinnert mich auch an das schon erwähnte Gerede mancher Pfarrer in den Internierungslagern der Siegermächte von unserer Schuld. Und heute erfahren sie selbst von ihrer Schuld am Tiefstand kirchlichen Lebens. Es hat wohl jeder genug mit eigener Schuld zu tun! Zumindest sollte man sich nur gerecht um die Schuld anderer kümmern, aber stets im Bewußtsein eigener Fehler. Die Kunde davon möge man jedem so ehrenwerten und

gewissensreinen Mitglied des „Weltbundes der Selbstgerechten"
zur Kenntnis bringen oder noch besser, sie in ihr dickes Fell,
unter dem andere Menschen ein warmes Herz verspüren, ein-
brennen. Und alle miteinander sollten wir nie vergessen: „Wir
steh'n vor Gott im Bunde und teilen Recht und Schuld."

Im Verlauf einer Unterredung mit Göring kam die Sprache auch
auf Rathenau, den er insgesamt so gerecht wie etwa im Jahre
1931/32 Gregor Strasser ihn im Hause Winnig in Potsdam wertete; während Winnig selbst mehr die Schatten des Wesens von
Rathenau sah. Göring war der Meinung, Leute wie Rathenau
und andere dieser Art, habe er im Auge gehabt, als er von der
Aufnahme von Juden in die deutsche Volksgemeinschaft gesprochen habe. Und dann fügte er hinzu: „Es wäre mir in diesem Zusammenhang völlig gleichgültig, ob einer religiös Jude
oder Christ sein will. Eine Beurteilung danach dürfte es nicht
geben. Wichtig ist nur: Ein bedingungsloses Ja zu Deutschland
— oder ein klares Nein!"

Dann fragte er mich: „Haben Sie sich auch schon genau überlegt, was Rathenau wohl von Ihrem Weg zum Nationalsozialismus denken oder sagen würde?"

Ich holte zu einer längeren Antwort aus: „Herr Reichsmarschall,
das hat mich oft umgetrieben! Rathenau hätte sich bestimmt
bemüht, mich zu verstehen. Ob es ganz dazu gekommen wäre,
weiß ich nicht. Vaterländisch bestimmt; denn er ist ja nach
Kriegsende auch um der Rettung Deutschlands willen über sich
selbst hinausgewachsen. Ich weiß um sein inneres Gespaltensein
in wesentlichen Lebensdingen, aber auch um seine wahre Größe.
Nicht oft ist das Wesen eines Menschen so in kleinste Bestand-
teile zerlegt worden wie bei ihm durch Feinde und Freunde oder
wenigstens hat man es zu tun versucht. Rathenau hat sich viel
mit sozialen Reformen beschäftigt, aber es fehlte ihm irgendwie
die innere Volksverbundenheit, nicht aus Absicht, sondern
mehr durch Nicht-überwinden-können einer gewissen Zurückhaltung. Vielleicht hätte er als Jüngerer viel durch ein paar Jahre

Frontdienst in dieser Hinsicht gelernt und wäre zutiefst in sich zu einem echten Gleichklang gekommen. Seine Worte ‚An Deutschlands Jugend' (1918) könnten auch andererseits von einem Nationalsozialisten nicht inniger und gläubiger geschrieben werden. Rathenau wäre fähig gewesen, sich in meine Gedanken abseits von unserem persönlichen Schicksal zu vertiefen, aber er hätte bei anderer Einstellung niemals Steine der Verachtung nach mir geworfen. Ich bin schon an der Ruhestätte der Familie Rathenau gestanden, aber auch an dem Gedenkstein für seine Mörder Fischer und Kern auf dem Friedhof in Saaleck. Gelten die Worte auf dem Stein dort nicht gerade auch für Rathenau selbst: ‚Tu was du mußt. Sieg oder stirb und laß Gott die Entscheidung'." — Göring antwortete nur: „Ihr beide seid auch Wanderer zwischen zwei Welten."

Dann fuhr ich fort: „Herr Reichsmarschall, vielleicht nicht nur Wanderer, sondern auch Kämpfer." — Jedenfalls hat Göring klar erkannt, wie Rathenau noch viel mehr für das Ganze hätte leisten können, wenn er ohne die seelische Last von Jugend auf innerlich freier gewesen wäre.

Und an mir hat Göring sich gefreut, als ich nach der Zurückweisung einer für mich möglich gewesenen Vergünstigung Gärtner wurde. Sicher war er irgendwie beeindruckt von meiner — wie er mir einmal durch einen höheren HJ-Führer sagen ließ — „sanften Sturheit".

„Blut und Boden"

Im Internierungslager kam ich aus ärztlichen Gründen auch mit dem inzwischen verstorbenen damaligen Reichsbauernführer Walter Darré in Berührung und war gerade bei ihm besonders gespannt darauf, ihn näher kennenzulernen. Das hatte folgenden Grund: Rathenau war, wenn er sich selbst auch gar nicht dazu eignete oder zu eignen schien, überzeugt davon, daß die Juden vom Asphalt der Großstädte weg zu einfachen Berufen auf dem Lande, insbesondere zu Bauern, Handwerkern und Gärtnern — und das abseits von allem Handel — zurückfinden müßten, und zwar möglichst auf eigenem Heimatboden. Allerdings hatte Rathenau an die Zionisten, die in Palästina aufzubauen begannen, harte Absagen erteilt; aber dennoch waren diese Wehrbauern doch die erwünschte Verkörperung dessen, was man später — oft bis heute verhöhnt und geschmäht — unter „Blut-und-Boden-Mythos" verstand.

Ich wußte von den schweren Auseinandersetzungen, die Darré mit Hitler und Himmler gehabt hatte, und war froh, mir nun selbst auch ein Urteil bilden zu können. Vorher hatte mir noch Dr. Ohnesorge erzählt, Darré sei in besonders schmählicher Weise entlassen worden. Ley, als „Schirmherr der großstädtischen Arbeitermassen", habe ihn verständnislos bekämpft. Auch mit Himmler hatte sich Darré offenbar entzweit und den ihm verliehenen Ehrendegen der SS zurückgesandt.

Insgesamt machte Darré einen sehr guten Eindruck auf mich. Ich möchte nicht falsch verstanden werden, wenn ich sage, er sei ein „Herr" im allerbesten Sinne des Wortes gewesen — und zwar ohne alle Überheblichkeit.

226

Auch Darré brachte kein krummes Wort über Hitler und andere, obwohl sie ihn offenbar schwer gekränkt hatten, vor. Wir saßen in mancher Abendstunde zusammen und sprachen miteinander. Darré freute sich natürlich über meine Begeisterung für wahres Bauerntum, meine Liebe zum Durchstreifen der Heimat ohne Fernweh, meine Erlebnisse als Gärtner und Landhelfer, meinen Stolz, mit Pferden gerade Furchen pflügen zu können, die Bewährung als Schwerarbeiter beim Wasserleitungsbau in der Nähe von Goslar und die im Rahmen der Lagerfortbildung gut bestandene Prüfung als Siedler und Kleingärtner.

Als ich später mit einem amerikanischen Oberleutnant, dessen Großeltern schon aus Deutschland ausgewandert waren, mich über Darré unterhielt und von all dem Spott erzählte, lachte er: „Wie würden die gleichen Leute heucheln, wenn wir ihnen von unserem ,The blood and the land nexus', dem atlantischen Gegenstück von ,Blut und Boden' erzählen würden?" — Völlig unabhängig voneinander kamen der Ami-Offizier und Darré auf die Israelis in Palästina zu sprechen. Daran habe ich oft gedacht, weil Darré als Urgermane und der judenstämmige Amerikaner in vieler Hinsicht gleicher Meinung waren. Man kann sagen: „Die Wahrheit von heute ist der Irrtum von morgen" — oder auch umgekehrt! — All das bewegte mich jetzt wieder besonders, als ich bei der Niederschrift von neuen Maßnahmen dieser Art in Israel las.

Auch wird von der „naiven Unschuld vieler Zionisten" gesprochen, die völlig blind gegenüber der Möglichkeit, daß es einen arabischen Nationalismus geben könne, gewesen seien. Den frühen Pionieren wird fahrlässige Gutgläubigkeit zugestanden. In zwanzig Jahren Krieg hat sich aber zionistische Erlösungsschwärmerei mit unduldsamer Gewalt verbunden. — So ist offenbar vieles von dem Hunger nach Freiheit und Gerechtigkeit im Getriebe des Zusammenlebens dahingegangen. Aber auch die Not, die man über die Araber Palästinas gebracht hat, war und ist ein hart mahnendes Erbe.

In diesem Zusammenhang ist nur wichtig, daß wider Erwarten Gedanken und Hoffnungen vieler Menschen, unter ihnen Rathenau, Darré, der Ami-Oberleutnant und ich, auf einen Staat mit der tatsächlichen Verwirklichung einer „Blut-und-Boden"-Bewegung doch keine echte Erfüllung finden können. Auch das Gefüge der Kibbuzim ändert sich im Wandel der Zeit. Letztlich weiß man nicht, ob der innere und äußere Aufbau eines Staates Israel innerhalb eines großen, rechtzeitig zur Verfügung gestellten anderen Gebietes nicht vielen Menschen das Leben gerettet haben würde. Vielleicht hätte ohne das große Unrecht an den Arabern mehr Segen und Frieden auf einer solchen Heimat aller Israelis gelegen. Aber man wollte in weiten Teilen der Welt ja nichts — oder möglichst wenig — für sie tun und ist sich bis heute der großen Mitschuld gar nicht bewußt — oder will sie nicht zugeben.

Offenbar ist es durch die Verständigung und Industrialisierung nicht einmal in jungen Staatsgebilden mehr möglich, einen durch und durch gesunden Bauernstand als Grundlage des Ganzen zu erhalten. Wir wissen ja aus eigenster Erfahrung über die damit verbundene Minderung des Gleichgewichts zwischen Land- und Stadtbevölkerung Bescheid. Noch vor ein paar Jahrzehnten durften wir überzeugt sein, daß ein fester Stamm kleinerer und mittlerer Bauern der beste Schutz gegen soziale Störungen ist. Rathenau, Darré, die israelischen Wehrbauern und viele Deutsche glaubten an die Wahrheit und Bedeutung der im „Blut-und-Boden"-Gedanken zum Ausdruck gebrachten Lebensform. Vielleicht kehren einmal unsere Enkel auf harten Umwegen und durch bittere Erfahrung zu dem zurück, was in den letzten fünfzig Jahren von angeblich verblendeten und geistig armen, in Wahrheit aber innerlich gesünderen Menschen erhofft worden ist.

Ein Hohenzoller in alliierter Haft

Sooft ich mich daran erinnere, immer wieder ist es heute noch wie Gegenwart, daß ich in den Internierungslagern von meinen Mithäftlingen — auch, soweit sie überzeugte Judengegner waren — viel aufrichtige Kameradschaft habe erfahren dürfen. Wie manche Nacht habe ich damals kaum geschlafen, weil ständig die Frage nach dem Wie der nächsten Zukunft in der Gemeinschaft vor mir stand. Die schwere Mißhandlung durch die Amis am Tage unserer Einlieferung hatte mich trotz meiner sonstigen Standfestigkeit seelisch ziemlich fertiggemacht.

Vielleicht gab und gibt es manchen Zeitgenossen, der glaubt, ich hätte mich mit den inhaftierten „Nazis" deshalb so gut vertragen, weil ich „auch so einer" gewesen sei. Der Verdacht ist sicher nicht ohne Grund. Jedenfalls waren mir Männer, die plötzlich ihr demokratisches Herz entdeckt und dem Ausdruck geben zu müssen glaubten, furchtbar zuwider — und zwar bis heute, auch wenn sie damals ihren charakterlosen Salto (zu deutsch: freier Überschlag in der Luft aus größerer Höhe) auf das Erdreich der Bundesrepublik mit Erfolg, teilweise sogar mit großem Erfolg hinter sich gebracht haben. Und noch eines — damit es ja kein Mißverständnis gibt — ich habe weder vor noch nach 1945 würdelos um ein gutes Wort bei irgend jemandem gewinselt — so auch bei niemandem in den Lagern.

Die großen Demütigungsversuche kamen dann aber nach der Haft. Man konnte sich offenbar schwer vorstellen, daß ein Mann wie ich seiner Einstellung und Haltung ohne jeglichen persönlichen Vorteil durch die Jahrzehnte hindurch treu bleiben konnte und wollte.

Im Lager hatte ich schon allerlei Männer, die ehemals Rang und

Namen hatten, kennengelernt, als ich eines Tages hörte, daß der dritte Sohn des letzten Kaisers, Prinz August Wilhelm, zur Behandlung durch mich ins Lagerhospital kommen sollte. Natürlich kannte ich ihn schon vom Sehen, wußte um seine „braune Vergangenheit" als begeisterter Nationalsozialist und höherer SA-Führer und hatte auch erfahren, wie zuvorkommend und liebenswürdig er zu allen Kameraden sei. Nun war ich gespannt, wie wohl sein Verhalten mir gegenüber sein würde. Da ich trotz meiner sonstigen Rauhbeinigkeit im Lager zu denen gehörte, die dafür eintraten, daß man sich auch in äußerlicher Form nicht gehenließ, um durch die lange Haft im Gesamtbenehmen nicht abzusinken, sprach ich den neuen Patienten absichtlich mit „Königliche Hoheit" an. Er winkte sofort fröhlich ab, und ich suchte, wie später sein Spruchkammervorsitzender, einen Ausweg bei der Anrede „Prinz von Preußen".

Durch seine natürliche und kameradschaftliche Art kamen wir uns bald menschlich näher, besonders als ich ihm, der im Hospital später auf demselben Stockwerk wie ich hauste, einmal ein Bild meines Vaters, dessen Ähnlichkeit mit dem Kaiser oft Anlaß zu vergnüglicher Betrachtung war, zum Vergleich brachte. Inzwischen hatte er mir das Du angeboten, und so fragte ich ihn strahlend, wer eigentlich schöner gewesen sei, der deutsche Kaiser oder der Feuerwehrkommandant von Cannstatt: „Auwi, was sagst du nun?" — Zum Schluß einigten wir uns darauf, daß jeder seinen Vater für den schönsten Mann halten sollte.

Selbstverständlich kamen wir bei abendlichen Gesprächen sehr bald auf meine Abstammung. „Auwi" beruhigte mich mit dem Hinweis, ich hätte doch Ähnlichkeit mit Männern aus dem Hause Hohenzollern! Aber wir befaßten uns dann immer wieder sehr ernst mit diesem Thema. Er kannte auch Rathenau genauer, der sich mit dem Kaiser gut verstanden hatte. Das war Anlaß zu wesentlicher Vertiefung der Aussprache.

Hierbei war selbstverständlich der Weg eines Hohenzollernprinzen zum Nationalsozialismus ebenso interessant wie der meine. Er konnte ernsthaft wild darüber werden, daß er öfter gefragt worden sei, ob er mit seiner nationalsozialistischen Haltung das Haus Hohenzollern habe abschirmen wollen oder müssen. Er verstand nicht, was solche Kerle sich unter seiner Familie und ihm wohl vorstellten.

„Auwi" hatte eine klare Überzeugung als Nationalsozialist, und er kannte auch die Schattenseiten der Bewegung ganz genau. Zunächst hatte er sich mit Hitler offenbar sehr gut verstanden und Göring (1932) mit seinem Vater in Doorn zusammengeführt. Aber es ist ja später bekannt geworden, daß Hitler sich gegen ein besonderes Hervortreten der Angehörigen ehemals regierender Fürstenhäuser wandte. Der Prinz sagte dazu, daß er sich dadurch aber nicht habe beirren lassen, genausowenig wie ich mich auch durch bittere Erfahrungen.

In völkischen Fragen hatte er insgesamt eine gute, klare Einstellung. Im übrigen war er der festen Überzeugung, daß weder Hitler noch insbesondere Göring, zu dem wir beide auf völlig verschiedenen Wegen wertbeständiges Vertrauen gewonnen hatten, in irgendeiner Hinsicht an den Mordverbrechen schuldig waren. Auch Frau Emmy Göring hatte auf den Prinzen, wie auch auf mich, einen sehr guten Eindruck gemacht. Das Leben Rathenaus in seiner Zweischichtigkeit war uns bei aller Wertschätzung ein warnendes Zeichen vor solcher Spaltung des Wesens unter dem Eindruck oder Druck persönlichen Schicksals.

Der Kronprinz war zunächst, wie mir „Auwi" sagte, in der stillen Hoffnung auf Wiederherstellung einer monarchischen Staatsform kein Gegner Hitlers gewesen, ist dann aber später vom Nationalsozialismus abgerückt und hat seinem Bruder dessen beibehaltenen Weg verübelt. Nicht einmal in der Zeit „Auwis" schwerster Erkrankung — darauf kommen wir noch zu sprechen — war es möglich, den Kronprinzen zu einem letzten Versöhnungsbesuch in einem Stuttgarter Krankenhaus zu bewegen. Ich selbst habe in Hechingen angerufen und die Bitte des sterbenden Bruders übermittelt — leider vergeblich.

Natürlich haben viele Leute, besonders seine Standesgenossen, ihn nicht oder nur schwer verstehen können, und so brachte uns ein ähnliches Erleben ganz wie von selbst näher. Den Prinzen habe ich mit seiner offenen und freundlichen Art herzlich liebgewonnen. Er war trotz all der Anfeindungen und Herabwürdigungen ein Edelmann bester Prägung, die nicht zu erschüttern war. Unvergeßlich geblieben sind mir die große Hochachtung vor seinem Vater und die warmherzige Liebe zu seiner Mutter. Eine besondere Zuneigung hatte er zu seiner Schwester, der Herzogin von Braunschweig, von der er immer wieder berichtete.

Eines Tages wurden wir beide im Lager Kornwestheim zufällig allein auf einen Ami-Lastkraftwagen verladen und zu Verhören in die Osterholz-Kaserne nach Ludwigsburg, dem Sitz der Spitze der Besatzer, gebracht. Dort führte man uns durch und in Schreibräume, wo natürlich alle Mitarbeiter beider Nationen den leibhaftigen „Naziprinzen" bestaunten, in dessen Schlagschatten ich schlich. Weil aber die zuständigen „Herren" noch nicht anwesend waren, „durften" wir uns zunächst vor dem Haus aufhalten. Da gerade schönes Wetter war, setzten wir uns auf die Randsteine und ließen uns von der Sonne bescheinen. Allmählich bekamen wir Hunger, deshalb teilten wir uns zwei Äpfel und ein Stück Schwarzbrot. Dabei wurde mein Nebensitzer von allen Vorübergehenden neugierig beäugt.

Ich sagte zu ihm: „Auwi, dein Vater hat doch recht behalten, als er versprach, er führe uns ‚herrlichen Zeiten' entgegen." — Galgenhumorig sahen wir nachher den Verhören an zwei Tischen in demselben Raum entgegen. Mit uns war nicht viel anzufangen, da wir schon vorher eisern bei der Wahrheit über unsere Vergangenheit geblieben waren. Wir wollten uns um keine Verantwortung drücken.

Als „Auwi" bei seiner Spruchkammerverhandlung als „Belasteter" eingestuft worden war, wurde ihm ordnungsgemäß eröffnet, er könne dagegen Berufung einlegen. Seine Antwort: „Herr

232

Vorsitzender, ich würde mich vor meinen SA-Kameraden schämen!" — Nach seiner Haftentlassung, einige Monate vor der meinen, besuchte er noch meine Frau in Stuttgart, ehe er, der heimatlos Gewordene — seine Ehe war inzwischen geschieden — auf Schloß Langenburg bei seinem Onkel, dem Fürsten von Hohenlohe-Langenburg, Zuflucht fand.

Schon im Herbst 1948 klagte er in Briefen über gesundheitliche Beschwerden. In einem Krankenhaus in Stuttgart, das nicht weit von unserer Wohnung liegt, wurde eine unheilbare Erkrankung festgestellt. Ärzte, Schwestern und Pfleger hatten den so bescheidenen und höflichen Patienten bald in Kürze in ihre Herzen geschlossen. Ich war — teils allein, teils mit meiner Frau — an jedem zweiten Tag ein Stündchen bei ihm. Wir haben viel Sorgen um Vergangenheit und Zukunft des Vaterlandes besprochen.

Am 25. Februar 1949 hatten wir noch den Geburtstag unseres letzten württembergischen Königs, den er als Onkel und ich als Landesvater noch immer verehrten, still miteinander gefeiert. Aber dann verschlechterte sich sein Zustand bald von Tag zu Tag rasch. „Du darfst noch kommen, aber die anderen sollen mich nicht mehr so sehen müssen", sagte er noch kurz vor seinem Tode zu mir.

Als ich ihn am 25. März, getrieben von einer furchtbaren Unruhe, zu einer ungewöhnlichen Zeit kurz vor zwölf Uhr besuchen wollte, wurde sein Sarg gerade in ein Auto verladen. Ich war ob der Eile — er war an diesem Tage um sechs Uhr morgens erlöst worden — erstaunt. Die Aufklärung gab ein Begleiter: „Es war schon vor langem angeordnet worden, daß der Prinz nach seinem Tod möglichst bald nach Langenburg gebracht werden muß, damit die ‚Nazi-Freunde' nicht an seinem Sarg demonstrieren können." — Wir alle waren tief traurig, aber nicht kundgebungssüchtig. Meine Frau und ich fuhren immer einmal wieder nach Langenburg, wo der Freund auf dem schlichten Friedhof des Fürstenhauses liegt. Unsere herzliche Anhänglichkeit ist unverändert geblieben.

Juden und Neger

Niemand weiß, ob die Lösung der Judenfrage anders erfolgt wäre, wenn von maßgeblichen Stellen aller Beteiligten die Gefahr erkannt worden wäre. Zur Beruhigung von empörten Mißdeutern sind das nicht nur eigene Hirngespinste, sondern ich habe oft genug mit Männern aus beiden Völkern über all die Fragen sprechen können. Im Gedächtnis ist mir besonders die Unterhaltung mit einem deutschsprechenden amerikanischen Leutnant (Neger) geblieben. Ihn hatte ich vor seiner Beförderung bei seinem Wachdienst im Lager kennengelernt. Er suchte mich dann Jahre später bei seiner Wiederanwesenheit wegen eines ärztlichen Rates auf.

Vieles bezüglich einer gerechten Lösung der Negerfrage hatte er richtig vorausgesehen und immer betont, die beste Maßnahme wäre die Zusammenfassung aller Neger in zwei oder drei amerikanischen Bundesstaaten. Als Beweis für die Richtigkeit seiner Meinung fügte er hinzu, daß auch das für die Judenfrage während des Dritten Reiches der beste Weg gewesen wäre und vielleicht noch werden könnte, wenn die Schwierigkeiten erneut in der Welt auftauchen würden. „Wer Neger und Juden für sich kämpfen und sterben läßt, muß auch für sie sorgen und sie anerkennen", fügte er hinzu.

Ich erzählte unserem amerikanischen Patienten und Gast von freundschaftlichen Aussprachen mit einem unserer Hauptleute, der von Beruf Jurist war, in einem alten Fischerhaus am Ufer eines großen Sees in den Rokitno-Sümpfen im Jahre 1917. Wie klar hatten wir schon damals die ungeheure Gefahr erkannt, als wir vom Einsatz vieler Neger durch die Franzosen erfuhren. Kaum je vorher hatten Farbige auf Weiße und schon gar nicht auf Befehl von Weißen schießen dürfen. Und noch etwas anderes bewegte uns schon damals für den Fall, daß wir Deutsche den Krieg verlieren würden: Die Amerikanisierung und jüdische Überfremdung. Für diese Gedanken kann man nun wirklich nicht auch Hitler und den Nationalsozialismus verantwortlich machen.

Ich sehe uns noch heute, wie wir an einem Abend vor dem Holzhaus auf Balken saßen und das Spiegeln des Sees still betrachteten. Plötzlich sagte Hauptmann H.: „Täglich bitte ich Gott, daß er mich zu sich heimholt, ehe es soweit kommen sollte." — 1918 starb er an einer schweren Typhus-Erkrankung in einem Seuchenlazarett in der Ukraine, zu dem ich inzwischen kommandiert worden war. Wie manches Mal hatte er mich angeschaut, wenn ich sorgenerfüllt an seinem Bett stand, als wollte er mich bitten, ihn still hinübergehen zu lassen. Ich war bei ihm, als er starb und habe ihm wortlos ein Versprechen gegeben, das ich auch hielt. Der Neger-Offizier verstand besser als sonst viele Menschen, was uns schon 1917 in der Sumpfeinsamkeit bewegt hatte.

Und etwa im Jahre 1969 erzählte mir dann ein Generalstabsoffizier der Bundeswehr und guter Kenner des Vietnam-Krieges, daß dort durchschnittlich unter fünf Gefallenen vier Neger gewesen seien. Man muß auch aus kurzen Andeutungen erkennen, wie schwierig eine Klärung und allerseits zumutbare gerechte Lösung der völkischen Fragen ist.

Auswanderungspläne des Dritten Reiches

Wer sich oft mit der Frage der Mitschuld an vergangenen Entwicklungen beschäftigt, speichert viel im Gedächtnis auf. Die
Erinnerung an den eigenen Einsatz zur Ermöglichung der Auswanderung von Schicksalsgenossen aus den Kreisen nichtarischer
Christen bewegt mich noch heute, besonders wenn ich daran
denke, daß der jüdische Weltkongreß nur ganze vierzig Millionen Mark für die Auswanderungs- und Einbürgerungskosten
gespendet haben soll. Was verbirgt sich hinter einer so kümmer-
lichen Zahl? Und wenn wir uns noch vergegenwärtigen, wie die
Engländer mit Gewalt die Einwanderung nach Palästina er-
schwerten, dann dreht es einem das Herz um. Man richtete
selbstgerecht in Nürnberg und sonstwo, während man doch
eigentlich selbst auch auf die Anklagebank gehörte.
Von sämtlichen deutschen Dienststellen war einst die Auswanderung gefördert worden. Noch im Jahre 1939 hat Göring die
Bildung einer Reichszentrale für die Auswanderung angeordnet
und von dort an alle deutschen Konsulate und diplomatischen
Vertretungen die Weisung erteilen lassen, die Möglichkeiten der
Aufnahme von Juden aus dem Großdeutschen Reich zu erforschen. Soviel ich weiß, kamen etwa 800 000 Menschen in Frage.

Und, was man heute nicht mehr gern wahrhaben will, ist doch
die Tatsache, daß nicht die Beschlagnahme der Vermögen vorgesehen war, sondern eine Reichsschuldverschreibung, aus der
später die Beträge den Ausgewanderten zufließen sollten. Die
Vorbereitungen für den schon erwähnten Madagaskar-Plan
wurden bereits festgelegt — alles vergebens.

Wir bei der Hilfsstelle wußten, nicht zuletzt durch eine Verbindung zu Göring und dem SD, daß bis ins Jahr 1942 hinein die Auswanderung allgemein freistand. Wie gierig und scheinheilig hat das gesamte mitschuldig gewordene Ausland die Bekenntnisse von deutscher „Kollektivschuld" und „Kollektivscham" aufgenommen!

Und eine ganz andere wesentliche Frage ist auch nie klar beantwortet worden. Es ist die nach dem Verhalten des schon vorher genannten zionistischen Weltzusammenschlusses in den Jahren der Auswanderungsnot. Sollte mein Kamerad im alliierten Internierungslager, Dr. Köcher, bekanntlich der letzte deutsche Gesandte in Bern bis 1945, doch recht haben mit dem von ihm eingehend begründeten Verdacht, daß man möglichst viel heimatlos Gewordene nach Zion abdrängen und andere Wege nicht oder nur beschränkt frei machen wollte? Aber dazu fand man offenbar bei den Engländern keine Unterstützung, und außerdem mußte man mit dem berechtigten Widerstand der Araber rechnen. Alle Beteiligten haben die Pflicht, ohne den deutschen Schuldanteil irgendwie mildern oder beschönigen zu wollen, die gesamte Entwicklung wahrheitsgemäß darzustellen.

Es ist nicht ausgeschlossen, daß Himmler — im Einverständnis mit Bormann oder vielleicht auf dessen Weisung — die Endlösung der Massenauswanderung in eine der Vernichtung erst dann umwandeln ließ, als alle anderen Möglichkeiten für die erstere erschöpft waren. Ob außerdem auch Rücksichten auf die verschlechterte Kriegslage eine Rolle gespielt haben, ist nach so langer Zeit schwer zu beurteilen.

Warum kann man andererseits so schwer die volle Wahrheit über das Verhalten der SS bei den Versuchen, Juden in Ungarn und Schweden zu retten, erfahren? Nur J. G. Burg* schreibt darüber, und seine Angaben decken sich weitgehend mit dem, was

---

* J. G. Burg „Schuld und Schicksal".

mir SS-Führer darüber berichtet haben. Man sollte immer, nicht nur nach Belieben, bei der Wahrheit bleiben. Nach meiner Auffassung ist es genauso verwerflich, verallgemeinert „Nazi verrecke!" oder ähnliches zu schreien wie einst das „Juda verrecke!" — Über den zweiten Ruf hat das Weltgericht schon deutlich entschieden. Der erstere bleibt aber auch nicht vergessen.

„Aufarbeitung" nach Kriegsende

Von Hitler und unter ihm sind sicher große Fehler begangen
worden, zum Schluß auch unleugbare Verbrechen. Aber man
hole sich Berichte von Menschen in aller Welt über Hitler und
seine Leistungen bis in den Krieg hinein, dann erkennt man
wieder, wie gewaltig und weitgehend sittlich vertretbar Teile
seiner Zielsetzung waren. Ich sage bewußt „weitgehend"! —
Die ersten fünf Jahre seiner staatsmännischen Wirksamkeit können in vieler Hinsicht bejahend beurteilt werden. Man wird
doch einem großen Volk nicht Urteilslosigkeit von Anfang an
bescheinigen wollen?
Wenn man von 1938 an in der näheren Umgebung des Staatsoberhauptes immer deutlichere Spuren körperlichen und geistigen Verfalls unter der Behandlung oder besser gesagt Mißhandlung eines sogenannten Leibarztes hat tatsächlich feststellen
können, stellt sich die Frage, warum die Mitwissenden solchem
ärztlichen Verbrecher das Handeln nicht rechtzeitig und für
immer unmöglich gemacht haben. Offenbar, so wird behauptet,
hatte man Angst vor einer Dolchstoßlegende.
Meines Erachtens sollte man solche Vergangenheit ehrlicher und
mutiger bewältigen und nicht nur den Mann in den Schmutz
ziehen, den Millionen viele Jahre verehrt haben. Man hat doch
seine Gedanken seit 1920 gekannt, wenn man auch heute hören
kann, er habe sie ja früher allenfalls vor Insassen eines Obdach-
losenasyls geäußert. Und wenn jetzt gesagt wird, es seien von
ihm Völker bedenkenlos in den Tod geschickt worden, dann tut
man so, als sei Hitler nicht nur der Erfinder des Antijudaismus, sondern auch der Kriege. Aber nun ist er schon dreißig

239

Jahre tot, und die völkischen Fragen sind heute in der Welt noch ungeklärter und dringlicher denn je.

Jetzt kann man mir wohl nicht mehr eigennützige Absichten irgendwelcher Art unterschieben wollen, wenn ich meiner seit Jahrzehnten unverändert gebliebenen Einstellung Hitler gegenüber — die ich übrigens nie verleugnet habe — nochmals kurz Ausdruck gebe. Bei aller Herabwürdigung Hitlers wird etwas kaum berührt, was neben den Veränderungen in körperlicher und geistiger Hinsicht von großer Bedeutung ist. Wir wissen alle um den Verrat und die zerstörende Hinterlist, die in furchtbarem Ausmaß das Schicksal Deutschlands beeinflußt haben. Selbstverständlich bin ich mir bewußt, daß viele Menschen das, was ich als „furchtbar" zu bezeichnen wage, aus ganz anderer Sicht und mit anderer Einschätzung betrachten. Offengestanden bin ich selbst bis in die Gegenwart der Überzeugung, daß wir ohne Verrat und Hinterlist den Krieg doch noch gewonnen hätten — was allerdings in weiten Kreisen für das größte Übel gehalten worden wäre. Das Heer derjenigen, die „Widerstandskämpfer" gewesen sein wollen, ist ja seit 1945 erstaunlicherweise — oder auch verständlicherweise — mit dem zeitlichen Abstand durch Wahrheitsfälschung und Heuchelei unheimlich groß geworden. Gleichzeitig wird versucht, immer mehr Landesverräter zu Hochverrätern und Patrioten umzumodeln.

Wenn man aber an Hitler schon keinen guten Faden lassen will, so sollte man doch nicht vergessen, daß in einer Reihe wichtiger Führungsstellen des Reiches schon lange vor und noch während des Zweiten Weltkrieges Verräter saßen. Sie gaben unseren damaligen Gegnern von sämtlichen militärischen, politischen und wirtschaftlichen Geheimnissen Kenntnis. Davon wird zwar berichtet*; aber leider nicht in amtlichen Verlautbarungen. Wohl, weil man weiß, wie viel Hunderttausende deutscher Soldaten

---

* z. B. Karl Balzer „Sabotage gegen Deutschland"; Erich Kern „Verrat an Deutschland".

durch solche Machenschaften ihr Leben lassen mußten. Aber Landesverrat war, ist und bleibt nach meiner Auffassung ein Verbrechen gegen das eigene Volk.

Absichtlich habe ich diese Äußerung von meinem persönlichen Standpunkt aus abgegeben und nicht von einem „wir" gesprochen. Keine Führungsspitze kann auf die Dauer irgendwo in der Welt erfolgreich tätig sein, wenn sie von einer Meute von Landesverrätern umgeben ist. Wenn Hochverräter versucht hätten, eine Regierung, die sie glaubten als Unglück für ihr Volk erkannt zu haben, durch Aufstand oder Anschlag ohne jede Auslands- oder später Feindbeteiligung zu beseitigen, wäre der Vorwurf gemeinen Verbrechens nicht berechtigt.

Aus der Fülle dessen, was Landesverräter zu tun bereit sind, um ihrem Volk zu schaden, ein ganz bescheidenes Beispiel für etwas, das damals wie heute Hitler zur Last gelegt wird: die Einführung des Judensterns nach deren Befürwortung durch Admiral Canaris, der ja auch ein Widerstandskämpfer war. Natürlich trägt Hitler die Verantwortung für alles; aber wenn schon abgeurteilt wird, sollte man nicht vergessen, in manchen wesentlichen Fällen auch die Mitschuld anderer klar herauszustellen. Das wird gerne bei politisch „Belasteten" getan, bei anderen hat man sich bisher sehr gehütet. Die Kreise um Canaris hatten sicher auch das tatsächlich erreichte Ziel im Auge: durch die vorgeschlagene Maßnahme die Weltmeinung noch mehr gegen uns aufzubringen. Von Lagerkameraden habe ich gehört, in welcher Weise mit angeblichen Abwehrnotwendigkeiten die wahren Absichten verschleiert worden sind.

Bei Kareski und den Seinen beruhten die Überlegungen teils auf ähnlichen Bestrebungen, teils war ein echtes völkisches Bewußtsein zweifellos von Bedeutung. Man kann sich denken, daß ein solcher Wunsch — gerade von jüdischer Seite — manchem Maßgeblichen sehr willkommen war. Und im übrigen sollte die Tatsache nicht vergessen werden, wie beeinflußbar Hitler durch das Zerstörungswerk Morells für viele dunkle Kräfte geworden war. Sonst werden doch bei jedem Urteilsspruch der Gesamtzustand des Täters und verbrecherische Einflüsse auf ihn berücksichtigt. Wenn man jetzt ein vernichtendes Urteil über Hitler für den besten Fluchtweg aus der Mitverantwortung vieler hält, dann ist das auch verantwortungslos.

Oft frage ich mich: „Und wenn wir trotz allem den Krieg doch noch gewonnen hätten?" — Dann stelle ich mir vor, wie allzu viele sich nach einem Sieg so ganz anders verhalten hätten. Kein Mensch bestreitet im übrigen Fehler und Irrtümer Hitlers; aber man muß auch an die der anderen und vor allem an die eigenen denken. Wer aufrichtig ist, müßte erkennen, daß so manche tatsächlich großen Werte mit Hitler und seiner Bewegung dahingegangen sind, und er sollte nicht vergessen, daraus für Gegenwart und Zukunft unseres Volkes zu lernen. Vieles Versäumte ist vor der Geschichte schwer zu verantworten. Wenn man heute hört — und das immer häufiger: „Da fehlt halt ein Hitler", so sollte das nicht nur als Geschwätz abgetan werden. Wir wissen aus der Vergangenheit, welche Bedeutung solche Zeichen haben können.

Erst in diesen Tagen wurde ich wieder einmal gefragt, was wohl Frauen und Männer, die ich in der Haft näher kennenlernen durfte, zum Mitdurchhalten bis zum bitteren Ende veranlaßt habe. Mein Gesamteindruck war — trotz all des Spotts und der Verachtung, mit denen solche Fragen nachträglich bedacht wurden, der einer selbstlosen Treue, die aus der innersten Haltung lebt, das Letzte für die Gemeinschaft getan zu haben. Vielleicht bin ich gerade solchen Kameraden mit ihrer sicher oft in schwerer Gewissensnot erkämpften Bewährung besonders nahe gekommen. In diesem Zusammenhang sei ohne jede Überheblichkeit gesagt, wie wir der festen Überzeugung waren — und übrigens auch noch sind — daß beispielsweise Hitler Rußlands Politik und Absichten richtig erkannt hat.

Für Hitler war der Krieg ein Kampf für Europa. Zweifellos hat er an einen Auftrag der Geschichte geglaubt, um durch eine

242

deutsche Erneuerung das Abendland vor dem Bolschewismus und der asiatischen Vermassung abzuschirmen. Wir haben Hitler — in bewußtem Gegensatz zu anderen Meinungen — für keinen Abenteurer oder Kriegsverbrecher gehalten; denn sonst hätte er den Molotow-Forderungen nachgegeben und nicht versucht, einen schützenden Wall für Europa zu schaffen. Amerika und England haben mit aller Macht verhindert, daß es dazu kommen konnte. Auch wer kein Geschichtsforscher ist, aber nicht alles nur aus dem Blickwinkel der Verleumdung und Entstellung, der Anklage und Verurteilung sehen will, muß erkennen, was Hitler als Aufgabe und Pflicht für den inneren Bestand des Reiches und für dessen Abwehrfunktion gegen den Osten vor Augen hatte.

Seit dem Vertrag von Rapallo, mit dessen Abschluß Rathenaus Name so eng verknüpft ist, und seitdem nahestehende Reichswehr-Freunde längere Zeit zur Fliegerausbildung bei der Roten Armee waren und nachher viel von ihren Eindrücken, Gedanken und Überlegungen erzählten, ist mir oft etwas ganz anderes in bezug auf Rußland durch den Kopf gegangen. Es hat seit Bismarck immer wieder maßgebliche Persönlichkeiten wie auch einfache Staatsbürger gegeben, die (gerade nach 1918) gewissenhaft und ernsthaft daran dachten, daß gegen eine Bündnisgemeinschaft Rußland—Deutschland die ganze Welt vergeblich anrennen würde. Damit man mich nicht falsch versteht: ich meine nicht den Kommunismus bei uns, wohl aber eine soziale Umwandlung, die 1919 versäumt worden ist.

So wollte beispielsweise Niekisch das Bündnis eines preußisch-revolutionären Deutschlands, von den Westmächten in und durch Versailles tief gedemütigt, mit Rußland erreichen. Also keine Moskauhörigkeit des Reiches, aber „preußisch" mit den schon besprochenen Werten. Was Niekisch in seiner Zeitschrift „Widerstand", seinen Büchern, seinen Reden und bei Aussprachen, auch in Stuttgart, zum Ausdruck brachte, kann vielleicht selbst für unsere Zukunft noch Mahnung und Warnung sein.

Meine Reichswehr-Kameraden hatten nach ihrer Ausbildungs-
zeit in Rußland — nicht beeinflußt von russischen Offizieren
und sicher nicht in Berührung mit Niekisch — ähnliche Gedanken. Es soll nicht verschwiegen werden, daß viele Deutsche etwa
von 1930 an geahnt haben, daß sozialistische Revolution und
nationale Befreiung eins sein müssen. Jedenfalls sehe ich heute
ein, daß einst die aufbegehrende bündische Jugend und heute
das Ringen vieler junger Menschen um neue Wege zu neuen
Zielen — möge es uns Alten noch so fragwürdig nach Form
und Inhalt erscheinen — doch einen rechten, guten Kern haben.
Die Zeiten von bürgerlichen, kapitalistischen und westlichen
Bindungen klingen früher oder später beinahe zwangsläufig aus
und eine nationale Befreiungsfront deutscher (also nicht öst-
licher!) Prägung wird das Sein und Wesen unseres Volkes gestal-
ten. Das wäre dann wahrer Gleichklang von Preußentum und
Sozialismus.

Und noch ein weiteres Wort dazu in Erinnerung an den schon
erwähnten Dr. Kurt Schumacher. Gerade bei ihm hatte ich vom
Beginn unseres Kennenlernens an das Gefühl einer preußischen
Grundhaltung. Als ich mit einem gemeinsamen Freund in den
zwanziger Jahren darüber sprach, sagte dieser lachend: „Der
Schumacher hat eben eine Preußen-Gosch!" — Das war sicher
richtig, aber die Haltung des tief überzeugten Sozialisten, des
durch Verlust eines Armes und Folgen eines Kieferschusses
schwer kriegsbeschädigten Mannes, hat mich in ihrer Aufrich-
tigkeit und Tapferkeit oft daran erinnert, daß er bestimmt in
dieser neuen Zeit wieder an den alten preußischen Idealismus
angeknüpft hätte. Jedenfalls hat sein Leben, erfüllt von Bewährung, diesen Eindruck hinterlassen. Sein vorbildliches Verhalten
während vieler Jahre im Konzentrationslager Dachau ist in unser aller Erinnerung und noch mehr seine Freund und Gegner
mit größter Hochachtung erfüllende Arbeit in der neuen Bundesrepublik. Wie tapfer hat der Einarmige noch den Verlust
eines Beines auf sich genommen und eisern — trotz all der Be-

hinderungen — das Menschenmöglichste bis zu seinem harten Ende geleistet. Für mich war er ein echter Sozialist und wahrer Künder besten Preußentums. Daß eine Bundeswehr-Kaserne in Hannover seinen Namen trägt, ist eine besondere Ehrung dieses hervorragenden Frontsoldaten.

Man sollte auch nicht vergessen, daß schon 1919 der Geschichtsforscher Friedrich Meinecke in klarer Erkenntnis der Notwendigkeiten den Satz geprägt hat: „Mit Mehrheitsbeschlüssen und Mehrheitsregierungen allein werdet ihr die aus den Fugen geratene Zeit nicht wieder einrenken. Deutschland bedarf der Führung durch eine starke Hand." — Auch nach dem Scheitern der NSDAP — nicht des echten nationalen und sozialen Gedankens — hat sich daran nichts geändert. Wenn man auf Hitler und seine Zeit zurückblickt, sollten auch seine Feinde zumindest nicht vergessen, welche Bedeutung für die Arbeiterschaft der volksgemeinschaftlich begründete Sozial- und Betriebsgedanke, für das Bauerntum die Bejahung des Eigentums- und Erbgedankens, für die Familie der Mutter-Kind-Gedanke hatte.

So schwer alles für die Meinen und mich war, ich mußte in vielen wesentlichen Entwicklungen natürliche Wachstumsvorgänge sehen. Schon vor 1933 war ich mir bewußt, daß man den aus Not und Armut heraufgekommenen Hitler nicht einfach hochmütig abwerten durfte, wie es oft genug in den Jahrzehnten geschehen ist. Es geht nur um Ehrlichkeit und Gerechtigkeit. — Wie schwach ist die Erinnerung an die „Heil"-Rufe geworden, seit es zum guten Ton gehört, „Kreuziget" zu brüllen! Wie schnell wurde zuerst die Monarchie, dann die Republik und später das Großdeutsche Reich verraten. Viele haben sich dabei ein „Unehrenzeichen dritter Klasse" erworben und würden sich — allmählich gut vorbereitet — auch um die vierte bemühen.

Ein anderer Fragenkreis muß im Hinblick auf meinen eigenen Lebensweg nochmals berührt werden. Über das Wort „die Juden sind unser Unglück" habe ich oft und viel mit Nationalsozialisten gesprochen. Es ist einfach, nachträglich zu sagen, der SD, die SS oder sonstwer habe insgesamt die Schuld am Rufmord, der Demütigung oder am körperlichen Mord. Man konnte feststellen, und das hat mich immer wieder beeindruckt, daß je ernster und tiefschürfender Männer — übrigens ohne Unterschied von Schulbildung und Herkunft — um die Grundwahrheiten und Grundfragen ihrer Weltanschauung rangen, um so menschlich verständiger, ja, man kann mit gutem Gewissen sagen anständiger waren sie in der Beurteilung der Judenfrage.

Das erwähnte „Unglück" war die Kennzeichnung einer beiderseitigen Belastung durch unerschütterliche Arttreue, die ganz zwangsweise zu einem dauernden, einmal stärker dann schwächer sich auswirkenden Unruheherd werden mußte. Menschen wie ich mit ihrem Willen, bei der Freilegung oft verschütteten deutschen Wesens bescheiden mitzuhelfen und nicht durch Abkapselung zu dessen stetiger Zersetzung beizutragen, sterben langsam aus. Gerade unsereiner muß zum Ausdruck bringen, daß mit solcher Aussage gar keine Überbewertung der Deutschheit verbunden ist. Auch eine Einzelpersönlichkeit will aus sich heraus nach Vervollkommnung streben und nicht durch andere in ihren wichtigsten Lebensäußerungen und Entschlüssen beeinflußt werden.

Niemand auf deutscher Seite hat eine Ehrenrettung oder Entlastung ausgerechnet durch mich nötig, da müssen schon andere Kräfte wirksam werden. Selbstverständlich kann ein alter Einzelgänger nur ganz bescheiden den Versuch wagen, dem teils absichtlich, teils unabsichtlich übersteigerten, verallgemeinerten, einseitigen und auch unwahren Kesseltreiben mit Einhalt zu bieten. Man darf eben nicht nur die Judenmorde in all ihrer Furchtbarkeit allein sehen, sondern muß auch über ihre Ursachen verantwortungsbewußt immer wieder nachdenken. Eines muß ich beteuern, daß selten einmal überzeugte Nationalsozialisten mit einer gewissen soldatischen Haltung — also keine nur „Heil"-

246

Brüller! — unsere menschliche Würde nicht geachtet haben. Nur „Radau-Nazis" mit demokratischen und christlichen Mitläufern waren die größte Gefahr für uns nichtarische Christen.

Wer sich bemüht, die Geschichte der Völker mit ungetrübtem Blick zu beurteilen, weiß, daß sich vieles durch völkische und vaterländische Notstände entwickelt hat. Dem neuen Staat Israel, der schon vor dem Polenfeldzug, also vor seiner offiziellen Gründung, Deutschland den Krieg erklärt hatte, als es hierzulande noch Hoffnung auf Vermeidung jeglichen Krieges und eine erträgliche Lösung der völkischen Fragen gab, wird, seiner eigenen derzeitigen Gesetzgebung nach zu urteilen, heute vieles von einst sehr klar geworden sein.

Ein „verpfuschtes" Leben?

Wenn ich auf mein Leben zurückschaue, wird immer wieder manches in mir wach, das ich schon vergessen glaubte, vergessen in einer Zeit der Unrast oder in der Unrast der Zeit. So sind gerade jetzt wieder meine Gedanken zurückgegangen zu manches Mal verständlichen, aber nicht besonders taktvoll an mich gerichtete Fragen: „Waren nicht viele Jahre Ihres Lebens verpfuscht? — Haben Sie nicht selbst auch viel dabei verpfuscht?"

Natürlich kann man daran denken, daß Jahre des Verbots ärztlicher Tätigkeit zuerst durch die maßgeblichen Stellen des Dritten Reiches und später dann durch die der Bundesrepublik äußerlich als verpfuschtes Dasein wirken können, nachdem man vorher Auslandsberufungen abgelehnt und dadurch auch noch zur „Verpfuschung" — wie es andere, aber nicht ich, es auffassen — beigetragen hatte. Wie sind doch die Meinungen über ein so bewegtes Leben verschieden!

Ich höre noch deutlich einen Freund: „Das waren doch verlorene Jahre", und meine Antwort darauf: „Sie sind nicht verloren, es steht bei Gott, wie lange er mich jetzt noch im Beruf wirken läßt und Jahre anfügt." — Das war 1951. Und erst zu Beginn des Jahres 1968 schied ich aus der behandelnden Tätigkeit aus, behielt aber bei körperlicher und geistiger Kraft ein beratendes, vortragendes und schreibendes Tun bei.

Auch all das Erniedrigende, Demütigende war mit dem Auftrag, anderen Menschen neben eigener Not noch zu helfen, wohl eine schwere Fügung; aber durch ein inneres Reifen, ein getrostes Durchkämpfen und Durchhalten — nicht verpfuscht! Die Jahre

248

einer immer inniger werdenden Bindung an Volk und Vaterland, dieses Festkrallen am Heimatboden mit letzter Kraft — nicht verpfuscht! Das seelische Wachstum in der menschlichen Vereinsamung mit allen Enttäuschungen über zerrissene Bande, an deren Festigkeit vorher nie Zweifel bestanden hatten — nicht verpfuscht! Das Schaffendürfen auf der deutschen Erde als Gärtner und im Arbeitslager, der Erde, die Tag um Tag ihre geheimnisvollen Strahlen als Lebensnothilfe für Körper und Seele schenkte — nicht verpfuscht! Drei Jahre in Gefängniszellen und hinter Stacheldraht von Internierungslagern, oft eine harte Prüfung auch im ehrlichen Gegenüber mit Schuld, Bewährung, Pflicht und Treue; dabei das unerschütterliche Bewußtsein von letzter Verantwortung, aber nicht vor Menschen, die sich teilweise so sittlich erhaben über unsereinen fühlten — nicht verpfuscht! Und all die Kameradschaft, die Heimkehr in den Beruf, die hilfsseelsorgerische Mitbetreuung mancher Gefährten, das immer sicherere demütige Wissen um das Wirken dessen, der uns zu seiner Stunde das Tor zur Freiheit öffnet — nicht verpfuscht!

Vielleicht habe ich das, was in mir einst vor sich ging, besonders gut zusammenfassen können, als ich 1947 in einer großen Abschiedsandacht vor Verschiebungen und Veränderungen in den Lagern zum Mißfallen der Pfarrer über ein Wort von Hans Schemm sprach: „Deutschland ist unsere Aufgabe, Christus ist unsere Kraft." Ich durfte den erfreulichen Eindruck haben, daß viele Kameraden mich besser als die Kirchenmänner verstanden mit der Abwandlung: „Deutschland ist noch immer und jetzt erst recht unsere Aufgabe, Christus ist noch immer und jetzt erst recht unsere Kraft." — Das vergesse ich nie, wenn die Gedanken um mein angeblich „verpfuschtes" Leben kreisen. Meine Freunde meinten nach der Feierstunde, gerade ich hätte mit all den Kämpfen, Ringen und Beten um Deutschland eine klare und glaubhafte Aussage machen können, weil man darin eine tiefe Überzeugung und das unentwegte Festhalten am Weg mit wem und wohin herausgefühlt habe. Der Schluß war dann ein mir sehr lieber Vers von Georg Stammler:

> „Aus deiner Kraft, du Ew'ger, wandeln wir
> und tragen Licht ins wildbewegte Leben.
> Du bist, o Gott, nicht dort und bist nicht hier,
> doch kannst du hier und dort uns Freiheit geben."

Wichtiger als die äußere Freiheit bei aller Sehnsucht nach ihr, war für uns die innere Freiheit von der Gebundenheit an dunkle Mächte des Versagens in wahrer Treue und echter Gesinnung. Warnende Beispiele hatten wir genug vor Augen; aber wir wußten auch, daß unser Gewissen nicht aus eigener Kraft abwehrbereit sein konnte. So ist mir Deutschland als Aufgabe im besten Sinne auch in den Jahren der Haft ein geheimes Heiligtum geblieben.

Vom Weg aus der Heilkunde zur Gartenkunde habe ich berichtet, wie auch von der Zeit nach der Rückkehr zur Medizin. Eigentlich war ich fest entschlossen, im Heilpflanzenanbau tätig zu bleiben, um als Arzt und Gärtner wirken zu können. Mit beiden Berufen fühlte ich mich so innig verbunden, daß ich allmählich recht froh und dankbar wurde für den harten und steinigen Lebensweg. Nur wenige Menschen, die mich genau kannten, konnten begreifen, daß man getrost einen wesentlichen, jäh abgebrochenen Lebensabschnitt hinter sich lassen und im Innersten die Sonnenseiten eines neuen erfühlen durfte. Eine eiserne Abwehr habe ich gerade in den Zeiten der beruflichen Wende verstärkt gegen jede Art von Mitleid deutlich zum Ausdruck gebracht. Den erkennbar ehrlichen Tröstern gab ich einen kleinen Einblick in das, was mich wirklich bewegte: die Freude an all der Arbeit, die Liebe zur Natur, die trotzige Bereitschaft zum aufrechten Durchhalten. Die Künder von vorgetäuschten Mitgefühlen, das meist mit mehr oder weniger geschickt getarnter Schadenfreude verbunden war, erhielten den kurzen und bündigen Bescheid: „Auch das danke ich dem Führer." — Mit dummen Gesichtern wußten sie meist nicht, was sie davon halten sollten.

Natürlich war auch die Zeit der Gartenarbeit, wie schon erwähnt wurde, nicht frei von Demütigungen verschiedenster Art und von viel Sorgen. Immer wieder hörte ich einen, dessen Persönlichkeit und Werk mir auch ans Herz gewachsen sind, in den Lebenssturm hineinrufen: „Wir müssen das Trauern lernen, verzweifeln lernen wir nicht ... Wir können das Lachen verlernen, doch nicht das Tapfersein!" (Walter Flex). Ich habe auch nie die Dankbarkeit für das Gesundbleibendürfen vergessen, denn das war ja Vorbedingung zu einer ständigen Tätigkeit als Heilpflanzengärtner. Im Einvernehmen mit einer Arzneimittelfabrik entstand der Plan, eine große Ödlandfläche auf der Schwäbischen Alb zu pachten oder zu kaufen und dort die für den Betrieb der Auftraggeber benötigten Pflanzen auf natürliche Weise anzubauen. Das hätte zudem meine Sehnsucht nach Alleinsein in der Stille fernab von allem mir verhaßt gewordenen Getriebe erfüllt. Auch meine Frau war gerne bereit, mit in die Einsamkeit zu gehen und dort tatkräftig mitzuhelfen. Es wuchsen in uns eine trutzige Ablehnung der sogenannten gutbürgerlichen Gesellschaftsordnung und erneut die Überzeugung von der Notwendigkeit einer Volksgemeinschaft im besten Sinne des Wortes. Damit kein Zweifel aufkommt: ich bin auch heute noch der Meinung, daß uns nur ein echter nationaler Sozialismus retten kann.

Jedenfalls hofften wir beide damals freudig, miteinander ärztlich-gärtnerisches und frauliches Können und Wissen zur Tat werden lassen zu dürfen. Erfreulicherweise war mir die schwere körperliche Arbeit auch in den ersten Lernjahren beim Gemüseanbau nie eine Last gewesen. Im übrigen hatte ich ja mein Ziel vor Augen, und das ließ mich vieles vergessen. Das sei in diesem Zusammenhang erwähnt, damit man ahnen kann, was die Gartenbautätigkeit und die Begeisterung bei ihrer Ausübung als Balsam auf all die blutenden Wunden bedeutet haben. Offengestanden bin ich heute noch heimlich stolz, wenn Leute, die mich einst beobachten konnten, nach vierzig und mehr Jahren von meiner Pflichterfüllung künden. Und wer mich gerecht beurteilen oder über mich urteilen will, der muß wissen, daß auch mein zweiter Beruf nicht die Folge der Flucht in irgendeine Arbeit, sondern wieder die Auswirkung innerer Berufung war. Die geheimnisvolle Verbundenheit mit der deutschen Erde von Jugend auf, die Empfangsbereitschaft für deren besondere Ausstrahlungen waren der Urgrund für den freudigen Einsatz. Zu all dem kam noch eine wesentliche, schon erwähnte Eigenschaft: der eiserne Trotz! Ohne ihn hätte ich all die Demütigungen wohl kaum frei von seelischem Schaden überstehen können. Mein Schutzpatron, der Götz von Berlichingen, war an der an sich oft ausweglos scheinenden Lage ein Kamerad von größtem Wert. Abgesehen von der Liebe zur neuen Tätigkeit und der Überzeugung von der Unfähigkeit meiner abgeschafften Hände für eine Heimkehr in die Heilkunde war in mir der Wille wach, unter keinen Umständen mehr in eine Gesellschaftsordnung zurückzukehren, die ich weitgehend verachten gelernt hatte. Ich war nicht mehr der Doktor, sondern der Gärtner — und wollte das bleiben.

Daran änderte sich nichts, bis mich im Herbst 1945 der amerikanische Lagerkommandant in Ludwigsburg-Oßweil vorführen ließ: „Sie sollen Chefarzt der Kieferabteilung eines geplanten Internierten-Krankenhauses in Bad Mergentheim werden." — „Ich will nicht, ich kann nicht, ich bin Gärtner." — „Wer Sie sind und was Sie sind, wissen wir besser, und Ihren Aufgabenbereich im Lager bestimmen nicht Sie!" Zum mich begleitenden Soldaten sagte er auf englisch: „Zurückbringen in Baracke fünf." — Einige Wochen später hörte ich, daß von der Errichtung eines neuen Lazaretts abgesehen wurde. Ich war wieder beruhigt. Am 24. Februar 1946 wurde ich dann zum deutschen Lager-Chefarzt geholt: „Morgen früh ist Ihre Einsetzung als Leiter unserer Kieferabteilung." Wieder sagte ich: „Ich will nicht, ich kann nicht, ich bin Gärtner." — „Ersparen Sie sich Ihren Widerspruch, der Kommandant und der deutsche Lagerleiter haben angeordnet, und Sie haben zu gehorchen. — Noch eine Frage?" — „Nein!" — „Dann bitte pünktlich um neun Uhr, danke."

Der Traum vom Heilpflanzenanbau auf der Alb war zu Ende, zwei Tage darauf wurde erstmals wieder mit Erfolg operiert und vier Wochen danach ein großer Vortrag vor den zahlreichen Ärzten des Lagers gehalten. Mit einem Schlag war ich in die geliebte Medizin zurückgekommen. Aber die Gartenarbeit habe ich stets — nicht ohne verborgenes Selbstbewußtsein — in aufrichtiger Dankbarkeit als einen wesentlichen Abschnitt meines sturmumwitterten Lebens gewertet. Bis heute grüße ich immer bekannte Gärtner mit dem frohen Ruf: „Grüß' Gott, Herr Kollege!"
Schwierig wurde alles — nicht zuletzt in seelischer Hinsicht — in der Freiheit, da die Ablehnung der neu aufgebauten Ordnung und der sie tragenden Kräfte noch immer hellwach in mir war. Meine gute Frau sorgte sich ständig, da ich nur mit geballter Faust von daheim fortging.
Ganz langsam gewöhnte ich mich wieder an ein bürgerliches Dasein; aber ich konnte nie einen gewissen Widerwillen völlig ausschalten. Mußte ich früher die Herzlosigkeit wegen meiner Abstammung ertragen, so kam später eine solche wegen meiner politischen Belastung in ihrer ganzen Härte auf uns zu. Und kaum jemand kam, um uns beiden seelisch zu helfen. Die Treue meiner Lagerkameraden wurde zur besonderen Kraftquelle. Es geht hier aber nicht um eine Klage, sondern eine Feststellung, nicht zuletzt auch als Blick in die innere Not, durch die das Aufbäumen in mir gegen gewisse Kräfte immer stärker wurde. Natürlich wurde dann stets offen oder hinterhältig von Andersdenkenden als Begründung und zur Selbstberuhigung meine wirkliche oder mutmaßliche Schuld in den Vordergrund gestellt. Und so ist es bis in die Gegenwart geblieben.

Eines möge gerade in diesem Zusammenhang festgestellt sein: Es gibt auch eine Würde der Schuld — gleichgültig ob sie tatsächlich besteht oder nur vermutet wird. Und ich glaube, daß wir überall und immer andere davon haben etwas spüren lassen können. Aber es gibt auch eine Würdelosigkeit der angeblich Unschuldigen, die die wirkliche und verborgene Schuftigkeit ahnen läßt. Diese habe ich im Übermaß zu spüren bekommen. Die ganze Wirklichkeit sei nur angedeutet, damit man ermessen kann, warum der Heimweg nach Jahren hinter vergitterten Fenstern und Stacheldraht trotz aller Freude so schwer war.

Allmählich wurde — nicht zuletzt unter der Auswirkung unseres tiefen Glaubens — der wilde innere Widerstand etwas ruhiger. Bei gerechter Beurteilung darf meine im Grunde unverändert gebliebene Haltung gegenüber gesunden Gedanken und Taten nationalsozialistischer Prägung nicht unerwähnt bleiben, die natürlich erheblich zur Verschärfung der Gegensätze beigetragen hat. Das wirkte sich weit in die berufliche Tätigkeit hinein aus, war aber ohne Einfluß auf mich. Damit soll kein — gerade mir nicht zustehender oder beabsichtigter — Rechtfertigungsversuch für den Nationalsozialismus bezweckt werden, sondern es handelt sich ausschließlich um eine Feststellung von mir und für mich.

Natürlich hat man geglaubt, mir gegenüber immer einmal wieder deutlich zum Ausdruck bringen zu müssen, daß man mich für blöd oder blind hält. Ich sehe aber in der Tat nicht ein, warum man in Bausch und Bogen alles verdammen muß und nicht auch — und das sei bewußt wiederholt — das Wertvolle und Wertbeständige im und am Vergangenen würdigen darf.

Aus der nicht unbeträchtlichen Zahl der Bereiche, bei denen ein Vergleich in Frage kommen kann, liegt mir das Gesamtgebiet der Heilkunde wohlverständlich sehr nahe. Natürlich kenne ich den ersten Einwurf, der unbedingt kommen muß, genau. Zur Beruhigung der Frager sei gesagt: „Ich habe mich oft und eingehend mit dem beschäftigt, was in dem Buch von Mitscherlich-Mielke, ‚Wissenschaft ohne Menschlichkeit' über etwa 350 Medizinverbrechen (von damals 90 000 Ärzten) namens der Ärztekammern veröffentlicht wurde." Aber ich weiß auch, was über „Arzttum heute" und „Medizin auf Abwegen" jetzt über die Entwicklung seither in vielen Büchern und Aufsätzen geschrieben worden ist. Das bewegte mich so sehr, daß ich gerne mehrmals in verschiedenartigen Kreisen und immer wieder von anderer Warte aus über all diese Grundfragen gesprochen habe. Damit nicht wieder ein Mißverständnis aufkommt: ich kenne keinen schöneren Beruf als den des Arztes mit seiner Pflicht, Leben erhalten zu helfen — und in einem etwaigen „nächsten Leben" möchte ich Landarzt werden.

Der vorliegende Bericht sollte möglichst wenig vom schweren Schicksal meiner Familie aussagen. Aber ganz ließ es sich wegen der sachlichen Zusammenhänge nicht vermeiden. Und so sei hier zur Erklärung noch gesagt, daß ich es verstehen kann, wenn Menschen oberflächlicher Betrachtungsweise zu dem Vorwurf kommen, daß Verworrenheit und Bedenklichkeit wegen meines Lebensweges doch zu beachten wären. Zugute halten sollten mir diese Leute aber wenigstens, daß ich nie versucht habe, mich vor dem, was ich zu verantworten habe, zu drücken. Vor allem hielt ich mich von einem Laster der Neuzeit frei, andere oder sich selbst mit dem Gerede: „er oder ich konnte ja nicht anders" abschirmen zu wollen. Wenn ich einem Menschen seine Verantwortung abnehmen will, ist das nur eine scheinbare Freundlichkeit. In Wirklichkeit stehle ich ihm seine Würde. Und wie sollte ich die meine behalten, obwohl der Schein gegen mich stand — und einige mögen meinen, auch immer noch steht? Eines darf ich in diesem Zusammenhang sagen: ich habe niemals meine Abstammung und mein gläubiges Christsein verleugnet, auch wenn mir das Vorteile gebracht hätte. Andererseits bin ich unentwegt bis heute durch all die Nachkriegsstürme zu meinem Deutschsein gestanden. Ich tat, was ich verantwortungsbewußt mußte — nicht mehr und nicht weniger!

Den nächsten Satz werden am besten diejenigen verstehen, die mit ihm ohne Andeutung oder Namensnennung gemeint sind. Ich weiß nämlich sehr genau, wie wenig sich Einzelpersönlichkeiten und Zusammenschlüsse aller Art daran erinnern können, was sie unsereinem von 1933 bis 1945 aus zeitweiliger Überzeugung, Berechnung oder Feigheit angetan haben. Es war ja so einfach, einen mit Fußtritten in das Alleinsein hinauszustoßen und dann unerbittlich über seine Wege und Irrwege zu richten.

Über meine Mitarbeit beim SD den Stab zu brechen, fiel denselben Menschen und Kreisen nur zu leicht, ohne sich einen Augenblick Gedanken zu machen, ob meine Entscheidung nicht anders ausgefallen wäre, wenn ich nicht in der ganzen Not beinahe mutterseelenallein gelassen worden wäre. Und alles Bemühen um vorbildliche Bewährung in Gefängnissen, Lagern und nachher durch echtes Arzttum war und ist in den Augen dieser Herrschaften, einschließlich guter Christen und Pfarrer in ihren Reihen, nichts — gar nichts! Um jeden entlassenen Strafgefangenen kümmerte man sich mehr. Das muß auch gesagt werden, denn es gibt eben nicht nur meine Schuld. Richtet nicht...!

Jedenfalls war die Strafe nach der Strafe (ein halbes Jahr Arbeitslager, acht Monate Gefängnis, achtundzwanzig Monate Internierungslager) härter, sie zog sich über Jahrzehnte offen und versteckt hin. Ich denke oft darüber nach, wie viele Menschen durch solch ein Verhalten ihrer Umwelt nur allzuoft auf eine rücksichtslos bis zum äußersten, bis tief zur Wurzel (radix—radikal) vordringen wollende Richtung abgedrängt werden. Und wenn ich mir überlege, daß ich so manches Mal mannhaft und ehrlich nicht eine Versöhnung und einen Ausgleich erbetteln, sondern aus tiefer Verpflichtung heraus erreichen wollte und alles vergeblich war, dann muß ich dankbar für die Kraft sein, daß ich mich nicht zu Unbedachtem habe hinreißen lassen. Die Güte meiner Frau, unseres Seelsorgers, eines Lagerfreundes brachten mich über schwere seelische Krisen infolge solcher Überheblichkeit und Erbarmungslosigkeit hinweg. Eines habe ich daraus gelernt, und das war der Vorsatz, täglich einmal eine kleine gute Tat auszuführen. So kam ich wieder ins Gleichgewicht.

Aber selbst noch am 12. Januar 1972 erhielt ich von einer Frau A. H. in Stuttgart-Botnang einen in seiner Art allerdings für mich erfreulich einmaligen Brief: „ . . . Es ist mir unbegreiflich, woher Sie den Mut nehmen, mit Ihren fortgesetzten Leserzuschriften belehrend in das Zeitgeschehen eingreifen zu wollen. Es sind immer noch Menschen am Leben — darunter ich —, die sich an Ihre Haltung im Dritten Reich, wenn auch ungern, noch gut erinnern. Halten Sie doch endlich den Mund!" — Das allerdings habe ich nicht getan, sondern mich zu einer offenen Aussprache zur Verfügung gestellt — leider vergeblich.

In all den Jahren fragte ich mich oft, welche Befugnisse man sich angemaßt hat, um jahrzehntelang hinter Menschen beruflich wie gesellschaftlich her zu sein und dabei völlig zu vergessen, daß man doch selbst vor oder nach 1933 in irgendeiner Weise auch schuldig geworden ist. Daß Menschen „zwischen zwei Völkern" in besondere Gefahren kommen mußten, wenn sie kein charakterloses Mittelspiel treiben wollten, ist selbstverständlich. In dieser Hinsicht hatten es völkisch und religiös überzeugte Juden zunächst — besonders in ihrem Innersten — viel leichter. Vor 1933 nahmen sie großenteils die Entwicklung leider nicht ernst genug und ließen sich auch nicht von ehrlichen und warmherzigen Warnungen beeindrucken. Bei einem solchen Blick in die Vergangenheit wird mir auch klar, daß ich, der ebenso in sich, wenn auch entgegengesetzt, fest geblieben war, in das Haftgetriebe nach 1945 eigentlich wie selbstverständlich kommen mußte.

Der Weg durch überfüllte Gefängnisse und nach monatelangem Aufenthalt dort in die Internierungslager war hart. Vom Standpunkt der wirklichen, in ihrer Haltung bewährten Gegner des

Nationalsozialismus war das verständlich. Ich selbst habe mich nie ungerechtfertigt eingesperrt gefühlt und durfte so die Kraft haben, auch Kameraden in Not beizustehen.

Wenn ich zurückschaue, bewegt mich auch oft eine andere Frage. Ob wohl noch manche Menschen daran denken, wie schwer auch unsere Familien in all den Jahren nach 1933 gelitten haben? Über eine Fülle von Erlebnissen könnte man berichten, von denen die jungen Generationen keine Ahnung mehr haben können, und die Älteren nichts mehr wissen wollen. Diese Letzteren zucken, sich schuldig fühlend, die Schultern und sagen: „Vorbei, wir wollen nicht mehr daran denken!"

Man hat dabei ein treffliches Gedächtnis für das mutmaßliche Versagen anderer, um so dichter ist der Schleier über dem eigenen. Und es ist erstaunlich, daß man solches Nichtmehrwissenwollen bei Menschen findet, hinter denen es wirklich nicht zu vermuten ist. Das Hinausstoßen anderer in den lebensgefährlichen Schicksalssturm war oft grausam und rücksichtslos — aber jegliches Erinnern daran wird sofort abgelehnt. Es geht jedenfalls nichts über ein „gutes Gewissen"!

So hat uns zum Beispiel während der ganzen schweren Zeit kaum einmal ein Seelsorger betreut. Den Ausnahmen davon sind wir zeitlebens zu tiefem Dank verpflichtet. Eines sei deutlich gesagt: es geht nicht darum, jetzt freventlich in der Vergangenheit herumzuwühlen, sondern nach bestem Wissen zur Wahrheit und Klarheit beizutragen, ohne den Eindruck einer Mitleidsjägerei erwecken zu wollen.

Das deutsche Vaterland heute

Immer wieder mußte bei einem Mann meiner Herkunft und meines Lebensweges die alte und doch stets neue Frage anklingen: „Deutschland, was heißt das noch?" — Diese Frage muß uns allen auch jetzt zum Bewußtsein kommen und von uns, fern von würdelosen Auseinandersetzungen und dem Haß von Wahlkämpfen, bedacht werden. Es ist dabei sinn- und wertlos, über das Warum der Teilung unseres Vaterlandes und ihre Folgen dauernd zu streiten und sich wegen dieses Zustandes gefühlsbetont zu äußern. Hier sollte es meiner Meinung nach doch nur eine Auffassung geben — aber offensichtlich ist das leider nicht so. Vielleicht gibt man sich aber leichter eine Antwort, wenn diese Frage viele Jahre hindurch Tag und Nacht vor einem stand und immer wieder eine ganz persönliche Entscheidung forderte. Da für mich der nationale Sozialismus zu einer Lebensgrundhaltung geworden ist, muß ich einen ausgesprochen reinen Kapitalismus ebenso ablehnen wie entgegengesetzt einen mit anderen Vorzeichen auftretenden Kommunismus. Dabei habe ich mich stets bei Auseinandersetzungen und für mich selbst um eine Unterscheidung zwischen richtig aufgefaßtem Sozialismus und Marxismus bemüht. Wir alle stehen zwischen den Weltanschauungen der beiden Teile unseres Vaterlandes.

Mir ist es immer wieder unbegreiflich, daß man einerseits den Zusammenbruch des Dritten Reiches als „gottgewollte Rettung" preist, ihn aber andererseits als unserem Volk als Prüfung auferlegte Strafe betrachtet. Unsere heutige Lage ist die Folge der Abgrenzung zwischen den Weltmachtblöcken, und daraus erwächst uns die Pflicht, unsere Nation in der Wirklichkeit zwischenmenschlicher Beziehungen als Lebensgut allen Widerständen zum Trotz zu erhalten. Wir wissen doch aus der Geschichte, wie rasch sich solche machtpolitischen Verhältnisse auch ohne Kriege verändern können.

Darüber wäre aber noch viel zu sagen, doch hier wurde das nur ganz kurz gestreift, um nochmals anzudeuten, wie ein so oft Geschmähter zu diesen brennenden Gegenwartsfragen des deutschen Volkes unbeirrbar steht. Ich habe mich immer als ein in die Pflicht genommener Mann gefühlt, dem niemand und nichts die Verantwortung für seine Wege und Irrwege abnehmen kann. Es gibt sicher auch andere Möglichkeiten, sich zu einer festen Haltung im Vertrauen auf die Zukunft unserer Nation und die Wiedervereinigung durchzuringen. Das muß jeder für sich selbst entscheiden. Wir wissen ja, wie Leben und Erleben unser Innerstes gerade für schwere Entscheidungen prägen und formen. Und dazu gehört der angesprochene Fragenkreis ganz besonders.

Weltanschauliche Eiferer und Schwärmer mit ihrer Unduldsamkeit und Überheblichkeit jedweder Richtung habe ich stets abgelehnt. Aufrichtiges Streben und Kämpfen um ein Weltbürgertum irgendwelcher Art und auf Grund irgendwelcher Überzeugung haben mir bei aller Gegensätzlichkeit zur eigenen Einstellung mehr Hochachtung und Wertschätzung abgerungen als die nur allzuoft unehrlichen und zweckdienlichen Äußerungen von so manchem anscheinend und angeblich Gleichgesinnten. Besonders gefährlich sind die „Ritter vom Sowohl-als-auch-Orden" wie die von der „Gemeinschaft der Wankenden und Schwankenden".

Ein Leben lang war ich ständig unterwegs zu Heimat, Volk und Vaterland fernab von jeglichem Versuch einer oberflächlichen Anpassung oder an Gedanken über eine Zweckmäßigkeit. Aber mein Suchen wurde nach dem Ersten Weltkrieg immer stärker auch von einem Mitstreben um eine Änderung unserer bürgerlich-kirchlichen Gesellschaftsordnung bestimmt. Dabei war auch ich nie ganz frei von der „wohl reichen, aber auch unausgeglichenen deutschen Wesensart zwischen Überschwang und tiefster Enttäuschung, Tapferkeit und oft falscher Demut, Überheblichkeit und Selbsterniedrigung". Seit dem ersten Lesen habe ich dieses Wort nicht vergessen, weil es mir sofort viel von meinem eigenen Wesen klarlegte, dessen man sich vorher gar nicht so ganz bewußt gewesen war. Solche Klärung bedeutet für mich eine wichtige Festigung.

Aber dadurch verstehe ich auch vieles von dem, was unsere Jugend bewegt. Wird nicht jeder Mensch geradezu gezwungen, immer wieder Überlegungen über sich und sein Verhältnis zum Ganzen anzustellen? Wer nicht in mit Widerspruch geladene Verhältnisse hineingeboren wurde und nicht großer Gefahren von Fehlentwicklungen ausgesetzt war, wird einen Vergleich mit unsereinen entrüstet zurückweisen und sich offen oder bemäntelt auf persönliche Leistung oder Verdienst berufen. Einer meiner Seelsorger sagte so manches Mal in Stunden des Gedankenaustausches über selbstbewußtes und selbstgerechtes Verhalten: „Ein gutes Gewissen ist sehr oft nichts anderes als die Folge eines schlechten Gedächtnisses!"

Was nach 1945 — und besonders seit der Haftentlassung aus alliierter „Verwahrung" — zu tragen und zu ertragen war, hat mich seelisch mehr belastet als die Nöte und Sorgen im Dritten Reich, die ich für andere und mich zu bewältigen hatte. Das klingt etwas unglaubwürdig, es ist aber so. Gerade deshalb gilt mein tiefer Dank denen, die frei von der Unwahrhaftigkeit und Treulosigkeit eines wesentlichen Teils unserer Gesellschaft auch über das manches Mal Trennende hinweg sich ehrlich mühten. Und das sage ich aus der Notwendigkeit heraus, Frauen und Männer, die „Betroffene", „Belastete", aber keine „Mitläufer" geworden sind, zu verstehen und zu ihnen zu stehen.

Im übrigen gilt für mich selbst beim Streben nach gleich gutem Tun: „Erfüllte Pflicht empfindet sich immer noch als Schuld, weil man sie nie ganz genug getan." — Diese Erkenntnis hat mir viel Bitterkeit erspart, weil sie wie ein Schutzwall gegen all die Enttäuschung wurde. Dabei war ich mir immer bewußt, wie berechtigt man sich zu einer herabwürdigenden Beurteilung eines Mannes fühlte, der redlich um Weg und Ziel zwischen zwei Völkern rang. Aber für ein Volk gibt es keine Flucht aus der Geschichte und für den einzelnen keine aus der Verantwortung. Die Meinung der Umwelt ist dabei ohne Bedeutung — oder sollte es wenigstens sein.

Ein Satz von Gerhart Hauptmann ist mir gerade in dunkler Zeit zum Bekenntnis geworden: „Ich bejahe mit Freuden alles Deutsche, wo immer es zum Guten der Welt tätig sein mag, denn ich bin Deutscher, nicht durch Zufall der Geburt, sondern in allem, was ich in meinem langen Leben getan, gedacht — und versäumt habe."

Jedes Bekenntnis ist auch ein Vermächtnis. Ehrfurchtsvoll sei ein Gedenken an die Toten beider Völker eingeschlossen.

> Ein grauer Himmel hebt sich über dies Geschlecht,
> dem nichts gehört als Eures Opfers Zeichen.
> Doch ward aus Eurem Tode ein Vermächtnis uns,
> das wir jetzt stumm den jungen Enkeln weiterreichen.

(Kurt Heynicke)

Inhaltsverzeichnis

Bildnachweis: Sämtlich vom Verfasser.

Weitere Bücher unseres Verlages:

Helmut Cramer   **Wie sind wir doch so frei — auweih!**
Ein kritischer Bericht über den Skandal um 21 000 Kriegsbücher der Waffen-SS

Otto Skorzeny   **Lebe gefährlich**
Deutsche Kommandos im Zweiten Weltkrieg — Band 1

Otto Skorzeny   **Wir kämpften — wir verloren**
Deutsche Kommandos im Zweiten Weltkrieg — Band 2

Georg Haas   **Brände an der Oder**
Kriegsberichte der Waffen-SS

Georg Haas   **Und gaben die Hoffnung nicht auf**
Kriegsberichte der Waffen-SS

Heinz W. Schülke   **Weg ohne Wiederkehr**
Westpreußische Schicksale im Zweiten Weltkrieg — Roman